Dans la même collection :

FREDERIC DARD par Louis Bourgeois
JEAN GIONO par Jean Carrière*
MARGUERITE YOURCENAR par Georges Jacquemin
ALAIN ROBBE-GRILLET par Jean-Jacques Brochier
VLADIMIR JANKELEVITCH par Guy Suarès*
LE CORBUSIER par Gérard Monnier*
FRANCIS PONGE par Guy Lavorel
JEAN PAULHAN par André Dhôtel*
MICHEL FOUCAULT par Jean-Marie Auzias
HENRY MILLER par Frédéric-Jacques Temple
RAYMOND ARON par Nicolas Baverez
GUSTAVE ROUD par Gilbert Salem
JULIEN GRACQ par Jean Carrière
CARSON McCULLERS par Jacques Tournier
SAINT-JOHN PERSE par Guy Féquant
ALAIN RESNAIS par Jean-Daniel Roob
ANTONIN ARTAUD par Alain et Odette Virmaux*
(avec une cassette de l'enregistrement de
Pour en finir avec le jugement de dieu d'A. Artaud)
ANDRÉ GIDE par Eric Marty
NATHALIE SARRAUTE par Simone Benmussa
PAUL-JEAN TOULET par Pierre-Olivier Walzer
EMMANUEL LEVINAS par François Poirié
ELIE WIESEL par Brigitte-Fanny Cohen
ANDRE MALRAUX par Jeanine Mossuz-Lavau*
COLETTE par Jeannie Malige
PIER PAOLO PASOLINI par Alain-Michel Boyer
JEAN VILAR par Alfred Simon
(avec une cassette de l'enregistrement
des grands rôles de Jean Vilar au théâtre)
JEAN DASTÉ par Jean Dasté
ANDRÉ BRETON par Alain et Odette Virmaux
VIRGINIA WOOLF par Phillys Rose
RENÉ CHAR par Serge Velay
PHILIPPE SOUPAULT par Bernard Morlino

MAURICE RAVEL par Marcel Marnat
(avec une cassette des enregistrements de 1929-1934, réalisés sous la direction de Maurice Ravel ou par des interprètes de son choix)

HENRI MATISSE par Marcellin Pleynet

KATHERINE MANSFIELD par Michel Dupuis

A paraître :

AUGUSTE COMTE sous la direction de Gérard de Ficquelmont

MARY SHELLEY par Cathy Bernheim

CHATEAUBRIAND présenté par José Cabanis

CHARLES FERDINAND RAMUZ par Marianne Ghirelli

JOSEPH DELTEIL par Robert Briatte

GÉRARD PHILIPE par Dominique Nores
(avec une cassette de l'enregistrement de ses grands rôles au théâtre)

Les ouvrages marqués d'un astérisque comportent des entretiens issus des archives de l'Institut national de l'audiovisuel.

DINO BUZZATI

Qui êtes-vous ?

Michel Suffran
Yves Panafieu

DINO BUZZATI

Qui êtes-vous ?

la manufacture

A l'exception des deux photographies de la villa San Pellegrino, réalisées par Michel Suffran, tous les documents ici reproduits proviennent des collections personnelles de Mme Almerina Buzzati, que les auteurs tiennent à remercier très vivement.
Cl. couverture : Cartier-Bresson (Magnum).

Page 6. Dino Buzzati en 1971.

A Madame Almerina Buzzati,
A Madame Nina Ramazzotti,
en amical témoignage

M.S.

Dino Buzzati,
qui êtes-vous ?

« Cette simplicité à la fois tragique et familière... »

« Je vous ai raconté, sans que vous vous en doutiez vous-mêmes, votre propre vie[1]. »

Je ne l'ai pas connu. J'ai rencontré son épouse, sa sœur, ses frères, des témoins de sa vie. J'ai visité sa maison aimée de San Pellegrino, son appartement envahi de tableaux à Milan. Et j'ai lu, relu et interrogé son œuvre. Mais je ne détiens aucune réponse — et j'entends rester ici celui qui questionne, qui tente de baliser quelques pistes dans la forêt.

C'est l'œuvre qui, chez tout écrivain, représente la réponse à son *Que suis-je ?* L'œuvre et non l'existence dicible : « J'ai oublié de vivre, oublié au point de ne pouvoir rien dire, mais exactement rien, sur ma vie, si ce n'est peut-être que je ne la vis pas mais que je l'écris », répondait Pirandello à son traducteur, Benjamin Crémieux, qui lui demandait quelques repères pour un travail biographique... Paradoxe ou dérobade du vieux sorcier sicilien ? Non, certes. C'est bien l'œuvre et rien d'autre qui répond — seulement, elle répond à une question par une autre question. L'énigme du Sphinx à Œdipe n'était

1. *Dino Buzzati,* Nous sommes au regret de..., *Robert Laffont, 1982, p. 25.*

qu'une devinette : on peut toujours affirmer et théoriser sur « l'homme » en général, mais sur soi-même, jamais, passerait-on toute sa vie à écrire — à *s'écrire*. « Je ne regrette pas d'avoir fait certaines choses, confie Buzzati à Panafieu. Dans mon petit univers, j'ai cherché à faire de mon mieux. Mais je n'ai jamais été un de ces hommes qui ont *vécu* leur vie, dans l'amour, dans les voyages, dans les batailles... Non, je ne suis pas de ces types-là[2]. »

Peut-être, en lisant Buzzati, en ai-je appris davantage sur moi-même que sur cet homme dont, pourtant, la parole est faite d'humilité et de clarté ; et il en a toujours été ainsi avec les grands compagnons de route : la lampe qu'ils tiennent éclaire moins leur visage que nos profondeurs. « O insensé qui crois que je ne suis pas toi ! » grondait le vieux tonnerre Hugo...

« Voilà l'homme en question ! »

Mais pour cela — pour ce don, cet échange —, que de barrières à vaincre chez un homme si naturellement pudique et secret ! (« Buzzati est de ceux qui ont toujours vouvoyé la vie », disait Indro Montanelli.) Chez cet aristocrate qui fut aussi un ouvrier — un *operarius* — du journalisme routinier, l'écriture demeurera jusqu'au bout une sorte de pis-aller nécessaire, comme la vie ! *Se livrer, se délivrer...* Nul ne s'est, avec moins d'orgueil, avec une aussi ombrageuse humilité, soumis à cet *impératif catégorique*, pain quotidien de l'écrivain, et dont tant d'autres ont si bien su tirer vanité. Et l'admonestation avant le saut dans l'inconnu (la plongée en lui-même), la « formule » qui ouvre le moins distancié mais aussi le moins confidentiel de ses livres, *En ce moment précis*, donne la mesure de l'interdit transgressé :

> « De quoi as-tu peur, imbécile ? Des gars qui sont en train de te regarder ? Ou de la postérité, par hasard ? Il suffirait d'un rien : réussir à être toi-même, avec toutes tes faiblesses inhérentes, mais authentiques,

2. Mes déserts, *entretiens avec Y. Panafieu, Robert Laffont, 1973, p. 313.*

indiscutables. La sincérité absolue d'un tel document ! Qui pourrait soulever des objections ? Voilà l'homme en question ! Un parmi d'autres, si vous voulez, mais Un ! Pour l'éternité, les autres seraient obligés d'en tenir compte, stupéfaits[3]. »

Et maintenant, comment aborder Dino Buzzati ? Par quel biais ? Par quelle singulière présomption entreprendre d'élucider une œuvre qui n'est que transparence, décrypter un univers engendré par la grâce d'une écriture essentiellement limpide ?

La question mérite d'être posée au seuil de notre entreprise. Elle n'est ni un vain scrupule, ni une figure de style ; elle donnera le *ton* de notre démarche. Elle en justifiera, je l'espère, les approches autant que les approximations, les commentaires autant que les silences. Il est licite de livrer assaut à une muraille striée d'hiéroglyphes, de déployer le fil conducteur d'un espace labyrinthique. Mais ce qui m'a étonné et conquis en Buzzati, dès ma première lecture, ce sont, au contraire, cette familiarité mesurée, ce manque de défense. Tout ici sonne juste, et clair.

J'ai éprouvé — je ressens toujours — la même sensation que quelqu'un est là qui nous parle, sans confession ni aveu, d'une voix un peu sourde, fraternelle, avec des mots dépourvus d'opacité, lavés de tout éclat — des paroles qui seraient à la fois celles de tous les jours et celles de toujours, le ton du quotidien et l'enchantement des très vieux contes, riches d'une évidence qui serait, aussi, l'accent du secret. De notre commun secret.

« La planète Buzzati »

Lorsque, en 1955, Albert Camus écrivit pour la scène française sa transposition de la pièce de Buzzati, *Un cas intéressant* (*Un caso clinico*), le futur adaptateur de Dostoïevski et de Faulkner reconnut, de bonne grâce, s'être trouvé bien vite désarmé devant « une générosité, une chaleur de cœur, une simplicité vivante qui manquent un peu

3. En ce moment précis, *Robert Laffont, 1965, p. 7.*

dans nos œuvres françaises », et avoir limité son ambition à servir de son mieux « cette simplicité à la fois tragique et familière », à la rendre sensible dans la linéarité de sa forme primitive : « J'ai calqué fidèlement la nonchalance étudiée de son langage, son dédain des prestiges extérieurs, et, pour le reste, je suis à peine intervenu, sinon lorsqu'il a fallu ajuster la pièce au plateau où elle se déroule[4]. »

Une aussi rare absence de présomption ne peut qu'indiquer sa voie au critique ; il suffira, je pense, à ce rôle d'*ajusteur* de substituer celui, non moins discret, d'*introducteur*. Et, dans ce but, de rester ce que j'ai, d'emblée, choisi d'être : un lecteur.

Oui, c'est bien cela que je voudrais, ici, tenter de communiquer — ou, du moins, de faire partager. Qu'un tel livre ne soit donc pas considéré comme un « essai », mais comme un « journal de lecture » — dans le sens où l'on parle de « journal de voyage ». Car ce sera un voyage au cœur de la *planète Buzzati*.

Planète au demeurant fort peu lointaine, visible à l'œil nu en ses reliefs et ses ombres et donc, à bien des égards, jumelle de notre Terre familière — mais *à bien des égards* seulement. (Ne serait-ce pas en allusion malicieuse aux *Chroniques martiennes* de Ray Bradbury que Buzzati a intitulé *Chroniques terrestres* un de ses derniers recueils ?)

Soit ! Buzzati, c'est tout le contraire d'un auteur hermétique ! Mais ce n'en est pas, pour autant, un écrivain « facile ». Entendons par là que, contrairement à la plupart des penseurs « à message », sa complexité réside ailleurs que dans sa forme ; elle est dans les échos que sa parole éveille en nous, dans les marges de l'exprimé, et

4. *Albert Camus,* Théâtre, Récits, Nouvelles, *coll. La Pléiade, Gallimard, 1962, pp. 1853-1854. Et Buzzati traduit cette même immédiate sympathie qui le porta vers Camus (ce « prix Nobel » dont la jeune gloire, pourtant, aurait dû l'intimider) par un portrait spontané de l'auteur de* L'Etranger *: « Son visage, grâce à Dieu, n'était pas celui d'un intellectuel pourri, mais plutôt celui d'un sportif, clair, populaire, solide, ironique et plein de bonhomie, peut-être : une tête de garagiste. » (*Chronache terrestri, *Arnoldo Mondadori editore, Milan, 1972, p. 78.)*

la *retenue* qu'il s'impose, autant par pudeur que par respect du lecteur, bref, dans la part de « choses tues » — ou peut-être indicibles — qui sert de support, de « blanc de la page », à la linéarité de ses histoires.

C'est d'ailleurs une aussi salutaire contrainte qui attire Buzzati dans l'expérience théâtrale : la nécessité d'un rapport immédiatement intelligible, presque physique, avec le public, sans le recours à tout l'arsenal de distanciation intellectuelle, d'analyse ou de réflexion marginale si habituel dans les autres disciplines littéraires :

> « Tout doit être illustré sous forme d'exemples et exprimé dans l'action. Les dialogues eux-mêmes doivent constituer une action[5]. »

Un peintre du réel

Buzzati n'est donc pas un théoricien, moins encore un philosophe. Il n'a aucun a priori devant l'existence, mais une sorte de virginité du regard. Il y a une intensité presque enfantine en son interrogation face à l'énigme du monde. A tout prendre, aucun de ses thèmes n'est réellement novateur ou original : l'angoisse, la solitude, le vieillissement, le doute, l'attente, rien qui ne soit ou n'ait été éprouvé, plus ou moins confusément, par chacun d'entre nous, rien qui puisse échapper un jour ou l'autre au commun des mortels. Ce qui n'est pas vécu (et vécu au quotidien) est hors de son domaine ; et cependant, rien ne lui est davantage étranger que le naturalisme ou le vérisme. Par un mouvement spontané de son esprit, Buzzati, sans hausser le ton, transpose sur le plan de l'intemporel, de l'universel, le moindre événement, la plus anodine des rencontres. Mais là encore, cette transmutation ne s'opère jamais selon les voies hautaines du symbolisme ni au prix de la pesanteur allégorique.

Sa démarche est à la fois infiniment plus directe et incomparablement plus singulière : il nous montre les êtres, les

5. Mes déserts, op. cit., *p. 122. Et Camus : « Après avoir lu sa pièce, je sus aussi que Buzzati était un auteur dramatique à la fois audacieux et direct. »*

choses, les lieux, il nous les *donne à voir*, à l'instar de certains photographes qui, sans nul trucage ni distorsion, négligeant l'usage de filtres optiques déformants ou les interventions chimiques sur les clichés, parviennent à imprégner de leur regard l'image sortie du bain révélateur. Une mystérieuse alchimie y traduit pour nous, en signes d'ombre et de lumière, la consubstantielle étrangeté du monde qui nous entoure.

Buzzati, lui non plus, n'ajoute rien. Parfois il procède (comme le photographe de *Blow Up*) à l'agrandissement d'un insignifiant détail, mais bien rarement jusqu'à la distension de la trame. Ce constat lui suffit — et nous suffit — pour inviter à faire ce pas de plus (ce pas de trop ?) au-delà duquel tout change de mesure, de portée, cette invisible limite qu'une prudence tout instinctive nous avait interdit de franchir, car nous sentons bien que le réel, loin de s'y abolir, commence.

C'est là tout — ou à peu près tout. Buzzati n'est pas homme à renverser les décors, fussent-ils en trompe l'œil, en toile peinte. Il se borne à en éprouver un peu la résistance, à les faire trembler du doigt. C'est presque plus qu'il n'en faut. En somme, il est (et se veut) un conteur, un raconteur d'histoires.

Peintre lui-même, Buzzati aimait à citer cette profession de foi artistique de Giorgio De Chirico, dont il aurait pu faire sa propre règle de conduite : « Chaque chose a deux aspects : l'un, tout à fait courant, est celui que nous voyons presque toujours et qu'en général les hommes discernent ; l'autre, spectral ou métaphysique, ne peut être vu que par certains individus, dans des moments de clairvoyance... »

Ces « moments de clairvoyance » (ces « moments précis ») jalonnent, figurent l'univers buzzatien comme autant de stries lumineuses à travers les interstices d'une lourde porte cadenassée. De tels indices ne doivent jamais être désignés ni soulignés mais tout juste suggérés ou pressentis. La peinture de De Chirico est « métaphysique » dans l'exacte mesure où elle se veut d'abord physique (ce qui pourrait être appliqué à toute une ligne d'art pictural culminant avec Georges de la Tour et Vermeer) ; mais de cela, c'est au spectateur — ou au lecteur — de tirer les conséquences. Le rôle du peintre, celui de l'écrivain aussi, reste de peindre — ou dépeindre — « avec une extrême précision descriptive, avec une extrême netteté, et en même temps avec des couleurs très consistantes[6] ». Art de l'évidence et de la transparence, fait d'effacement devant un constat, d'abnégation face à une impossibilité, une inutilité de prétendre tout montrer, tout apprendre, tout dire. Car c'est dans ce qu'on laisse voir ou entendre — même au risque du malentendu —, c'est dans ce respect de la liberté d'interpréter, que se justifie l'existence même d'une œuvre. Un peintre du réel est à l'opposé d'un peintre réaliste.

Aussi Buzzati s'impose-t-il de ne jamais sortir des limites d'un sensible immédiatement reconnaissable. Les choses de la vie contiennent l'énigme de la vie. Il ne grossit pas le trait, mais il le creuse. Il ne détruit pas les apparences, mais les écorche, d'un fin stylet, jusqu'à la trame, jusqu'à la chair, jusqu'à la rosée de sang. Il nous fait éprouver à quel point, dans les situations les plus ordinaires, nous passons près (à le frôler) de l'intolérable...

Telles sont sa force et l'une des bases de sa fascination. Qu'il soit, à juste titre, reconnu comme l'un des maîtres du fantastique contemporain ne change rien à cette évidence : tout est fondé, pour lui, non sur une exception mais sur une fissure, un simple dérapage qui, comme chez les peuples primitifs ou dans les croyances populaires qui lui sont chères, place soudain le mythique, le légendaire dans le prolongement immédiat de l'observable — dans sa continuité logique et, pour ainsi dire, naturelle[7].

6. *Cité par Aase Lagoni Danstrup in* Cahier D.B., *n° 3, Robert Laffont, 1979, p. 84.*

7. *« Je crois que la majeure partie de mes écrits relève de la littérature fantastique, remarque lui-même Buzzati, mais selon moi, ces définitions ont peu d'importance ; elles sont surtout utiles à des fins systématiques ou didactiques. »*

Journaliste de l'intemporel

Nous évoquerons plus loin la familiarité que, par-delà ou à travers son utilisation magistrale du « fantastique » (pour lui bien davantage une technique qu'une fin en soi), Buzzati n'a cessé d'entretenir avec le mythe. Car le mythe, chez lui, ne sert nullement à écraser ou nier le réel. Il constitue plutôt son expression la moins anecdotique, la plus dépouillée et, finalement, la plus juste (étant bien entendu que le réel n'est pas le crédible...).

L'arsenal de l'« insolite » traditionnel fait, lui aussi, l'objet d'une extrême économie de moyens. Il ne s'agit pas d'effrayer, ni même de troubler. La forme parabolique, en son évangélique dépouillement, convient le mieux pour arracher au seul pittoresque la part d'absolu contenue en chaque geste, chaque instant, fussent-ils, en apparence, des moins « significatifs ». L'inquiétude, le vertige, la sensation de menace ne sont guère plus que notre réaction maladroite devant un réel ainsi révélé, et dont nous avons perdu le sens. Mais ce peut être aussi un appel, un enchantement : le merveilleux, dès lors, se substitue au prodigieux. Tout événement contient un avènement. Il n'y a pas eu différence de nature, mais de regard. C'est bien là l'exacte fonction de la parabole !

Le dépaysement, lui, est aussi subtil qu'exemplaire. Nous voici, en vérité, plus proches de l'univers mental des anciens Grecs — chez lesquels le légendaire constituait une élucidation de l'énigme existentielle — que de l'état d'esprit scientiste contemporain, accordant aux faits une signification exclusive, coupée de toute espèce de résonance.

Il est significatif que Dino Buzzati ait consacré plus de quatre décennies de sa vie à son travail de journaliste, qu'il ait scrupuleusement participé à l'élaboration d'un grand quotidien d'information. L'empreinte laissée par la profession va être considérable sur un esprit obsédé par l'érosion et l'éphémère. Ecole d'humilité et d'*attention*. Désormais, dans son univers de signes et de correspondances, rien ne sera négligeable ; le plus banal des « faits divers », le plus classique des reportages vont, sous le regard de l'« observateur véridique » qu'est Buzzati, trouver leur authentique dimension, celle que l'habitude ou la lassitude nous cachent. Obstinément, il reste dans le courant de la vie, dans le *vif du sujet*.

C'est ainsi que lorsque, en 1949, Buzzati fut chargé par le *Corriere* de suivre le premier Giro de l'après-guerre, sans pour autant prétendre à une transposition lyrique hasardeuse, il situa d'emblée le duel entre le « vieux » Gino Bartali et le jeune Fausto Coppi dans son éclairage légendaire : Bartali, c'est Hector, tandis que Coppi est assimilé à Achille ; les dieux ont prévu « le moment précis » où le souverain déchu trébucherait dans l'Izoard, tandis que « les juges, c'est-à-dire les montagnes, siègent, énigmatiques ». Synthèse éminemment « journalistique » puisque, loin de traiter l'événement *de haut*, elle s'attache à en saisir les intimes secrets, les rouages affectifs. Parler de tragédie à propos de la rivalité entre deux cyclistes n'a rien d'une inflation de langage : il s'agit de mettre en évidence la part de tragique contenue en chaque destinée humaine, c'est-à-dire d'en révéler le sens. Retranscrire *ce qui était écrit*.

Buzzati, d'ailleurs, va plus loin encore lorsqu'il confie à Yves Panafieu que, pour lui, « le métier d'écrivain coïncide exactement avec le métier de journaliste et consiste à raconter des choses aussi simplement que possible, et aussi dramatiquement et poétiquement que possible[8] ». Ce qui établit sans équivoque la mission — ou plutôt le devoir — de l'écrivain : être un témoin, un chroniqueur du réel. Mais, précisément, de quel réel ?

« Ne pas inventer »

Le travail de l'écrivain, ce *diseur*, ce *montreur*, s'opère sur l'indicible. Le décalage stéréoscopique, infime, mais

8. *Mes déserts, op. cit., p. 243.*

irréductible, entre le monde extérieur et l'espace du dedans, suffit à créer l'inévitable, la salutaire fracture d'où naissent le *relief*, la vérité d'un créateur. L'artiste n'a pas à élargir cette fissure : elle existe. Il tend le plus souvent, loyalement, à la combler. Tout art, ainsi, se justifie par son contraire et se légitime au prix de ce qu'il n'atteindra jamais : la peinture par l'invisible, l'écriture par l'indicible. Le sceau d'étrangeté est là : dans une incomplète métamorphose du monde extérieur en signes.

C'est cette part d'inachevé qui fait du « créateur » un simple démiurge. L'art ne sera jamais une recréation du réel, mais la substitution d'*une* vérité à une réalité inatteignable. Tout ce que l'on peut prétendre transcrire, c'est un système d'équivalences. On songe, bien entendu, à la brillante formule de Cocteau : « Je suis un mensonge qui dit la vérité. » Pour sa part, Buzzati, plus humblement, déclare : « Je suis un écrivain qui s'efforce surtout de ne pas inventer. » Affirmation qui, prise au premier degré, aurait tout lieu de surprendre de la part d'un auteur réputé pour le jaillissement de son imaginaire...

Mais son « ne pas inventer » est le contraire d'un aveu d'impuissance : c'est le choix d'une discipline narrative, d'une éthique d'écriture. C'est aussi le « ne pas tricher » camusien ; tricher, ce serait interposer des jeux de miroirs, des arabesques psychologiques ou stylistiques. « Ne pas inventer », c'est respecter la transparence, c'est-à-dire l'énigme.

La simplicité, la pureté avec lesquelles Buzzati aborde le secret de notre destinée, sa volonté de ne jamais « hausser le ton » s'avèrent bouleversantes, parce qu'elles ne sont en rien délibérées. Elles constituent le plus ascétique des « actes de foi » capables d'unir les hommes de bonne volonté, croyants ou non. Le péché se confond avec le vaniteux détournement égotiste de ce qui appartient à tous : « La vérité existe, disait admirablement Georges Braque, on ne peut inventer que le mensonge. »

De tels impératifs dépassaient, en Buzzati, la simple conscience professionnelle pour atteindre à l'impérieux devoir d'une ascèse. Peu d'écrivains auront entretenu autant que lui une aussi instinctive défiance envers les formules, le savoir-faire, le *métier* pris au sens vaniteux du terme. S'il éprouvait la tentation d'y céder, son recours était alors une manière de *désapprentissage*, de retour aux sources par les voies du recueillement et de la solitude. Désapprendre pour connaître. Au besoin abandonner, pour quelque temps, l'usure des mots — cet essaim vrombissant et tourbillonnant au point d'obscurcir la lumière — afin de retrouver la virginité native du trait, l'indéterminé du dessin, cette langue non écrite, expression spontanée de l'enfant.

« A force d'écrire pour le journal », note-t-il, dès 1930, dans une lettre à son ami Arturo Brambilla, « s'est formé en moi un style qui, dans l'intimité, me ferait horreur, et dont je ne pourrais me défaire qu'au moyen d'un très long apprentissage en solitaire. »

« Solitaire-solidaire »

Une telle indifférence aux règles du clan explique, me semble-t-il, bien des contradictions apparentes. En cette Italie intellectuelle, si farouchement politisée, des années 50-60, Buzzati représenta, au jugement de beaucoup de ses pairs, le type même de l'écrivain scandaleusement « non engagé ».

En vérité, dans le fameux dilemme *solitaire-solidaire*, Buzzati se refuse à prendre parti : il est à la fois solitaire *et* solidaire, et solitaire *parce que* solidaire. Il n'y a là ni « hauteur », ni indifférence, au contraire ; mais s'enrôler (d'ailleurs sans grand risque et sous la bannière de l'option conformiste dominante) dans le débat politique de l'après-guerre équivaudrait, en contrepartie, à restreindre son champ visuel et à se détourner de ce qui est essentiel : la misère et la grandeur, la dérision et la pitié en notre aventure humaine.

De là découlent nombre de malentendus : Buzzati, en son propre pays, n'a-t-il pas longtemps été marqué par la *lettre écarlate* d'« intellectuel de droite » ! Ses œuvres les plus explicites, elles non plus, n'ont pas toujours échappé à d'étonnantes exégèses : a-t-on assez entendu parler du « militarisme » de l'auteur du *Désert des Tartares* ! Après tout, certains critiques atteints de myopie congénitale ont bien défini *Un cas intéressant* comme une satire du monde médical, une sorte de *Knock* à la manière noire !

Il faut s'y résigner. La classification d'un écrivain inclassable n'ira jamais sans exécutions sommaires : réputé chantre du dieu Absurde (alors que toute sa création se veut un combat dirigé contre le soupçon d'un monde insignifiant[9]), Buzzati est volontiers présenté comme une sorte d'épigone méditerranéen de Kafka — catégorisation qui, sans être une véritable « absurdité », n'en relève pas moins d'un affligeant simplisme. (« On parle de Kafka », répond-il avec son habituelle courtoisie à Panafieu qui l'interroge sur ses influences. « Moi, sur ce point, je ne me prononce pas[10]. »)

Pour un écrivain de la limpidité et de la fable, un auteur dont certains ouvrages sont devenus des classiques de la littérature enfantine, voici, dès l'abord, bien des ombres, bien des divergences d'interprétation, bien des *terrae incognitae* ! Faut-il se résoudre à conclure que Buzzati dérange, déconcerte nos chères habitudes intellectuelles, perturbe innocemment le jeu ordinaire de nos rapports

9. *« Les choses qu'en général j'ai cherché à exprimer (même si apparemment elles se présentent à l'opposé de la réalité) ne sont absolument pas absurdes [...]. C'est un concept dilaté ou comprimé au maximum pour en retirer la signification maximum. » (Dino Buzzati.)*

10. *Sur la différence de* regard *entre l'écrivain de Prague et celui de Milan, la remarque la plus juste a été faite, à mon sens, par Andrea Zanzotto, dans son* Per Dino Buzzati *: « Si Kafka apparaissait comme un film sombre, de neige pâle, comme une vieille pellicule "avec la pluie", une pellicule usée en noir et blanc, Buzzati s'imposait pour son irrésistible joie des petites couleurs qui pénètrent même les situations les plus englouties dans le cauchemar. »*

D'autres rapprochements sont devenus coutumiers : avec le Julien Gracq du Rivage des Syrtes *(mais* Un balcon en forêt *me semble un meilleur terme de comparaison), avec l'Ernst Jünger de* Sur les falaises de marbre. *Ils ne sont dépourvus ni de fondement, ni de schématisation. Au reste, il n'est point lieu ici de les analyser.*

avec le réel ? Peut-être, justement, est-il délibérément *hors jeu*, peut-être n'utilise-t-il aucun des prismes ou des filtres auxquels l'écriture nous avait accoutumés... Peut-être son unique mais impardonnable audace est-elle d'aborder le sensible avec une absolue franchise, de porter sur ce qui nous entoure un regard réputé candide mais qui est, surtout, le regard dangereux, insoutenable, de l'enfance, celui qui nous remet en cause lorsque, par hasard, nous le croisons... N'y aurait-il pas là une subversion finalement plus dérangeante que la plus criante des provocations ?

Un monde réconcilié

C'est de l'irréversible que jaillit notre sens du tragique, de notre exil intérieur, de notre perpétuelle confrontation avec l'intolérable miroir que représente un univers demeuré indemne. La référence la plus constante de Buzzati, c'est, précisément, cette avant-vie où n'existaient pas encore, côte à côte mais distincts, un monde intérieur et un monde extérieur. C'est cette unité primordiale oubliée, outragée, mais non entièrement rompue, qu'il va traquer jusque dans le moindre indice, le plus infime reliquat. Car aujourd'hui encore, ici et maintenant, si l'on regarde de plus près, il n'y a pas l'humain et l'inhumain, le pensant et l'inerte, le charnel et le minéral. Il y a cette étoffe unique dans laquelle tout ce qui existe avait été taillé, de l'insecte à la pierre et du désert à l'homme. C'est pourquoi, de l'agonie mécanique d'un cloporte écrasé comme de l'érosion d'une montagne, nous apprenons — nous réapprenons — que nous sommes au monde, et que le monde est mortel.

Plaider ou plutôt prier pour un monde réconcilié, c'est encore et toujours parier contre l'irréel, contre l'absurde. C'est tenter de rejoindre les *frontières naturelles* de l'humain. C'est lutter contre une étrangeté plus mortelle que la mort, cette souffrance existentielle que dénonçait Camus : « S'apercevoir à quel point une pierre est étrangère, nous est irréductible, avec quelle intensité la nature, un paysage peuvent nous nier[11]. »

L'encre est aussi un venin. A l'angoisse, Buzzati répond — ou tente avec obstination de répondre — par l'innocence, exactement comme un croyant répond au doute par la prière. Qu'une telle réponse soit aussi une question ne saurait troubler ni décourager. Tout bien pesé, il n'y a d'autre issue que de croire, ou, tout du moins, de s'y efforcer. C'est le seul devoir de l'écrivain : ne pas ajouter, si peu que ce soit, à une angoisse purement négative. Au reste, la formuler n'équivaut-il pas, déjà, à lui supposer un sens ? Ecrire, c'est l'acte *anti-absurde* par excellence...

Après tout, il n'est pas indispensable de transmettre sa lèpre — et contaminer autrui n'a jamais été un moyen efficace de s'en guérir ! Sur cette responsabilité de l'écriture, ce pouvoir de la parole, Buzzati se montre d'une exigence sans équivoque :

> « Je pense aux nombreuses fois où, sans le vouloir, sans le plus petit soupçon, nous semons parmi les hommes [...], avec nos paroles que nous croyons innocentes, des larmes et des peines secrètes, et puis nous poursuivons notre chemin, nous ne nous retournons pas pour voir, nous n'avons pas de remords et nous ne connaîtrons jamais le mal que nous avons fait[12]. »

En cet esprit, un apologue de Buzzati, « Le problème de l'Enfant Jésus[13] », donne assez bien le ton — et il serait tout à fait regrettable de n'y voir, pris au charme de l'histoire, rien de plus qu'un paradoxe nostalgique, car il traduit le véritable credo de l'écrivain et de l'homme : en grandissant, les enfants cessent de croire que c'est l'Enfant Jésus qui vient déposer leurs présents pendant la nuit de Noël ; ils sont persuadés que ce sont les parents eux-mêmes. Seuls les adultes savent, eux, que c'est bien

11. Le Mythe de Sisyphe.
12. En ce moment précis, op. cit., *p. 188.*
13. En ce moment précis, op. cit., *p. 172.*

l'Enfant Jésus qui apporte ces cadeaux, et ils se désespèrent parce que leurs enfants devront vieillir et approcher de la mort pour retrouver, par amère expérience, cette vérité tellement simple — beaucoup trop simple pour n'être pas oubliée...

Entrer en lutte contre l'oubli et le reniement... L'écriture a-t-elle jamais connu exigence plus capitale ? En février 1971, moins d'une année avant sa mort, Buzzati établissait ainsi le dessein — devenu le bilan — de son aventure d'écrivain :

> « J'écris pour émouvoir les gens, pour les faire participer davantage. Ce que j'aime le plus, c'est ce qui m'a le plus ému ; une belle chose émeut. La littérature politisée échoue en général si elle a dessein d'obtenir des propositions précises — elles doivent venir d'elles-mêmes. L'artiste ne saura jamais l'effet qu'il produit, et, peut-être, croyant avoir composé un Gloria, a-t-il au contraire écrit un Requiem. Dans la vie comme dans l'art, on cherche à bien faire ce que l'on fait, et c'est déjà beaucoup... Je n'aime pas les réalistes qui veulent changer la société — il serait plus "social" de faire bien attention aux choses[14]. »

Et cette *attention*, plus encore que l'humour dans une définition célèbre, ne mérite-t-elle pas le titre sans emphase — et que Buzzati, je pense, n'eût pas récusé — de « politesse du désespoir » ?

Pour conclure, si je puis, en mon seul nom, prendre ici la parole, je voudrais dire une raison toute particulière, toute simple mais primordiale qui, d'emblée, m'a porté vers Dino Buzzati.

Il existe aujourd'hui un certain nombre de respectables écrivains ayant réussi une fructueuse carrière de spécialistes assermentés en absurde, désespoir, nausée, cruauté et toute une gamme de « sentiments nobles » et de haute fertilité littéraire. Force est de reconnaître que nous en

14. Entretiens avec Aase Lagoni Danstrup, in Cahier D.B., op. cit., *n° 3, pp. 85-86.*

avons notablement moins (Tchekhov bien sûr, Steinbeck, Carson McCullers, quelques autres...) qui auront osé être des écrivains de la bonté, de la compassion, de la pitié. Non qu'ils s'en flattent, les malheureux (et il n'y a guère de quoi depuis l'anathème fructueux jeté par Gide sur « les bons sentiments en littérature » !).

Dino Buzzati, de toute évidence, appartient à cette petite troupe de rebelles. Ce n'est assurément pas, en soi, une raison suffisante pour l'admirer. Mais c'en est déjà une, je le crois, pour l'aimer[15].

15. Entendons-nous, toutefois, sur ce point : il n'est pas question de « solliciter » Buzzati vers l'angélisme ! Nous savons assez qu'une œuvre est faite d'obsessions, de hantises, d'images noires. Ce ne sont pas là des « impuretés » que l'écriture aurait pour mission de filtrer, ainsi qu'un tamis. Elles constituent la substance même dont elle est pétrie, son encrage.

Comme tout créateur authentique, Buzzati ne fait pas exception à la règle. Un « abord psychanalytique » de son univers est assurément possible (en grinçant un peu, le vieux passe-partout rouillé ouvrirait bien cette porte-là aussi !). Mais l'aveu n'exclut pas la transcendance et l'essentiel échapperait encore...

Aussi bien, nous parlerons principalement ici de l'œuvre écrite. *Une étude (complémentaire) de l'œuvre peinte recouperait celle-ci, tout en ouvrant sur d'autres perspectives. Les toiles de Buzzati sont souvent, en effet, un écran tendu où se projettent, dans un rayon de lumière crue, une nudité fantasmatique d'images fixes, d'images-forces qui, pareilles à celles des « livres défendus » de nos enfances, révéleraient ce que les mots n'ont pas entièrement* traduit... *Pour l'heure, ceux-ci nous suffisent. Un « Buzzati par l'image » reste à faire !*

Un romancier pascalien

> « Pascal est l'unique Français que je connaisse bien. Vraiment [...]. Je l'ai assimilé. Je ne suis pas catholique, mais quand je lis Pascal, je suis fasciné par son talent qui est extraordinaire [...]. Là, il y a du génie [...]. Et il a une caractéristique : ce qu'il écrit a la limpidité de l'eau[1] ! »

« Ce fut un matin de septembre que Giovanni Drogo, qui venait d'être promu officier, quitta la ville pour se rendre au fort Bastiani, sa première affectation. »

....

« Puis, dans l'obscurité, bien que personne ne le voie, il sourit. »

Telles sont la première et la dernière phrase du *Désert des Tartares*. Entre cette aube claire et cette nuit close, une lente, une fugitive journée s'est écoulée. Longue et fuyante, cette attente d'un guetteur, cette vie d'homme. Celle d'un de nos semblables. Notre vie ?

Sentinelles perdues

Giovanni Drogo pourrait aisément quitter le fort Bastiani. Rien ne l'y emprisonne. Et même, bientôt, rien ne l'y retient. Tout, au contraire, le sollicite de revenir vers le monde des vivants : ses parents, sa fiancée, sa carrière. L'instinct de vie.

Ici, à perte de vue, il n'y a rien — rien d'autre qu'un désert, un horizon vide. Et derrière ce vaste rempart

1. *Dino Buzzati,* Mes déserts, *op. cit., p. 51.*

circulaire, il est vrai, une très ancienne promesse, mais devenue peu à peu une légende : celle de l'*invasion* qu'attend contre toute raison, contre toute espérance, une garnison pétrifiée.

Ces insomniaques de l'invisible sont-ils encore des hommes, ou des statues de quelque île de Pâques perdue sur l'océan sableux, face au fourmillement illisible de la nuit ? Ils ne sont plus qu'un regard, un seul regard tendu jusqu'à percer les ténèbres, jusqu'à user la pierre, jusqu'à creuser le monde. Seraient-ils donc des fous, des morts vivants, des hallucinés ? Car leur « invasion », chacun le sait, n'est qu'un alibi, un pur prétexte... Alors ? Peut-on stagner ici indéfiniment, user, gâcher une existence entière à attendre ce que l'on ignore ? D'emblée, Drogo voit et comprend tout cela. Et pourtant, il décidera de devenir l'un d'eux. Peu à peu, lui aussi va succomber à l'insidieuse fascination de ce qu'il avait pris, d'abord, pour le vide, à l'énigmatique promesse issue du silence et de l'immobilité. Il ne repartira plus.

Beaucoup plus tard, lorsque aura lieu, enfin, le grand déferlement des cavaliers sauvages qui donnerait un sens à son renoncement, Drogo, jugé trop vieux, sera écarté de la ligne de combat et ira mourir, loin de Bastiani, seul, oublié, dans une obscure chambre d'auberge.

Réduit à ses grandes lignes de force, à ses nervures, *Le Désert des Tartares* apparaît comme un roman essentiellement pascalien (et à tel point qu'il aurait pu aisément porter le titre d'un des récits les plus troublants de Giono : *Un roi sans divertissement*). Dans son inflexible linéarité, par son lent et progressif resserrement, le *Désert* illustre, a contrario, la réflexion célèbre du solitaire de Port-Royal : « Tout le malheur de l'homme vient de ce qu'il ne peut rester seul dans une chambre. » Drogo, lui, choisit de demeurer seul à seul avec lui-même et dans une chambre de miroirs, cuve de décantation dont les murs seront, en doubles cercles concentriques, les remparts ocre de Bastiani et la ligne immuable de l'horizon.

Univers minéral que l'on peut, selon l'humeur, juger carcéral ou monacal. Lieu où l'espace lui-même devient enfermement volontaire, enclos réfléchissant, cellule où l'individu est sans répit confronté à sa propre insignifiance — à moins que ce ne soit à sa secrète grandeur. Car chaque occupant du fort, soldat ou officier, ne relève de ce groupe qu'est la garnison que dans la stricte mesure des « besoins du service », de la règle de fer imposée par une discipline d'autant plus tatillonne qu'elle s'exerce à vide.

Un tel *huis clos* n'a rien, dès lors, de sartrien : nul n'y est en proie aux « autres », mais — et c'est bien plus redoutable encore — à soi-même, geôlier et captif liés par une invisible chaîne, ou un commun espoir d'on ne sait quelle évasion.

Une métaphysique du concret[2]

Roman du symbole, alors ? Non, précisément : roman du réel. Du strict quotidien. Et de la vie — sans doute même de la seule vraie vie. En cette planète d'aspect lunaire, nous partageons le rituel du fort. Tout est tangible ici, du grain de la pierre au poudroiement des sables et des astres. Nous sommes liés à la roue insensiblement tournante des saisons. Nous entendons le « Qui vive ? » des sentinelles, l'appel des trompettes, d'une si déchirante pureté dans l'air glacial de l'aube. Nous veillons aux terrasses brûlées de soleil ou baignées de la magie lunaire.

Pour Buzzati, du vécu au réfléchi, il n'existe aucun changement de registre, aucune volonté de sublimation. Tout au plus, une épuration liée à une pente naturelle de son esprit. Il a ainsi raconté les circonstances très quotidiennes qui, en 1939, firent germer en lui l'idée du *Désert des Tartares* (dont le titre primitif était *La Forteresse*), alors qu'il travaillait comme chroniqueur dans le microcosme routinier et clos du *Corriere della Sera*, ces nocturnes salles

2. « Je suis un métaphysicien qui travaille dans le concret », disait François Mauriac...

de rédaction aux murs desquelles venaient battre ou grésiller les clameurs et les craquements d'un monde menacé :

> « J'avais l'impression que ce train-train devait se poursuivre inlassablement et que ma vie se consumerait ainsi en vain. C'est un sentiment, je pense, commun à la plupart des hommes, surtout lorsqu'ils sont prisonniers de l'existence, exactement minutée, des villes. La transposition de cette idée en un monde militaire imaginaire a été pour moi presque instinctive ; il me semblait qu'on ne pouvait rien trouver de mieux qu'une forteresse située aux ultimes confins pour exprimer, justement, l'usure que représentait cette attente[3]. »

Le passage de bureaux tortueux et poussiéreux, encombrés de paperasses, à la limpidité cristalline d'un univers d'aridité et de clarté, ne fait qu'extérioriser cette part de solitude que tout homme porte en lui ; c'est la mise au jour, non d'un postulat métaphysique plus ou moins abstrait, mais d'une anxiété latente face à une existence atrophiée dont chacun se demande s'il en sera toujours ainsi et « si les espoirs, les rêves inévitables lorsqu'on est jeune s'atrophieraient petit à petit, si la grande occasion viendrait ; et, autour de moi, je voyais des hommes, les uns de mon âge, les autres plus âgés, qui allaient, allaient, transportés par le même fleuve qui coule lentement, et je me demandais si moi aussi j'allais un jour me trouver dans les mêmes conditions que mes collègues aux cheveux blancs déjà à la veille de la retraite, collègues obscurs qui ne laisseront derrière eux qu'un pâle souvenir destiné à bientôt disparaître[4]. »

Sables du temps

La confidence est révélatrice. De ce qui aurait pu si aisément devenir un récit satirique et désespéré (une version

3. Il Giorno, *Milan, 25 mai 1959.*
4. *Introduction à une réédition italienne du* Désert des Tartares, *1966 (cité par A. Montenovesi).*

kafkaïenne de *Messieurs les ronds de cuir*... ou les gratteurs de papier), Buzzati va faire une relation empreinte de pitié et de grandeur. Mais il n'écrit pas davantage *sous la pression* des événements qui, de partout, ébranlent et fissurent la vieille Europe (l'immédiate avant-guerre). Bien que, par profession, assiégé d'informations, il néglige la voie qui s'offre à lui d'une symbolique de l'Histoire pour élire celle, intemporelle, d'une expression de la condition humaine — et cela sans le moindre orgueil, à partir d'une humble expérience vécue.

Trente-deux années plus tard, à la question d'Aase Lagoni Danstrup suggérant qu'après tout la forteresse des solitudes pourrait bien évoquer l'image du système autoritaire fasciste, Buzzati se défend avec la même vigueur de la moindre interprétation circonstancielle et politique de son dessein :

> « Non, la forteresse, c'est la vie. La situation de cette forteresse représente les espoirs de l'homme sous une forme plus simple et évidente que si j'avais fait un roman réaliste[5]. »

L'apparente métamorphose des données les plus quotidiennes constitue, par la voie du dépouillement anecdotique, une intériorisation permettant de franchir la distance entre le singulier et l'universel. Et le glissement progressif de l'ennui à l'attente, de l'attente à l'espérance, loin d'être un *effet de l'art*, relève déjà de la pure transcendance : tout approfondissement du réel implique une métaphysique du sensible.

Il est possible de vivre « hors du siècle ». Nul ne saurait, en revanche, s'abstraire de la temporalité. Si, par tradition culturelle bien établie, l'espace nous est proposé en tant qu'expression mesurable du temps, le désert, lui, c'est le cadran solaire de l'éternel. A un espace immobile correspond un temps immobile.

5. Cahier D.B., op. cit., *n°3, p. 89.*

Le temps intérieur est au temps visible ce que la roche est à la poussière, la montagne à la nuée, l'ossature à la chair, l'âme à la pensée. D'un autre ordre. Solitaire et fraternel au milieu de ses compagnons, Drogo a raison contre le reste du monde. Son existence dicible ne s'écoule pas à travers lui, hors de lui — mais loin de son être, ailleurs. Sa biographie tiendra aisément en son épitaphe. Ce sont les autres qui le voient vieillir, qui vont le décréter caduc, inutile, incapable. Ce sont eux qui le condamnent, eux qui l'exilent lorsque la grande marée du soir de l'invasion, enfin, déferle, avec ses pâles chevaux d'écume.

Peu importe. C'est *à bon port*, c'est vers son enfance que l'a ramené son voyage circulaire. Au dernier instant, la certitude lui en sera accordée. Aussi, sur les lèvres de celui qui s'endort, oublié, ce n'est pas l'amertume d'un vaincu qui se dessine, mais le sourire d'une certitude retrouvée. Et cette paix qui monte en lui n'est en rien la résignation d'un mourant, c'est la joie confiante d'un enfant.

« Si bien que les vies manquées selon le monde, peut-être apparaissent-elles, dans l'absolu, les seules réussies... » (François Mauriac.)

*

Cependant, *Le Désert des Tartares*, pour emblématique qu'il soit devenu de l'œuvre buzzatienne, demeure loin d'en synthétiser toute la richesse et la foisonnante diversité. En vérité, il ne prend tout son sens, toute sa profondeur qu'intégré à un ensemble d'une extrême variété de ton, de techniques (cela va de la bande dessinée au reportage journalistique, en passant par la nouvelle, la science-fiction, le conte pour enfants, la peinture, le théâtre, les scénarios d'opéras !) et, surtout, d'une prodigieuse inventivité dans l'imaginaire et la thématique.

Buzzati est ainsi parvenu, avec une pureté de cœur et une modestie tout artisanale, à construire, touche par touche, l'une des réflexions les plus hautes, mais les moins hautaines, sur notre aventure d'homme.

Le jardin perdu

> « Je revis la savane interminable de mon enfance, la steppe des Indiens, la pampa, les mirages du désert. Il était redevenu l'immense royaume de mon enfance[1]. »

« Pourquoi sommes-nous sortis de l'enfance ? Et maintenant, nous n'y pouvons plus rentrer qu'à la suite des saints, par un très grand effort. O Paradis perdu ! »... Cette parole de Bernanos définit à la fois l'abandon et le dessein : retrouver, sous une forme inconnue, une vérité dont nous avons perdu le lisible contour, mais non la diffuse mémoire. C'est ainsi que, dans la pensée créatrice de Buzzati, comme d'ailleurs en celle de tout écrivain, qu'il s'en défende ou non (et que l'on se réfère ici à l'aveu presque involontaire de Sartre dans *Les Mots* !), l'enfance représente l'espace fondamental, le lieu d'obligatoire référence.

C'est à dessein que nous employons ici les termes d'*espace* et de *lieu* car, pour Buzzati, l'enfance est finalement moins une période révolue, nimbée de tendre nostalgie, qu'une blessure vive, un rocher d'ancrage, une terre à jamais natale — celle du perpétuel enfantement de l'homme.

L'enfant, de par sa nature indemne, baigne tout entier dans un subtil réseau de signes, de messages. Ils consti-

1. Dino Buzzati, "Etrange jardin", in En ce moment précis, op. cit., *p. 340.*

tuent sa langue maternelle, celle qu'il oubliera plus tard, mais dont l'écriture apporte, en écho, le vestige affaibli, l'insuffisante compensation.

On conçoit qu'une pareille fidélité puisse constituer, bien vite, un emprisonnement plus encore qu'une sauvegarde. Mais nul ne choisit de fuir ni d'oublier, du moins s'il appartient à cette race. Pour ceux-là, si éclatantes que soient les preuves de leur réussite, il n'existera qu'exil et déracinement.

Ainsi, le frère révolté choisit de demeurer dans l'étouffoir de l'antique maison délabrée où s'est écoulée, où ne cesse de s'écouler son enfance morte :

> « Il regarda autour de lui, sourit : les murs défraîchis, les ennuyeux portraits de famille, le crucifix à la tête du lit, les rameaux desséchés de Pâques lointaines, le clou où l'on suspendait le cartable d'école (du temps des fables)... "C'était l'unique bonne chose qui nous reste, tu ne comprends pas ?" répondit-il[2]. »

La rosée du désert

Sans doute, ainsi d'ailleurs qu'il est naturel à tout individu emporté par l'écoulement des années, l'écrivain fera-t-il de plus en plus souvent référence aux radieux étés passés dans la maison familiale de San Pellegrino, proche de Belluno, à ses errances sans fin à travers la campagne environnante, jusqu'au lit caillouteux du Piave. Paysage impossible à décrire en sa réalité unique, tant il demeure imprégné, comme sacralisé par une indicible et presque intolérable splendeur :

> « C'était pour moi d'une éclatante beauté. Je me réveillais de très bonne heure, avant l'aube, et quand je descendais, je sentais cette odeur de maison, cette odeur de campagne humide, qui est l'odeur du matin. Et l'on sortait dans l'obscurité. Tout était mouillé. C'était magnifique[3] ! »

2. *"La patrie", in* En ce moment précis, op. cit., *p. 198.*
3. Mes déserts, op. cit., *p. 31.*

Faire acte de mémoire, c'est aussi faire acte de connaissance : lorsque, pressé de cerner les éléments d'une telle magnificence, Buzzati s'emploie à « focaliser » ses souvenirs, ce ne sont pas — à sa grande surprise — tellement des êtres, des instants, des événements précis qui remontent, mais des images de lieux, d'espaces clos ou libres (chambres ou champs), des bribes de réalités éternelles, souvent minérales. Un peu comme si l'ossature irréductible du monde lui semblait plus essentielle que ses éphémères incarnations. Solitudes déjà, « déserts » prémonitoires, creusets de taciturnes rencontres, germes d'une éternité qui ne nie en rien la vie, mais la fossilise sous cette même coque protectrice que sécrète la lueur de la lune sur l'immobilité nocturne d'un jardin, ou l'écorce des pierres aux rives asséchées d'une rivière. Monde déjà *écrit*, sculpté, réduit à la quintessence de ses signes — monde qu'il faut déchiffrer par transparence ainsi que les filigranes d'un papier, les nervures d'une feuille. Tout, bientôt, se refermera. Mais avant de s'éteindre, de se refroidir, il aura livré à l'enfant, ainsi qu'un caillou lissé de soleil au creux de la paume, sa pesanteur lisse et vivante, inoubliablement.

> « Une des choses qui m'ont toujours fait la plus grande impression lorsque j'étais enfant — et même maintenant, imagine, car je suis vieux —, c'est le jardin, ici, devant, lorsque la lune brille. Car à la lueur de la lune tout, véritablement, se transfigure et se charge de magie. Et chaque fois il me vient l'envie de pleurer [...]. Parmi les choses, aussi, qui excitaient beaucoup l'imagination, il y avait le lit du Piave [...]. Sur les huit cents mètres — supposons — de grève, le fleuve n'en représentait que cent. Tout le reste n'était que galets, des galets cuits par le soleil, de beaux cailloux ronds qui donnaient véritablement l'impression d'un désert... Oui, je dis bien : l'impression d'un désert, telle que j'ai pu la retrouver dans les différents déserts de l'Afrique, car ici, dans ces contrées qui désormais sont trop civilisées, les lits des

fleuves sont les seuls endroits encore sauvages. Jusqu'à il y a quelques années, le lit du Piave, dans cette zone, était encore vierge[4]. »

Secrètes échardes

Combien de tonnes de sable devrons-nous tamiser avant de retrouver la problématique paillette ? Poussière du grand miroir pulvérisé, éclats de silex, éclats de silence, réverbération solaire, cristaux lunaires... Miettes d'un vécu sur lequel le temps n'aurait aucune prise. Et elles demeurent là, incrustées dans la chair, encore un peu douloureuses, toujours parlantes du fond même de leur mutité ; ressassement de questions sans réponse, sans doute désormais sans objet — de celles qui continuent à *brûler les lèvres*...

Et même si on ne les déchiffre plus, même si leur sens s'obscurcit, si leur voix s'estompe avec les années, il faut les garder vives, à la façon d'un guetteur qui, pour se maintenir éveillé, meurtrit ses doigts au fer de son arme. Ces signes, ces sédiments, ces strates existent en nous — et nous les effleurons avec la pulpe sensible d'un aveugle, retrouvant ici le relief usé d'un cri, plus loin le murmure assourdi d'une empreinte, l'induration d'une cicatrice. Oh, sans doute, nous ne savons plus les lire, comme autrefois, à livre ouvert, sous le flamboiement du soleil ou la lanterne sourde de la lune ! Pourtant, ils chuchotent encore, ils frémissent au long de nos nerfs, grésillent au fond de nos sommeils, bourdonnent à nos oreilles avec le flux de notre sang... Mais que valent ces vestiges d'un « monde presque défunt », comme le nommait Baudelaire ? A quoi rime cette tâche exténuante — cette illusion — de les traduire, alors même que nous les saisissons à peine, et puis de prétendre les transmettre, les rendre perceptibles à d'autres qu'à nous seuls ?

« Alors on commence à comprendre que tant de souvenirs, enfouis dans la substance vive de l'âme,

4. Ibid., *p. 34.*

soutiens, désormais, de notre vie, ne sont pour les autres sans exception que des phantasmes vides, des mots, encore des mots. Pourtant, ce sont des gens qui nous aiment bien, des amis authentiques, prêts à se sacrifier pour nous. Mais ils se fichent de nos histoires, ils ne savent que faire de ce trésor. Et c'est ainsi, brusquement, que nous constatons combien nous sommes seuls au monde[5]. »

Celui-là est pareil à cet imprudent qui, revenant bien des décennies plus tard au jardin où il jouait enfant, exhume par hasard, du bout de sa canne, dans la terre molle sous la tonnelle effondrée, la boîte de fer rouillée où il rangeait ses *trésors* d'écolier : quelques agates, une poignée de cailloux, des brindilles sèches. Infimes décombres d'un tremblement de terre passé inaperçu, épaves lilliputiennes d'un naufrage corps et biens, mais aussi discret qu'un enlisement...

Il y avait là un sens, le visiteur le soupçonne... Mais lequel ? Que signifie ce message qu'un petit mort s'est adressé à lui-même, à cet inconnu qui viendra en son nom ? Il ne sait discerner que lettres éparses, syllabes disloquées d'une parole fabuleuse, d'un sésame qui, s'il pouvait le reconstituer, rouvrirait aussitôt cette issue qui, en lui, exige d'être débridée à l'égal d'une blessure...

Est-ce là rêver ? Un être est-il jamais aussi totalement intact ? L'innocence n'est sans doute qu'une prescience, et là où nous croyons voir une page vierge sont déjà écrits, à l'encre invisible, les mots inéluctables que révélera l'haleine du temps. Tous les secrets de l'homme, toutes les obsessions de l'écrivain se trouvent dès l'origine inclus en cette minuscule graine dure et serrée. Tout ce qui sera dit et, plus essentiel encore, tout ce qui appartiendra à l'inexprimable...

Allons ! Cherchons ailleurs nos enfantillages ! L'enfance est tout sauf puérile. Quoi que nous accomplissions, nous ne serons jamais que ce que nous avons été.

5. *"Le récit du soldat", in* En ce moment précis, op. cit., *pp. 46-47.*

Un adulte ensorcelé

L'enfance ne joue pas, c'est là sa caractéristique essentielle. Non, l'enfance ne joue pas, si jouer est synonyme de faire semblant. C'est nous qui voulons croire en ses jeux. Elle, au contraire, avec un sérieux, une intensité sans retenue, s'applique, s'implique corps et âme dans l'acte auquel elle s'adonne, comme si sa vie en dépendait — et elle en dépend, en effet.

Ce qu'effleure l'enfance, elle le rend vrai parce qu'elle y ajoute foi. L'enfance est dure, tendre et sauvage. Elle possède cette puissance talismanique faite — chez ceux qui pourtant ne survivront pas — de l'ignorance de la mort. Pareille incandescence, le filtre du souvenir nous permet de l'entrevoir sans que notre rétine en soit brûlée, mais à la façon du verre fumé qui éteint le flamboiement des éclipses ou des météores dans un même faux-jour cendreux.

Qu'adviendrait-il si nous devions l'affronter en face, non plus dans la mélancolique distance du crépuscule, mais sur le même terrain, et en pleine clarté ? Sans doute le sort de ce Gaspari, le « Bourgeois ensorcelé », « commerçant en céréales, quarante-quatre ans », qui croit pouvoir, pour badiner, se mêler aux jeux de petits garçons déguisés en guerriers indiens, et se trouve emporté dans un monde de magie et de maléfice. Car l'enfance ne sait pas encore tricher ; aussi la petite flèche de bois inoffensive que lui décoche en pleine poitrine un des gamins ouvre en lui une blessure irrémédiable, mortelle et miséricordieuse tout à la fois. Et cette blessure, cette *reconnaissance*, il l'accepte « avec une horreur modérée, dans la mesure où un curieux bonheur s'y trouvait mêlé » :

> « Oui, lui, le quadragénaire, s'était mis à jouer avec des enfants, à se croire l'un des leurs [...]. Il y avait cru vraiment, avec une foi pesante et rageuse, brûlant en lui qui sait depuis combien d'années sans qu'il en ait rien su. Une foi d'une telle force que tout était devenu vrai, le vallon, les sauvages, le sang. Il avait pénétré dans un monde de fables qui ne lui appar-

tenait plus, dépassé une frontière qu'à un certain âge de la vie on ne peut impunément franchir. Il avait dit "Sésame !" à une porte secrète, croyant sans doute s'amuser, mais la porte s'était vraiment ouverte. Il avait dit "sauvages" et cela s'était avéré. "Flèche" par jeu, et flèche vraiment qui le faisait mourir.

« Il payait le dur enchantement, la rançon ; il était allé trop loin pour pouvoir revenir ; mais par ailleurs, quelle vengeance pour lui ! [...] Il était enfin un homme véritable. Un héros, non plus de la vermine, non plus mêlé aux autres, mais bien plus haut. Et seul, sa tête pendait sur sa poitrine comme il convenait à la mort, et ses lèvres glacées continuaient à sourire un peu, pour signifier le mépris : "Je t'ai vaincu misérable monde, tu n'as pas su me retenir[6]." »

Le caillou dans la neige

Ici encore, l'idée surgit — ou le soupçon — que seule la mort est capable d'égaler l'enfance, qu'elle possède la même puissance d'élucidation, de métamorphose, la même exigence d'une réponse. La mort, c'est peut-être l'enfance revécue *au présent*, l'enfance intolérable, l'enfance regardée en face, comme le visage même de Dieu. L'enfance qui détruit la vie et ses compromissions n'est pas un elfe docile à nos incantations. Elle est le témoin irrécusable, le caillou au centre de la boule de neige, pour reprendre l'image chère à Cocteau.

La faute de l'adulte sera, précisément, de « se divertir » avec le monde ou — plus exactement — d'utiliser comme autant de *jouets* chacun des éléments du réel, de les exploiter, les vider de leur contenu avant de les abandonner, désenchantés, réduits à des écorces sèches. L'erreur fondamentale, banalisée il est vrai par sa répétition, son insignifiance, aura été de désacraliser la Création, de dénaturer son langage, d'étouffer sa voix — exactement

6. "Le bourgeois ensorcelé", in Les Sept Messagers, *Robert Laffont, 1968, pp. 105 et 107.*

comme on étouffe une source sous des tombereaux de gravats et de feuilles pourries.

Voilà le gâchis qui stigmatise un homme, et non ses erreurs de route, ses aveuglements, ses passions. C'est le péché d'indifférence, le « vice suprême » que dénonçait Oscar Wilde du fond de la geôle de Reading. C'est cette usure qui nons condamne à l'usure, ce vieillissement qui signe notre propre vieillissement. En éloignant de nous une présence jadis familière, nous proférons notre propre verdict de bannissement, nous scellons notre inéluctable exil :

> « Nous utilisons les différents éléments du monde, et, au fur et à mesure, nous les abandonnons derrière nous, usés, à ceux qui viendront. Nous n'éprouverons ni jalousie, ni regrets en les voyant dans les mains d'autrui ; désormais, ils ne nous disent plus rien [...]. Je verrai les autres, les jeunes, avec les choses qui furent miennes et que je ne sais plus désirer. Et je ne pourrai plus, même par jeu, essayer de nouveau, ce serait une fatigue excessive. Vieux finalement. Tant de temps pour s'apercevoir que toutes les choses que l'on a aimées n'en valaient pas la peine, ne nous servaient que pour continuer à vivre, alors que ce qui est bon est ailleurs et différent, quelle obstination à ne pas comprendre ! Et maintenant, peut-être est-il trop tard[7]. »

Un paradis désaffecté

Est-il trop tard, en vérité ? Est-ce une question de temps ou seulement de volonté, d'ascèse, de disponibilité ? De pureté ? L'erreur serait de situer la démarche buzzatienne sous l'exclusive fatalité du regret et de l'échec. Le monde qu'il évoque n'est pas « ailleurs et différent », il est — il pourrait être — ici et maintenant. Il est présent. Il nous environne toujours, intact, à portée de la main, aux franges du regard. Il est là, il peut réapparaître, porteur des mêmes signes, riche d'intactes promesses, troublé des mêmes secrets — des mêmes menaces. Rien n'est jamais

7. *"Février 1950", in* En ce moment précis, *op. cit., pp. 222-224.*

fini. Serait-ce notre recours en grâce ?... Et si c'était plutôt notre drame ?...

Nous aurions tort, pourtant, de nous attendrir, de croire que rien n'est changé, qu'il suffit de vouloir... Il faut payer bien davantage ! Car s'il n'y a pas, c'est vrai, d'insurmontable distance, il existe une radicale différence entre l'enfant et l'homme résigné à vieillir : l'enfant est au monde, alors que l'homme est face au monde. Il en est le spectateur, le témoin, le prédateur parfois. L'enfant n'a pas à interroger ni à conquérir le monde : il en est partie intégrante au même titre qu'un brin d'herbe ou une pierre ; il est en son milieu naturel. Il n'a pas à solliciter une réponse : il la porte déjà en lui.

Le temps écoulé, les journées mortes, les années gâchées, tout cela n'est rien d'autre qu'une brume grisâtre, un voile de poussière suspendu dans la lumière. Derrière ce rideau flottant, les mêmes indices, les éternels messages nous attendent, avec leurs faces, à peine usées, de sphinx insomniaques — fidèles, consolateurs, un peu effrayants. Rien n'est passé, rien n'est révolu. Sans cet écrasant, cet impondérable fardeau à traîner, sans ces bagages de sables et de pollens devenus cendres, comme nous serions légers et libres !

Mais c'est ainsi, l'oubli est impossible. L'enfer, ce n'est rien de plus que la sourde conscience de ce que nous avons gâché ; « L'Enfer n'existerait pas, mon garçon, s'il n'y avait pas d'abord le Paradis[8]. »

Non, l'enfer ce n'est pas « les autres » — ce serait presque trop beau ! L'enfer, c'est ce petit inconnu — ce mal-aimé, ce proscrit — tapi au fond de nous et dont nous ne pourrons indéfiniment esquiver le regard. C'est bien cela l'enfer : un paradis désaffecté.

Petite rapace

L'enfance, pour Buzzati, ne sera jamais un lieu clos, une sorte de jardin aux cyprès protégé par de hautes et pieuses

8. "Le jardin", in Le K., *Robert Laffont, 1967, p. 370.*

murailles. Inutile de s'apitoyer sur elle : ce n'est pas une aumône qu'elle attend de nous, mais un dû, une rançon. Ou alors le reniement clair et net.

Indemne et blessée, muette et — par son silence même — accusatrice, notre enfance se tient parmi nous, méconnaissable, au cœur de nos villes bourdonnantes, au bord de nos tièdes purgatoires.

Ce qu'une telle vision peut avoir d'incommode, de contraire aux usages, de choquant presque, Buzzati en est le tout premier conscient :

> « Maintenant, on va me demander de rectifier, parce que, en Enfer, il ne peut y avoir d'enfants. Au contraire il y en a, et comment ! Sans la douleur et le désespoir des enfants, qui probablement est le pire de tous, comment pourrait-il y avoir un Enfer comme il faut ? Et puis, moi qui y suis allé, je ne suis pas bien certain de savoir si l'Enfer se trouve vraiment de l'autre côté, et s'il n'est pas au contraire partagé entre l'autre monde et le nôtre. En repensant à ce que j'ai pu entendre et voir, je me demande même si par hasard l'Enfer ne serait pas complètement de ce côté-ci, et si je ne m'y trouve pas, s'il est exclusivement une punition, un châtiment ou simplement notre mystérieux destin[9]. »

Voilà pourquoi la démarche buzzatienne est, au fond, si peu tournée vers le passé. Elle diffère radicalement d'une « recherche du temps perdu ». On le sait, d'ailleurs — il ne nous est plus permis de l'ignorer : nous n'avons rien à attendre du temps, ni résurrection, ni absolution. Ce qu'il garde en otage, ce n'est pas notre enfance, mais son simulacre embaumé, fardé aux couleurs de la vie, enclos, comme un minuscule pharaon en sa châsse de verre terni. Le temps ne sait que brouiller les cartes, effacer les chemins. Ce n'est pas un grand monarque — tout juste un magicien aux tours éventés, un magnétiseur forain, un illusionniste. Sa fausse puissance, il la doit à notre soumission, à notre complicité.

9. *Ibid., p. 374.*

Si Dino Buzzati revient tellement souvent à la maison et au jardin de San Pellegrino, ce n'est pas en pèlerin du souvenir, c'est en observateur, en chasseur aux aguets, relevant traces et indices. Il sait, lui, que notre enfance n'est pas derrière nous. Elle marche à nos côtés. Parfois, elle nous précède, impatiente, pour nous attendre au prochain tournant de la route. Ce n'est pas une soie brûlée, mais l'étoffe de nos jours. Ce n'est pas une « grande vacance » idéalisée mais révolue, une absence qu'il est nécessaire de reconstituer, lambeau par lambeau. A chaque seconde, elle nous guette. Il est des lieux sur la terre, connus de nous seuls, où, si nous commettons l'imprudence de nous aventurer, elle va, d'un instant à l'autre, fondre sur nous, tendrement cruelle, semblable à un petit rapace.

Elle est présente — elle est *le* présent. Elle est vivante — elle est *la* vie. Et pourtant, elle n'a jamais retrouvé auprès de nous sa juste place. Idolâtrée et mal aimée, elle enferme ce que nous désirons et redoutons le plus au monde...

Mais contre quoi l'avons-nous échangée ? Contre une poignée de médailles de plomb, trente deniers en fausse monnaie...

« Une si terrible puissance »

La plus grande force, c'est encore celle de l'inaccompli. Seule la promesse existe : ce qui est entrepris, ce qui est *entamé* (comme un fruit est mordu) porte déjà le stigmate du désenchantement et de la mort ; c'est pourquoi le feu des « années lointaines » brille toujours pour nous, avec toute l'inépuisable ardeur des étoiles éteintes :

> « Les années lointaines semblent très belles parce qu'alors on était plus jeune et la réserve des espérances plausibles était beaucoup plus grande, alors que maintenant elle s'est amenuisée et que le futur, aussi longtemps qu'il puisse durer, ne contiendra en aucune façon l'immensité des choses auxquelles on avait rêvé[10]. »

10. "Œuvre de miséricorde", in En ce moment précis, op. cit., *p. 82.*

Mais que l'enfance exerce sa puissance séditieuse ailleurs que dans le songe d'un avenir lointain, qu'elle prenne seulement conscience de sa souveraineté et, aussitôt, tout change. Car elle concentre en son nœud serré de secrets, de potentialités, toute la capacité déflagrante de la matière intacte, une véritable *fission* du noyau dur du réel. Sa force devient alors sans limites, au-delà de toute conséquence prévisible. Et si la foi peut soulever les montagnes, l'innocence est capable de les briser.

Chez Buzzati, on le voit, la vision de l'enfance n'a rien de suave ni d'attendri ; le *noli me tangere* qui l'environne constitue, au contraire, une menace latente envers l'ordre établi des adultes. Toute injustice, toute offense dirigée contre cette noire petite divinité est capable d'ébranler l'univers jusqu'au fin fond de ses assises :

> « Il n'y a que les regards des enfants pour posséder une si terrible puissance, peut-être parce qu'ils sont petits, faibles et innocents (et puis aussi les regards de certains chiots maltraités)[11]. »

C'est ainsi que les sanglots d'une fillette disgraciée de laquelle, par plaisanterie, un garnement, du bout de sa cigarette allumée, crève le ballon rouge — son unique jouet et compagnon —, cette « douleur démesurée, sauvage et terrible », parviennent à troubler l'harmonieuse indifférence du paradis où, pourtant, n'arrive jamais « la moindre rumeur de l'humanité : ni fracas des moteurs, ni sirènes, ni coups de feu, ni hurlements, ni explosions atomiques[12] » ; de même, pour un misérable œuf en carton retiré par une dame patronnesse à une petite pauvresse qui s'est glissée, sans y avoir droit, parmi les jeux des enfants riches, la hiérarchie du monde est perturbée, la ville, le pays, la planète seront, de proche en proche, embrasés par une gigantesque conflagration[13].

11. "Le petit ballon", in Le K., op. cit., *p. 205.*
12. Ibid., *p. 207.*
13. "L'œuf", in Le K., op. cit., *p. 129.*

Les promesses de l'aube

Buzzati, on le sait, est un réaliste du légendaire. Comme toujours, la fable, la parabole ne lui servent qu'à exprimer une conviction profonde : la particulière fécondité de l'enfance en miracles ou sortilèges de toutes sortes tient moins à quelque don magique qu'à sa prodigieuse porosité aux forces élémentaires qui la traversent — dont elle est le médium privilégié. L'enfance est en relation familière, en naturelle connivence avec l'énigme universelle. Elle se tient à la source limpide du grand mystère — de ce qui, pour nous, comme « s'enténèbre » un tableau, va devenir un impénétrable mystère. « L'innocence, dit Giraudoux, est la rigoureuse adaptation d'un être au milieu dans lequel il vit[14]. »

Alors que notre *jeu* (notre « je » ?) social ou professionnel repose sur une stratégie de pur artifice, propre à nous exiler de tout rapport avec les réseaux vibratiles du réel pour nous enfermer dans un code abstrait, dévitalisé, l'enfant, lui, par son *jeu* avec le monde, se place, d'instinct, aux écoutes des signes les plus ténus, apprivoise les plus farouches présences. Ce que notre pesanteur psychologique qualifie d'« activité ludique » représente un acte créateur à part entière — un moyen privilégié de connaissance.

« L'intelligence pure, écrivait Giono, dépouille l'univers de son manteau sacré[15]. » Point n'est besoin, en effet, d'explorer le labyrinthe indéfini des formes, de sonder (en le brisant) le cœur obscur de la matière, de violenter les profondeurs fourmillantes du cosmos ; un lieu minuscule, circonscrit dans l'espace — ou plutôt la fusion de l'espace et du temps — suffit à un tel décryptage : saisir en sa prime aurore l'univers à l'état natif, tel que rien encore — aucune durée, aucun désenchantement — ne l'ont opacifié.

14. Cité par Jean Carrière dans son Jean Giono, *coll. "Qui suis-je ?", La Manufacture, 1985.*
15. Id.

« De mes jeux et de mes expériences d'enfant, ce que je me rappelle le plus, avec une sorte d'enchantement, c'est l'exploration des mansardes [...]. L'impression que ces maisons font aux enfants est une chose extraordinaire... Les grincements, le soir... La porte que l'on ouvre ou que l'on ferme, la nuit, dans l'obscurité... Ce sont là des choses extrêmement belles. Et ce sont des choses d'où sont sorties les nouvelles de Poe, en fait. Ce type de mystère — je parle du mystère de la maison, mais aussi du mystère des bruits dans le jardin — implique la présence d'entités inconnues, probablement imaginaires[16]. Esprits, fantômes, êtres de la nature, elfes... Toutes ces choses-là... Voilà... Qui est-ce qui passe dans le couloir, la nuit ? Est-ce que ce sont les rats, ou le vieux grand-père mort en état de péché mortel ? Et pourquoi, en vérité, le mystère de la maison est-il au fond plus dense que le mystère du bois ? Parce que tant de gens ont habité la maison. Et ces gens ont laissé quelque chose dans les murs. C'est indiscutable. J'ai la sensation — mieux : j'ai la *conviction* que les murs absorbent quelque chose de ceux qui vivent en leur sein [...]. Et ce je-ne-sais-quoi, les murs le conservent de très nombreuses années. Par conséquent, en un certain sens, ils conditionnent aussi les personnes qui vivent là, car cette chose qu'ils ont reçue, de toute évidence, ils la reflètent ensuite. Les gens qui possèdent des aptitudes médiumniques pompent avec grande intensité et en grande quantité ces traces, ces restes, ces vestiges de ceux qui ont vécu entre ces murs [...], le sentiment que ces murs veulent dire quelque chose, et qu'on ne parvient pas à comprendre ce qu'ils disent[17]. »

A ce que *veut dire* le monde, l'esprit ductile de l'enfant vibre, baguette de coudrier aux abords d'une nappe souterraine. Cette conviction que Buzzati affirme, de façon testamentaire aux derniers mois de sa vie, nous aurions

16. « Probablement imaginaires »... mais peut-être, aussi, véridiques...
17. Mes déserts, *op. cit., pp. 29-31.*

grand tort de l'assimiler à quelque rêverie de poète — à moins, bien entendu, de prendre *poète* dans son sens fondamental, démiurgique.

Si cette tentation, cet appel déraisonnable de l'enfance est bien, selon le mot de Mauriac, « la flèche qui indique la bonne direction », elle est aussi — elle a été, l'espace d'une vie — la proue qui vient se briser contre le récif de l'irréversible. Nul ne peut *retourner* vers son enfance — mais vient un temps où, peut-être, l'enfance revient vers nous, soit « à la suite des saints », comme le croyait Bernanos, soit dans le sillage de nos fins dernières.

Il en est et demeurera ainsi des deux *expériences* capitales auxquelles a été et sera confronté l'homme, les seules capables d'apporter quelque lueur sur son destin : l'une — celle de l'enfance — gît en lui, oubliée, mutilée ; l'autre — celle de la mort — relève de l'inconnaissable. Entre les deux, il y a un peu de temps, et nos empreintes sur le sable.

Un temple aux vivants piliers

> « Mais toi — je me le rappelle — tu ignores les fables anciennes des rois sans nom, des ogres et des jardins ensorcelés. Jamais tu n'es passée, ravie, sous les arbres magiques qui parlent d'une voix humaine, jamais tu n'as frappé à la porte du château désert, ni tu n'as marché dans la nuit en direction d'une lumière très lointaine, ni tu ne t'es endormie sous les étoiles d'Orient, bercée par la pirogue sacrée[1]. »

L'enfance de l'homme — de chaque homme — concentre, à l'aube du destin individuel, ce qu'a été l'enfance de l'humanité avant que le choix de la rationalité n'en soit venu étouffer les intuitions originelles :

> « Ce phénomène, encore peu étudié, peut être observé en n'importe quel bois, champ, ravin, pâturage ou marais : des animaux et des plantes manifestent une vitalité toute particulière lorsqu'ils se trouvent en compagnie d'enfants et leurs facultés d'expression se multiplient au point de permettre de véritables dialogues. Mais la présence d'un seul adulte suffit à briser cette sorte d'enchantement[2]. »

Ce « temps où les bêtes parlaient », Buzzati, avec une ferveur d'enlumineur, se plaît à l'évoquer à travers les diaprures de la légende ; chez lui, le merveilleux exprime l'enfance aussi naturellement que le fantastique exprime la condition ordinaire des hommes (celle des adultes). Car le merveilleux est la traduction toute naturelle de l'accord,

1. *Dino Buzzati,* Nous sommes au regret de..., op. cit., *p. 71.*
2. Le Secret du Bosco Vecchio *(précédé de* Bàrnabo des montagnes*), coll. 10/18, série "Domaine étranger", Robert Laffont, 1959, p. 152.*

alors que le fantastique ne peut être que celle de la discordance.

Les deux registres (ravissement et inquiétude) sont nécessaires pour cerner au plus près notre situation d'exilés : l'histoire racontée demeure la même, à deux stades différents — celle de l'ordinaire solitude des vivants.

Un recours en grâce

D'où l'importance primordiale que l'écrivain — le narrateur — a toujours attachée au mythe, terme générique dans lequel s'intègrent avec sérénité le légendaire, les croyances populaires, l'imagerie, les contes, un certain rituel religieux (ou sa forme la plus affective : il convient d'évoquer ici tout le vaste travail accompli par le peintre Buzzati sur le thème des ex-voto[3]).

Le mythe demeure en effet le plus intelligible, le plus universel des langages primordiaux, une sorte d'espéranto de l'inconscient. Il a pour lui, à la fois, l'accent du secret et l'adhésion immédiate de notre sensibilité, l'entendement de notre cœur.

Il y a là une veine inspiratrice d'une prodigieuse richesse, et cependant fort peu ou fort mal exploitée en notre domaine français (si l'on excepte les travaux déjà lointains d'un Nerval ou d'un Mistral et, dans le domaine contemporain, les tentatives un peu marginales de Pourrat[4], de d'Arbaud[5], d'André Berry[6]). Les auteurs italiens, en revanche, fidèles à une très ancienne tradition « régionaliste », ne croient nullement déchoir en abordant ces thèmes fondateurs sans la moindre condescendance intellectuelle — que l'on songe plutôt à l'approche si vivifiante d'un Italo Calvino et à son patient inventaire des contes des divers terroirs.

3. *Peintures regroupées en 1971 dans un recueil,* Les Miracles de Val Morel (I Miracoli de Val Morel*), hélas non encore édité en France.*
4. Le Trésor des contes.
5. La Bête du Vaccarès.
6. Les Esprits de Garonne.

Buzzati, lui aussi, est, par nature, un conteur[7]. Il traite le mythe d'égal à égal avec les autres genres littéraires, toujours avec respect, parfois aussi avec le rafraîchissant humour de la « Légende dorée ». La sécheresse du folkloriste, cet entomologiste du merveilleux, cet archéologue des songes ensevelis, lui est bien étrangère.

Le révélateur du fantastique

Ce que l'on a appelé le « fantastique buzzatien » n'est que la périphérie visible, l'écorce la plus évidente de cette démarche profonde. L'unique fonction de l'écriture demeure de donner un *corps*, sinon un sens, à l'inexprimable. Elle se calque donc, « en draperie mouillée », sur le réel : c'est le réel qui par essence est fabuleux, et non l'écriture qui, scrupuleusement, en rend compte (Buzzati insiste sur le fait qu'il est avant tout un écrivain « spontané »).

C'est pourquoi il se soucie fort peu de « boucler » son récit, de lui trouver une chute, de le clore sur lui-même en une ellipse parfaite. Chacune de ses histoires demeure, au contraire, ouverte sur une impossible conclusion, en suspens : car il importe que la question reste posée, insoluble, lancinante — afin que le doute se communique à l'esprit du lecteur.

A y regarder de plus près, il y a toujours, en armature aux avatars les plus dépaysants, une situation des plus quotidiennes[8]. A la différence d'un Marcel Aymé qui, d'entrée de jeu, pose en postulat une donnée inexplicable (une femme gratifiée du don d'ubiquité, un individu capable de traverser les murailles), le héros buzzatien évolue d'abord dans l'épaisseur ordinaire de la vie, presque dans sa banalité. Le fait qui l'arrache à son étroit territoire n'est

7. N'oublions pas qu'il a écrit (et illustré) pour les enfants ce conte à résonances symboliques : La Fameuse Invasion des ours en Sicile.
*8. « Lorsque je raconte quelque chose de caractère fantastique, je dois chercher au maximum à le rendre plausible », dit lui-même Buzzati. (*Mes déserts, op. cit., *p. 251.)*

pas fatalement conçu par lui comme une offense du réel : bien au contraire, il est aussitôt accepté, *reconnu* en tant qu'expression d'*un autre réel*, plus profond, presque effacé. Dès ses premières manifestations, il sera identifié pour seul authentique, conforme à une vision intérieure (et antérieure) ensevelie sous la patine de l'habitude ou de la résignation, mais demeurée vivace, incorporée à la trame intime de nos nerfs. Il relève d'un passé, d'un acquis plus lointain que la mémoire. Il est ce que nous attendions inconsciemment. Dès qu'il se réalise, serait-ce à nos dépens, nous nous sentons à la fois libérés et exaucés.

Car il existe en nous comme un naturel du surnaturel. Le mythe est notre nature première. Il n'a nul besoin d'être commenté ou élucidé. Il lui suffit d'être — et d'être d'abord en nous. Alors, tout se passe aussi naturellement que si la mise en lumière n'était que le *développement* photographique, précis en ses moindres détails, d'un *négatif* longtemps enfermé au plus secret de nos chambres noires...

« La question de la porte murée »

Par le biais du fantastique, Buzzati a donc essentiellement cherché à raviver, à « actualiser » les anciens mythes — parfois aussi à en créer de nouveaux, mais toujours accordés aux fantasmes et aux obsessions de l'homme d'aujourd'hui. Car s'il est vrai que, selon le mot de Joë Bousquet, « les pays sans légendes sont condamnés à mourir de froid », la privation de tout recours mythique devient très vite une présence en creux, plus obsédante, plus accablante que le poids de la plus tyrannique superstition.

Ainsi en est-il de « La question de la porte murée », dont nul ne peut déterminer si elle est, sur une falaise proche de la cité, le produit d'un simple hasard géologique, l'œuvre d'hommes des temps anciens, ou celle des géants, peut-être des dieux. Pourtant, cette insoluble interrogation ne cesse de nourrir l'imaginaire de tout un peuple « d'histoires de dragons, de trésors cachés ou de sacrifices humains lointains[9] ». Et si l'empreinte à peine distincte, l'issue tant désirée dans la muraille qui borne notre regard n'était, en définitive, rien d'autre que l'agrandissement démesuré, la gigantesque projection de la minuscule porte condamnée que chacun cache en soi ?

De même, le reflux des armées légendaires des ours, complices de l'enfance, qui avaient envahi les terres arides du réel, ne va laisser pour unique témoignage qu'une vague statue monumentale, informe menhir du songe que les intempéries et l'oubli ont peu à peu dégradé :

> « L'année dernière, il n'en restait que quelques pierres rongées, impossibles à identifier, entassées dans un coin[10]. »

Le fantastique dépassé

Nous sommes ici bien loin du fantastique considéré comme un fait scandaleux, inacceptable, inassimilable aux mécanismes habituels de la pensée. Nous sommes, surtout, aux antipodes de l'insolite. Le fantastique buzzatien est bien moins un « dépaysement » qu'un subtil « rapatriement ».

Nous voici confrontés avec une vérité exprimée autrement que dans notre langage quotidien, rebelle à nos habitudes mentales, mais dont l'évidence, passé l'instinctive réaction de refus ou de peur, va s'imposer à nous dans tout son irréfutable.

Il existe, derrière la façade souvent effrayante de l'inconnu ou de la menace (son masque de sphinx usé), une loi absolvante, une logique impénétrable, puissants ferments de réconciliation avec ce qu'il y avait d'inextricable dans nos aspirations les plus secrètes. Tout ce qui est exigé de nous, c'est de ne pas nous débattre, de nous abandonner. Ce n'est pas dans le mécanisme étriqué de notre raison que le monde peut trouver son sens, ou notre destinée soli-

9. "La question de la porte murée", in En ce moment précis, op. cit., *p. 72.*
10. La Fameuse Invasion des ours en Sicile, op. cit., *p. 114.*

taire sa plénitude, mais dans ce « point de non-retour » au-delà duquel notre pensée sera prise en charge par une volonté inconnue, un *ordre* souverain. D'où l'apaisement, le sourire, l'« étrange joie » du personnage buzzatien lorsqu'il a franchi le seuil de l'irréparable. Mais c'est aussi cette tentation enfantine de se laisser aspirer, la nuit venue, par le mystérieux appel monté du *fond du lit*, là où règnent soit les suprêmes ténèbres, soit l'issue miraculeuse :

> « Qu'est-ce qu'il y a là-bas dans le fond ? Des cavernes gigantesques ? Une petite porte secrète qui donnait dans le jardin du roi ? Un dragon endormi[11] ? »

C'est ici, précisément, dans un *fantastique dépassé*, qu'apparaît pleinement la vocation mythique de l'œuvre buzzatienne, sa mission de réconciliation de l'individu avec l'univers cosmique dont il s'est, au long de son histoire, retranché peu à peu. « La fonction du mythe, écrit Mircea Eliade, est de donner une signification au monde et à l'existence humaine. Grâce au mythe, le monde se laisse saisir en tant que cosmos parfaitement intelligible. » Le mythe est donc, avant tout, cordon ombilical, arbre de vie. L'explorer, c'est retrouver ses sources vitales. C'est se retrouver soi-même — avec toutefois, le risque, non négligeable, de ne plus se reconnaître...

L'adieu de Matteo

Le mythe est la rosée de la Création. Il est l'origine et le sens. Il représente à la fois un moyen d'humaniser le monde et de briser la gangue intellectuelle étouffante qui empêche l'âme individuelle d'accéder à l'universel. Démarche, finalement, moins panthéiste qu'animiste : la parole mythique reste d'abord un dialogue avec le sensible, le concret. Elle n'est pas un bercement passéiste, mais une interrogation en quête d'écho. Elle constitue donc un instrument privilégié de connaissance (et de *co-naissance*). A l'opposé, tout ce qui tente de violenter la réalité, de

11. *"Le fond du lit", in* En ce moment précis, *op. cit., p. 72.*

la mettre en question et de la soumettre à la question en rétracte le cœur rayonnant et ne parvient guère à lui arracher que de vagues fragments incohérents, sans lien entre eux, pièces éparses d'un puzzle à jamais incomplétable.

Nul récit buzzatien n'illustre mieux une aussi profonde immersion de l'être dans le « temple aux vivants piliers » baudelairien que l'admirable parabole du *Secret du Bosco Vecchio*, mélancolique féerie si proche du *Songe d'une nuit d'été*, tissant dans une même trame les fils des destinées humaines, les fibres végétales, les esprits animaux et les grandes puissances germinales des saisons, des vents, des sèves, de la terre. Ici encore, la vertu initiatique n'est accordée qu'à l'enfance et à cette manière d'innocence — ou d'absolution — que l'approche de la mort apporte à l'âme humaine.

Par une sorte d'échange bouleversant, le récit s'achève sur un chassé-croisé de haute portée symbolique : le colonel Procolo, héritier tyrannique du Bosco Vecchio, renonce enfin à réduire par la violence ou la ruse les génies des vents et des arbres ; et le vent Matteo, sorte d'Ariel éolien, va dire adieu à l'adolescent Benvenuto, s'élevant de plus en plus haut dans l'espace pour se dissoudre en plein ciel, avant même que le garçon, à l'heure de quitter l'enfance, cesse de croire en lui.

> « Les vents commencèrent leur chanson entre les branches des sapins. Et ce fut un grandiose concert, celui des occasions solennelles, qu'il n'est permis au commun des mortels d'entendre qu'une seule fois tout au plus dans leur vie. Sebastiano Procolo comprit et dans un terrible effort parvint à relever la tête. Les animaux, à l'orée du bois, se réveillèrent.
>
> « Les vents chantèrent les vieilles légendes des géants, les plus beaux morceaux de leur répertoire. Nous ne connaissons pas ces chants, mais nous savons qu'ils remplissaient ceux qui les écoutaient d'une joie ineffable.
>
> « [...] La voix des vents s'éteignit. Les animaux se retirèrent dans leurs tanières et dans leurs nids, épuisés

par la nuit blanche qu'ils venaient de passer. Tout demeura silencieux, tranquille, dans l'attente du jour qui allait poindre. Le colonel se tenait toujours debout, appuyé contre son arbre, la tête haute, absolument immobile. Immobiles ses bras et ses jambes, immobiles ses yeux, sa bouche et même les plis de son manteau. Et son cœur lui aussi était à jamais immobile[12]. »

*

« "Cette nuit je dois mourir, dit [le vent] Matteo. Je commence déjà à me dissoudre, bientôt je vais grimper en l'air, je m'évanouirai peu à peu dans le ciel. [...]

« — Non, cria Benvenuto. Matteo, ne t'en va pas ! Non, tu ne dois pas mourir ! Il nous reste tant de choses à faire. Penses-y, si tu restes, tu redeviendras semblable à jadis, les forces te renaîtront, [...] tu redeviendras le maître de la vallée, tu provoqueras de grandes tempêtes, tout le monde te craindra. Nous allons tout reprendre du commencement. Et puis, par les nuits calmes, tu joueras de la musique dans les bois, les gens viendront t'écouter, ils viendront de très loin même. Les génies seront là, entre les arbres, et je pourrai chanter avec toi, comme nous avions fait l'autre fois...

« — Inutile, dit le vent. Il faut que je m'en aille. D'ailleurs, voici peut-être venue la fameuse nuit au cours de laquelle tu dois cesser d'être un enfant. Je ne sais si quelqu'un te l'a déjà dit : la plupart des gens ne s'en aperçoivent pas, ils ne soupçonnent même pas l'existence de cette nuit ; pourtant elle dresse une barrière infranchissable. [...] Demain tu seras bien plus fort, demain une nouvelle vie commencera pour toi, et certaines choses échapperont à ton entendement : tu ne comprendras plus le langage des arbres, ni celui des oiseaux, celui des fleuves, celui des vents. Même si je demeurais, tu ne pourrais rien saisir de tout ce

12. *Le Secret du Bosco Vecchio, op. cit., pp. 287-289.*

que je te raconterais. Sans doute, tu entendrais ma voix, mais elle te paraîtrait une rumeur insignifiante, tu rirais même de moi. Non, c'est mieux ainsi, crois-moi : séparons-nous au bon moment."

« Sa voix devenait toujours plus faible. Matteo, sans le vouloir, commençait à s'élever dans le ciel[13]. »

Le grand jamais

Adieu déchirant, sans nul doute, mais, à la réflexion, plus consolateur que l'anonyme rupture, l'insensible séparation guettant la plupart des hommes. Tout véritable exil est intérieur : nous n'avons pas été chassés du paradis mais — et c'est bien pire — nous sommes devenus incapables de le reconnaître. Et si, par miracle, notre territoire originel nous était restitué, il ne serait plus jamais à notre mesure : ainsi le narrateur d'*Etrange Jardin* ne comprend pas au nom de quel sortilège, un beau jour, le jardin sans bornes de son enfance, aux fabuleuses routes blanches, aux massifs aussi vastes que des îles enchantées, est devenu, d'un coup, un jardinet de misère, pas plus grand qu'un mouchoir de poche... « C'est la vie », lui dit-on en guise d'explication...

Mais il ne se résigne pas jusqu'à ce que, par un privilège inespéré, « l'immense royaume » lui soit rendu, dans toute son insondable splendeur. Alors son angoisse devient pire encore car, de ce royaume vertigineusement disproportionné, il réalise qu'il n'épuisera ni les appels, ni les promesses :

> « Hélas, la haie là-bas au fond, la frontière ultime, est désormais une limite très lointaine ; jamais, au grand jamais, je n'y arriverai avant le soir[14]. »

La question est là, en effet : saurons-nous redécouvrir « avant le soir » ce que le matin a emporté dans sa fuite, ce que la nuit, peut-être, nous rendra ?

13. Ibid., *pp. 290-291. Thème repris dans l'adieu des ours légendaires aux enfants (*La Fameuse Invasion des ours en Sicile, op. cit., *p. 113).*
14. "Etrange jardin", in En ce moment précis, op. cit., *p. 338.*

« Toujours ce sentiment du temps... »

« Chaque nuit. Tic-tac, tic-tac. Sans répit[1]. »

Notre drame, selon Buzzati, c'est donc, avant tout, la prise de conscience de cette infime distance (non pas un gouffre, mais une fissure, une fêlure) qui, perpétuellement, nous sépare des autres, du réel, de l'objet de nos désirs — de nous-mêmes. Sentiment qui, d'ailleurs, relève moins de l'analyse introspective que d'une sorte de consubstantiel *vague à l'âme*, d'un malaise fondamental dont le vieillissement, sédimentation d'une infinité de morts successives dans les tréfonds de l'être, sera le symptôme le plus charnel. « Le détachement, l'adieu [...] étaient toujours quelque chose de terriblement épuisant pour moi [...]. Cette sensation qu'il s'agit d'une chose finie pour toujours, toujours ce sentiment du temps », confiait Dino Buzzati à Yves Panafieu[2].

Feux clignotants de la mémoire

Réalité tragique, le temps est aussi, paradoxalement, une vue de l'esprit. La mesure et, même, la notion du temps

1. *Dino Buzzati, "Tic-tac", in* Le Rêve de l'escalier, op. cit., *p. 44.*
2. Mes déserts, op. cit., *p. 117.*

ne sauraient être pensées autrement qu'en termes d'espace — et en termes de distance parcourue, d'éloignement. Autrement dit de voyage, ce même « voyage » auquel, par une métaphore archiclassique, est assimilée l'existence. C'est cette prise de distance consentie, reconnue par nous comme fatale, nécessaire à notre accomplissement, à la réalisation de nos ambitions, qui crée l'irréalité fondamentale du monde où nous nous mouvons, en brouille perpétuellement les repères.

Ainsi le héros des *Sept Messagers*, ce prince parti explorer le royaume de son père et qui, au long des mois, des années, des décennies, va s'éloigner de sa capitale — sa ville natale — sans parvenir à atteindre les frontières du pays :

> « Je me sens plus souvent taraudé par l'idée que ces frontières n'existent pas, que le royaume s'étend sans aucune limite et que, malgré ce voyage incessant, jamais je n'en verrai la fin[3]. »

Les émissaires qu'il envoie vers son point de départ en reviennent de plus en plus tard, porteurs de nouvelles de plus en plus lointaines, de plus en plus irréelles, de moins en moins lisibles, « curieuses missives jaunies par le temps dans lesquelles je découvrais des noms oubliés, des tournures de phrases insolites, des sentiments que je ne parvenais pas à comprendre[4]. » En revanche, « les nuages, le ciel, l'air, les vents, les oiseaux m'apparaissaient en réalité comme des choses nouvelles ; et je me sentais un étranger[5] ».

Au cœur du temps

Ces terres inconnues, seule patrie véritable des exilés que, tous, nous sommes, il n'est pas nécessaire d'accomplir une aussi épuisante errance pour les atteindre. Certains, par une prédestination redoutable, ont su, très tôt dans leur

3. Les Sept Messagers, op. cit., *p. 8.*
4. Ibid., *p. 10.*
5. Ibid., *p. 11.*

vie, les reconnaître et s'identifier avec elles. Ce sont les voyageurs immobiles de l'attente.

On ne poursuit pas son destin comme on poursuit sa route. Au reste, où pourrions-nous aller, sinon à notre rencontre ? Une manière de gémellarité unit le héros du premier roman de Buzzati, *Bàrnabo des montagnes*, et le Drogo du *Désert des Tartares*. Bàrnabo, le garde forestier devenu gardien de l'inutile, replié dans la solitude de sa cabane, n'a pour tout interlocuteur que la verticalité de la montagne, de même que Drogo, veillant aux terrasses du fort Bastiani, n'a de regard que pour l'horizontalité du désert — tronc et poutre maîtresse d'une seule et même crucifixion consentie.

Ils ne se sont pas placés hors du temps, mais au cœur du temps — ce cœur immobile et muet qui ressemble à l'*œil* figé du cyclone, du tourbillon qui emporte et disperse toute vie. Ces mystiques de l'absolu, ces religieux sans divinité reconnue ont dépouillé leur être de tout son bariolage anecdotique, de toutes les balises ou étapes événementielles qui donnent à l'homme l'illusion d'un écoulement sans fin, d'une poursuite haletante.

C'est d'emblée qu'ils ont acquis leur statut d'étrangers — une étrangeté qui, par instants, pourrait bien confiner à la folie, ou à l'inhumanité (que l'on songe aux passages du *Désert* où Drogo « reconnaît » à peine ses parents, sa fiancée, ses anciens camarades...). Le reste du monde, ses élans, ses passions, ses fracas existent beaucoup moins pour eux que le tournoiement des nuées dans le ciel, les glissements de l'ombre et de la lumière sur l'étendue désolée ou la face abrupte des montagnes. Ils ont redécouvert cette fusion alchimique, cette matière primordiale qui, lorsqu'ils étaient enfants, amalgamaient en une seule vérité magique l'espace et le temps. Ils sont devenus, selon la parole de Mauriac, « ceux pour qui plus rien n'existe sinon l'enfance et la mort ».

Finalement, même le but, le terme de leur attente s'efface, se disperse en poussière : l'affrontement vengeur avec les brigands pour Bàrnabo, l'invasion des Tartares pour Drogo, ne représentent rien d'autre que de fuyants mirages. Seul, leur renoncement sera leur dernière bataille — leur suprême victoire, celle que chacun devra, au jour encore ignoré, remporter sur lui-même.

Ce n'est pas le temps qui est absent de ces deux livres (il en est, au contraire, l'axe médian), mais la durée, c'est-à-dire notre perception ordinaire du temps. Il n'en reste que l'ossature. Le temps est l'« image de pierre » de notre destin, de notre vérité — le Temps, ce gisant du désert, cette statue sculptée par l'érosion à même la montagne. Cyclique et enchaînée au cercle des saisons dans *Bàrnabo*, foudroyée et pétrifiée dans l'absolue immuabilité de l'horizon du *Désert*, la durée a cessé d'être notre persécutrice. Toute leur vie, Bàrnabo et Drogo resteront des enfants, fidèles à la démesure de leur songe. Ils ne vieillissent pas, sinon, sans doute, dans leur corps, leur apparence, uniquement au regard des autres (et peut-être, d'ailleurs, dans le film, à bien des égards si attachant, que Zurlini a adapté du *Désert*, eût-il été davantage révélateur de laisser jusqu'au bout sans l'artifice d'un maquillage de rides le visage de l'interprète principal...).

L'apaisement de Bàrnabo à la fin du récit, alors qu'il a renoncé à tirer victoire de ses ennemis qu'il tenait à portée du fusil (« Et, tandis que s'approche le soir, il se sent empli d'une grande quiétude[6] »), le sourire pacifié de Drogo mourant dans sa chambre d'auberge solitaire sont les gages de cette mystérieuse réconciliation, d'un *tout est bien* qui n'est pas éloigné du « tout est grâce » bernanosien. Simplement, le temps est devenu la mort comme la lumière devient l'ombre, l'attente la justification, et l'angoisse la joie :

> « Quelle joie, se disait Drogo à cette idée, tel un enfant, car il se sentait étrangement libre et heureux[7]. »

6. Bàrnabo des montagnes, op. cit., *p. 132.*
7. Le Désert des Tartares, op. cit., *p. 266.*

« Un noble adieu »

A l'injure dégradante du temps (prise au sens où l'on *dégrade* un officier, le dépouillant un par un des insignes visibles de l'honneur, en brisant son épée), Buzzati oppose en effet une réponse — la réponse digne de la faiblesse et de la grandeur de l'homme : le renoncement. Ce que le temps nous arracherait par bribes, il nous appartient de l'écarter de nous, de nous en dessaisir. Le renoncement transcende cette « épuisante » sensation de détachement, de déchirement. Il en fait un don volontaire, un sacrifice apparemment inutile — mais le seul, en vérité, qui puisse égaler l'homme à la mesure de son destin ou à l'infini de ses songes.

Dans sa préface aux *Grands Jours*, le livre de son ami, l'alpiniste Walter Bonatti, Buzzati reprend et explicite ce thème latent dans toute son œuvre :

> « Il s'agit là d'un choix qui n'est pas imposé par le poids des ans (l'homme est encore dans la force de l'âge, avec des ressources physiques, et de caractère aussi bien, phénoménales), mais résulte d'un renoncement délibéré : "Bonatti a cessé désormais d'être l'alpiniste Bonatti." Et c'est sans doute au moment le plus opportun qu'il prend congé de ces terribles géants ; alors que son étoile a atteint le point le plus haut de sa course et n'a que peu de chances de s'élever encore ; alors que son mythe, sa légende (le mot n'est pas excessif) resplendit d'une lumière qu'aucune ombre, même minime, ne ternit[8]. »

Sacrifier sa vie, ce n'est nullement perdre sa vie. C'est en faire don. C'est la sauver, la préserver intacte et — si ce sacrifice a été celui du matin — riche de tout ce qui n'a pas été entamé. C'est garder en soi l'enfance de l'homme, qui n'est en rien pauvreté, mais promesse — et seul le dénuement du soir peut rendre une telle innocence à une âme meurtrie. Voilà le lien entre Bàrnabo des montagnes

8. *"Un noble adieu", préface aux* Grands Jours, *de Walter Bonatti, Arthaud, Grenoble, 1973.*

et Drogo du désert. Par le don ou le dépouillement, ils ont maintenu — ou retrouvé — cette pureté qui nous égale au monde.

Leur destin, c'est l'agrandissement, l'amplification aux proportions d'une vie, de ces instants réconciliés que Buzzati lui-même a connus avec la montagne, lors de ses courses dans les Dolomites. La montagne n'est pas le lieu de l'exploit, ni même celui du dépassement : c'est celui où l'homme découvre le meilleur, le plus juste de lui-même. Sa vraie mesure. C'est aussi l'espace où la vie et la mort s'équivalent, s'interpénètrent pour se justifier mutuellement. « La mort en montagne est un acte de foi », n'hésite pas à écrire Buzzati en 1961, après la mort d'un de ses camarades au cours d'une ascension[9]. La montagne en sa démesure, le désert en sa vacuité, Dieu en son éloignement exercent sur l'âme une fascination unique : celle d'un inutile où nous pressentons confusément notre propre légitimité.

Ainsi, Bàrnabo et Drogo ont su aller à l'essentiel. Ils ont échappé aux pièges et aux miroitements du monde. En regard de l'*ordinaire des hommes*, leur expérience est, d'une certaine manière, celle de la sainteté ou du martyre — mais des saints et des martyrs de l'injustifiable, non récupérables au nom d'une foi, d'un idéal, d'une règle de vie. Et pourtant, même s'ils demeurent des solitaires, c'est dans leur apparente déshumanisation que s'exprime la quintessence de l'humain.

Le guetteur aveugle

Dans un curieux « conte cruel » intitulé « La tour », Buzzati se divertit à reprendre de manière antithétique et presque sarcastique le schéma directeur du *Désert des Tartares* : un jeune homme, Giuseppe, « au temps des grandes invasions », fait construire, aux limites de la cité, une haute tour d'où il pourra guetter, par la route du Nord

9. Rapporté par Pierre Mazeaud, "Dino Buzzati et les montagnes", in Cahier D.B., op. cit., *n°3, p. 197.*

(équivalence transparente de la « plaine du Nord » dans le *Désert*), l'intrusion imminente d'une redoutable horde barbare : les Saturnes. Il se veut le premier à sonner l'alarme pour ses inconscients concitoyens.

Les années, les décennies s'écoulent en vaine attente. L'horizon demeure vide de toute armée. Un soir, dans une taverne, il surprend par hasard les propos d'un étranger parlant d'une époque déjà lointaine, celle où avait eu lieu l'invasion des Saturnes. Pris de doute, il va consulter un de ses anciens professeurs qui, avec une compassion plus cinglante qu'un verdict, lui révèle la terrible, la banale vérité :

> « Les Saturnes sont venus [...], et toi, mon pauvre enfant, là-haut, au sommet de ta tour, tu ne t'es aperçu de rien [...]. Ils ne sont pas venus par la route du Nord, ils ne sont pas venus par la route du Sud. Ils sont sortis en silence de dessous terre, ils ont pillé, ils ont dévasté [...], ils sont repartis. Mais d'autres encore sont venus. D'autres Saturnes viennent encore chaque jour, ils prennent d'assaut, ils pillent, ils dévastent et repartent. Ils ne chargent pas à cheval par les rues et les places, ils travaillent à l'intérieur de chacun de nous [...]. Ils t'ont pris d'assaut toi aussi, ils t'ont dévasté toi aussi, et tu ne t'es aperçu de rien parce que tu regardais d'un autre côté, vers cette stupide route du Nord. Et maintenant tu es presque vieux, mon pauvre enfant. Et ainsi tu as perdu ta vie[10]. »

Giuseppe va mourir, ainsi que Drogo, ainsi que Bàrnabo. Lui aussi, comme ses deux prédécesseurs, a, d'une certaine façon, « perdu sa vie ». (On ne peut que songer au redoutable *explicit* des *Pensées* : « Le dernier acte est sanglant, quelque belle que soit la comédie ; on jette enfin de la terre sur la tête et en voilà pour jamais. ») Pourtant, seul Giuseppe est un vaincu, alors même que ses deux prédécesseurs remportent l'obscure bataille. Où est donc

10. "La tour", in Les Nuits difficiles, *Robert Laffont, 1972, p. 137.*

la différence entre eux (invisible mais fondamentale), sinon dans l'innocence même de l'entreprise et, plus encore, dans sa lucidité ?

Giuseppe agit par simple bravade, par orgueilleux défi. Il a voulu devenir la conscience de la communauté endormie, celui qui se hisse au-dessus de la foule stupide, le stylite sur sa colonne, la vigie en sa tour d'ivoire. L'invasion, le malheur universel, c'est sa justification, son obsession, sa bonne conscience. Il en demeure prisonnier : comment, sans se désavouer, renoncer à sa raison d'être ?

Bàrnabo et Drogo, eux, comprennent peu à peu que ni les brigands ni les Tartares ne sont les véritables adversaires — tout au plus les loups et les ogres de leur enfance. Ils savent que le seul ennemi est en eux, et le face à face dans le miroir de la solitude sera leur dernier combat. Ils sont l'image pascalienne de la conscience humaine : « L'homme sait qu'il meurt et le reste de l'univers n'en sait rien. »

Mais Buzzati se garde de toute apologie du stoïcisme. Il ne condamne pas Giuseppe. Sa compassion va vers lui : il sait trop combien il lui ressemble, lui, le traceur de signes sur le sable, celui qui entreprend de *dire* aux autres. Il sait à quel point nous sommes tous minés par ces « Saturnes » sournois que sont la fatigue, le renoncement, le doute... On pourrait évoquer l'atroce aphorisme de Cioran : « La vieillesse est la punition d'avoir vécu. » Mais, certes, ce ne sont là ni le *ton*, ni l'esprit buzzatiens. En quel nom les juger, ces illusions dont se nourrit le cœur de l'homme ?

> « Ils rêvent de gloire et ils ne la connaîtront peut-être pas, ils rêvent de richesse et ils souffriront de la faim, ils rêvent d'amour et ils seront trompés, ils font des projets et peut-être demain seront-ils morts[11]. »

Avers terrestre des béatitudes célestes — mais baigné d'une même pitié.

11. *"La chute du saint", in* Le K., op. cit., *p. 223.*

L'ombre d'une foi

Buzzati va plus loin encore dans la caricature — presque la dérision — avec le personnage du capitaine Pic, épigone misérable de Drogo, dont il raconte la triste aventure dans un poème d'une ironie assez désespérée, sous-titré, de façon significative, « Le triomphe du règlement ». Pic, en effet, morne « culotte de peau » racornie par la discipline, applique à la lettre le principe de « s'abêtir » et de « plier la machine » devant son unique absolu, son seul dieu : le *règlement militaire*, ce degré zéro de la foi.

Il est devenu ainsi la fable et la risée de tous, au point que son souverain, avec la complicité du chef d'état-major, l'envoie, à la tête d'une petite troupe, pour une mission absurde (la quête d'un ennemi imaginaire) au fin fond d'un désert calciné, « le coin du malheur / carte blanche ni traces, ni noms, ni pays ni fleuve ni monts / Le grand mystère comme on dit / des terres de l'au-delà[12]. » Excellente plaisanterie et bon débarras tout à la fois !

Or, au bout de trente années, contre toute attente, surgit devant le palais du roi, devenu un vieillard couvert d'or et de décorations, une étrange troupe fantomatique, squelettes calcinés vêtus de lambeaux d'uniformes et du luisant terni des galons. Leur capitaine, momifié, effectue, dans un garde-à-vous impeccable, le bilan de sa mission, relate les combats héroïques menés contre des hordes et des armées dans le tourbillon des sables et des mirages.

Les suivants du roi sont pris d'un rire irrépressible qui se glace soudain : face à eux, sous la lune compatissante, la troupe des humiliés et des bafoués se transfigure en un bataillon magnifique aux uniformes resplendissants (« Par les batailles livrées ensemble / par le sang rouge / qui devient noir / par le règlement divin[13] [...] »), tandis que leurs persécuteurs s'effondrent comme statues de cendres.

12. Le Capitaine Pic, *Obsidiane, 1985, p. 27.*
13. Ibid., *p. 59.*

S'il faut en rire, rions de nous d'abord : nous sommes tous ces guetteurs aveugles, ces combattants de la nuée. Pour s'en convaincre, il suffit de regarder en soi, d'oser se soumettre au plus banal des examens de conscience : « Nous ne sommes plus jeunes », et qu'avons-nous donc accompli ? Et même ce que nous avons cru mener à bien, et réussi à construire, tout ce dont nous sommes si légitimement fiers, tout cela valait-il le reniement de la moindre de ces promesses que nous nous étions faites à nous-mêmes — et que nous demeurons seuls à connaître ? La jauge d'une vie, ce n'est pas la réussite ou l'échec. C'est l'invisible, l'inflexible mesure de cette fidélité.

Ainsi va la réflexion de cet homme qui, lors de ses cinquante-huit ans, comparant son propre espace de vie déjà parcouru à la brièveté d'existence accordée aux grands prédestinés, sent se creuser en lui un insondable malaise :

> « Ils n'ont pas perdu de temps, ces messieurs, ils sont nés, ils ont grandi, et rapidement ils sont partis pour toujours. Quelques saisons leur ont suffi pour conquérir la gloire immortelle. Et moi, qu'est-ce que j'ai fait de ma vie ? Ce n'est pas que je veuille me comparer à ces génies. Mais qu'est-ce que j'ai réussi à faire ? Comparé à l'un d'eux j'ai déjà eu le privilège de vingt ans supplémentaires, comparé aux autres, de dix, de quinze. Et je reste là à me tourner les pouces, je regarde autour de moi, j'attends, comme si le beau côté de la vie était encore à venir et qu'il n'y eût aucune urgence. Arrivé à ce point j'éprouve une sensation de précipice sous mes pieds, le remords du temps gâché, le vertige du vide et de la vanité[14]. »

Nous serions-nous si constamment abusés, trompés d'ennemi et de cible ? Aurions-nous choisi d'exister en oubliant d'être ? Non, ce n'est pas l'écrasante victoire du temps que la mort consacre et couronne. La mort est la statue du temps. Pour indéchiffrable qu'elle soit, elle

14. *"Petites histoires du soir" ("Anniversaire"), in* Le K., *op. cit., pp. 113-114.*

implique du moins cette pacification, cette négation de tout ce qui faisait la force torturante du temps : son écoulement sans le moindre répit, sans la plus petite faille, son « effroyable lenteur », sa précipitation secrète.

Immobile, la mort cesse d'être une menace ; le temps, lui, c'est la mort au travail, infatigable, la mort en suspension, à l'œuvre dans l'espace de notre vie. Et là réside le seul intolérable :

> « Je dirai que ce qui m'obsède le plus, et il en était de même autrefois, c'est le temps qui passe et qui dévore [...]. L'homme n'est jamais égal au temps. Le temps se précipite sur lui à une vitesse que l'homme ne peut atteindre, quelque actif, entreprenant, fort et inexorable qu'il puisse être. Le temps le broie toujours et le détruit[15]. »

Que cesse du moins cette illusion : l'homme ne deviendra jamais l'égal du temps, ni son semblable. Autant pétrir le sable ou la nuée. Son seul recours — si dément qu'il paraisse —, c'est l'espoir de modeler sa mort à son image.

15. Mes déserts, op. cit., *p. 130.*

L'homme-sablier

> « Et nous voici finalement ici, et nous sommes toujours nous-mêmes, il n'y a pas eu ni interruption, ni cassure, il s'agit toujours de la même course pour laquelle nous partîmes tout jeunes, en misant sur le lendemain[1]. »

Les temps légendaires ont décidément bien changé ! Les dieux ne prennent plus la peine de foudroyer l'impiété ou la révolte des mortels. Le prophète à chapeau melon de Prague avait vu juste : c'est désormais à la créature d'instruire son propre procès, d'apporter la preuve de sa culpabilité. L'occasion ou le prétexte lui en seront fournis en abondance ; point n'est besoin de héros blasphémateur, de titan sacrilège, de Prométhée voleur de feu. Il suffit qu'un insecte ordinaire s'avise de prendre garde, d'un coup, à un indice infinitésimal que, jusqu'ici, étaient parvenus sans peine à lui dérober le tumulte et l'agitation de son minuscule quotidien.

Alors, brusquement, la fourmi devient consciente (ou folle ?). L'inquiétude commence, ou tout au moins le doute, le désordre, le soupçon. Tel est le cas du dynamique Antonio qui, « jeune, belle allure, une santé de fer », connaît soudain, sans raison apparente, un bref moment de défaillance.

Egarement fatal :

1. *Dino Buzzati, in* En ce moment précis, *op. cit., p. 17.*

« Alors, au-dedans de lui, pas vraiment dans sa tête mais dans l'extension totale de sa personne, il perçut comme une rumeur, un continuel et long tourbillon fatigant. Et cela ne datait pas d'aujourd'hui. Il le portait en lui qui sait depuis combien d'années, peut-être depuis qu'il était né. Et cela ne finirait jamais. Seulement, aujourd'hui, pour la première fois, il s'était arrêté pour écouter [...]. Il regarda les gens qui passaient. Ils marchaient rapidement, chacun avait sa propre préoccupation, un travail urgent, un ennui, un esclavage pénible. Lui seulement était sans souci, libre... Les veinards[2] ! »

En ce moment précis

Quel est-il donc, cet instant de la séparation ? Vient-il la nuit comme un voleur, ou bien le ressentons-nous ainsi qu'un bref pincement de cœur, une infime brisure ? Il n'y a pas de signe avertisseur, pas le moindre présage dans le ciel. C'est sans bruit, presque honteusement, que « les derniers rois des fables prennent la route de l'exil[3] ».

Aucun ange à l'épée flamboyante n'a franchi les portes de l'azur avec pour mission de nous expulser de l'Eden. C'est à la fois plus tragique et plus dérisoire : une encoche à peine perceptible, un minuscule, un insignifiant ressaut dans le cours naturel de l'existence, et c'en est fait. « A un moment précis », le temps s'est détaché de nous comme l'ombre du corps, la pensée du rêveur. Il ne marche plus à notre pas. Notre cœur solitaire a cessé lui aussi de battre au rythme du flux universel. Ce n'est pas un bannissement ; rien d'autre qu'une banale discordance :

« Mais alors que nous sommes arrêtés sur le bord du chemin, rêvant à des choses étranges, les heures, les jours, les mois, les années nous rejoignent un à un, et avec leur abominable lenteur, ils nous dépassent, disparaissant au coin de la rue. Et puis, le matin, nous

2. *"L'inquiétude", in* En ce moment précis, op. cit., *p. 320.*
3. Poème-Bulles, *Robert Laffont, 1970, p. 221.*

nous apercevons que nous sommes restés en arrière, et que nous nous lançons à leur poursuite. A ce moment précis, pour parler simplement, finit la jeunesse[4]. »

Le mur de verre

Alliance rompue ? Sanction de quelque faute ? Ou simple et inévitable maturation de l'esprit ? Buzzati se retient de trancher. Tout au plus — et comme par jeu —, il heurte de l'ongle, pour la faire un peu plus vibrer, cette vitre d'abord si mince, mais qui ira s'épaississant jusqu'à devenir un mur de verre — toujours aussi transparent ! —, la coulée cristalline du glacier qui garde, dit-on, intacte la forme des jeunes morts. « Mais elles ne sont pas dans le présent, ces hautes et fines enclaves du passé, mais dans un autre temps où il est interdit au présent de pénétrer[5]. » Le paradis enfantin, l'Eden primitif, ce fut le parfait amalgame de l'espace et du temps ; leur dissociation engendre une incertitude, un vertige de l'âme qui la porte à désirer la réconciliation de ces deux éléments du réel, de ces deux composantes de notre propre réalité.

Intuition chrétienne ? Buzzati en convient volontiers :

> « L'histoire du péché originel n'est pas une fable, c'est la vérité [...]. J'en suis profondément convaincu. Prends Pascal : chez lui, ceci est dit avec une clarté extraordinaire : "l'homme sans la grâce de Dieu[6]". »

Et Buzzati va pousser très loin le jansénisme : à un certain moment, il a bien dû exister de notre part une transgression, un refus de la grâce native — refus d'autant plus tragique qu'il se trouve environné de silence et de mystère. Nulle révolte, pourtant, nul blasphème. Peut-être un simple malentendu, un moment d'inattention... Est-ce suffisant ?... Quoi d'autre, alors ?

4. *"Ce moment", in* En ce moment précis, op. cit., *p. 84.*
5. *Proust, dans sa préface à* Sésame et les lys *de Ruskin.*
6. Mes déserts, op. cit., *p. 142.*

Là est justement le plus terrible : le choix que nous accomplissons de notre propre destin n'est pas plus délibéré qu'il ne se trouve gravé sur des tables de bronze. Il est la banale conséquence d'une pesanteur essentielle de notre être, d'une viciation de notre nature. En ce sens, nous sommes à la fois coupables et irresponsables. Tout ce que nous savons, c'est que, tôt ou tard, nous cesserons d'être innocents, nous perdrons l'état de grâce. C'est cela, le *péché originel* : inadmissible sentence mais lumineuse explication.

A l'un de ces « moments précis » — un parmi des milliers d'autres, à peine plus douloureux, à peine plus inquiétant —, une frontière a été franchie, une alliance précieuse s'est trouvée brisée, sans recours :

> « Un jour lointain, te souviens-tu ? tu as ouvert une porte que tu savais ne pas devoir ouvrir. Une question de quelques secondes. Et puis tu as continué ta vie tranquille et ce petit fait de rien du tout a disparu derrière toi avec cette infinité de choses que l'on peut oublier sans danger. Un rien, en somme, que tu accordas au démon, une bêtise, vraiment, guère plus qu'une pensée. Toutefois, tu ouvris une porte dont tu savais qu'il n'était pas bien de l'ouvrir. Et tu as gâché ta vie[7]. »

Le champ clos

Le héros buzzatien est « un roi sans divertissement ». En son esprit, pourtant, une dimension romanesque très « contemporaine » demeure radicalement absente : cet *ennui* primordial, ontologique — le contraire de l'attente —, sentiment à la fois corrosif et cotonneux. Il ignore cette nausée si fructueuse qui, emportant ses brumes d'encre vers les climats solaires, aura, des décennies durant, régné, omniprésente, divinisée, sur les films d'Antonioni ou les récits de Malaparte.

7. *"Ce moment", in* En ce moment précis, op. cit., *p. 83.*

Chacun, ici, va demeurer en perpétuel état d'alerte — ou de veille. Nul ne sera le jouet d'un destin réputé « supérieur ». Personne ne sera pris en traître. Chacun est avisé, en temps utile. (« Tout le monde finit par être avisé », dit Buzzati dans l'un de ses derniers contes[8].) Il n'existe pas un seul d'entre nous qui, sous une forme ou une autre, ne reçoive son affectation, son assignation à comparaître, sa feuille de route — vers Bastiani ou ailleurs.

Libre à lui d'ignorer l'avertissement, de passer outre. Mais si, par imprudence ou simple curiosité, il y prend garde (car rien de plus éclatant n'est exigé de lui !), alors, à chaque fois, va se produire le minuscule déclic, le « tour d'écrou », dirait Henry James, qui referme derrière l'audacieux toute possible retraite, le pousse vers l'irréversible — mais un irréversible consenti, car il suscite aussitôt l'avide complicité de forces insoupçonnées de son être :

> « Le jour viendra. A l'improviste on te dira à toi aussi, à toi aussi, humble et inconnu, pâle au milieu des maisons blêmes : l'heure est venue de partir[9] ! »

Et cela suffit. Le pion le plus anonyme est capable de jouer sa propre partie, de se mouvoir de lui-même sur l'échiquier, selon sa « diagonale du fou », vers un échec et mat qui — cela non plus, il ne saurait l'ignorer — fait partie de la règle du jeu. Mais s'il est un vaincu, il n'a rien d'une victime. Ce n'est pas à sa destruction qu'il collabore — du moins consciemment : il agit en artisan d'un mystérieux accomplissement dont sa perte n'est que le signe visible. Il reste un « personnage combattant », un guetteur tenu en alerte par cette inquiétude vivifiante qu'Unamuno a baptisée « le sentiment tragique de la vie ».

Autodestruction méthodique ou recherche tâtonnante d'une vérité inconnue ? Le personnage est-il, à lui-même, son « obscur ennemi » baudelairien, ou bien tente-t-il de découvrir, au fond de l'impasse, l'issue d'une inexpri-

8. Cahiers D.B., op. cit., *n° 1, p. 139.*
9. En ce moment précis, op. cit., *p. 122.*

mable « justification » ? Rien ne permet de prendre parti. Et d'ailleurs, la question n'est pas réellement posée.

Une seule certitude : autour de l'élu, bientôt en lui, se met en branle une inexorable mécanique dont le dessein sera de dépouiller l'individu de son contexte social, familial, professionnel, de l'émonder (ou l'épurer) de ses signes distinctifs extérieurs, honneurs, titres ou prestiges afin de le réduire à lui seul — à ce dangereux et fascinant étranger qu'il est devenu pour lui-même. Ainsi se délimite le champ clos. Que la mise à l'écart s'accomplisse au milieu d'une cité fourmillante et indifférente (par le biais de la dépossession passionnelle dans *Un amour*) ou dans quelque « n'importe où hors du monde » (la montagne de *Bàrnabo*, le « désert des Tartares »), le creuset fondamental demeure identique : c'est toujours, sous une forme ou une autre, la solitude — cette solitude à la fois redoutée et appelée, cette mère voilée qui, disait Milosz, « vient à [notre] rencontre dans l'écho de [nos] propres pas ». La solitude matricielle, fécondatrice de toutes les destinées — même de celles qui ignorent jusqu'à leur nom.

« Pourquoi ne répondez-vous pas ? »

> « Oh ! les montagnes tellement différentes de celles d'aujourd'hui, divinités de mon enfance, inaccessibles, suspendues comme des royaumes enchantés, qui resplendissaient au soleil même après qu'elles étaient entrées dans la nuit : songes, béatitudes, ombres, fantômes, pourquoi ne répondez-vous pas[10] ? »

L'arme secrète du temps, sa finalité, ce ne serait donc pas la destruction méthodique de l'homme, mais la mesure de sa précarité, de son progressif éloignement de la vérité lumineuse qui, dans son enfance, le baignait, le pénétrait par tous ses pores, aussi naturellement que l'air et la lumière, sans même qu'il en eût conscience. En forçant à peine le contraste, on pourrait presque affirmer que, chez Buzzati, ce n'est pas seulement la vieillesse qui est

10. Ibid., *p. 127.*

le « temps en trop » dont parle Chateaubriand, mais l'existence tout entière, cette vie qui, si souvent, ressemble à une survie. Au sentiment déjà torturant mais « naturel » du vieillissement se mêle en effet une inquiétude obsessionnelle : celle du retranchement, de la séparation. Et la perpétuelle crainte, tout au long d'une vie créatrice, de se trouver mutilé, amoindri de ses capacités d'imagination, de renouvellement. De cela témoigne une pathétique annotation du *Journal*, en 1944 (alors même que les grands textes de la maturité restent à paraître) :

> « Comme ils sont loin les temps où j'avais tellement d'idées pour écrire des histoires, et je vivais pris dans ces idées pendant des jours, et je ressentais vraiment le besoin de les écrire ; une partie de moi, au moins, vivait véritablement détachée dans un monde différent, et cela, sans que je m'en aperçoive, me rendait plus différent des autres qui le remarquaient [...]. Temps éloignés, dirais-je. Soit à cause de la guerre, ou de mon âge, ou alors il n'y avait pas beaucoup de choses en moi, il a fallu peu pour les épuiser. Le fait est que je suis redevenu un type quelconque, comme il y a quinze ans. Seulement, parfois, à certaines musiques, certains souvenirs, pendant qu'on me parle ou que je marche dans la rue entouré d'un modeste décor, de temps en temps, s'ouvre une fente à travers laquelle j'entrevois les moments magiques du monde[11]. »

Cinq ans plus tard, une nouvelle note trahit cette même sourde terreur de la stérilité :

> « J'ai relu *Le Désert des Tartares* en français. Sentiment de peur : en serais-je encore capable ? Le temps ! A cette époque-là, je plaisantais et il m'a emporté[12]. »

On se souvient de l'adjuration que Pavese s'adressait à lui-même en son journal, *Le Métier de vivre* : « La maturité est tout. » Buzzati, lui, ne cesse de dénoncer le leurre

11. Id.
12. Cité par Antonella Montenovesi, in Dino Buzzati, op. cit., *pp. 20-22.*

d'une maturité confondue avec une armure vide, le non-sens d'un « métier » qui n'est qu'une gestuelle sociale, un rituel mensonger. Peu d'écrivains auront exprimé avec une telle constance cette conviction désolante. Et moins encore avec une aussi juste pudeur.

> « Nous voici donc, regardez-nous, nous ne sommes plus ceux d'avant, non vraiment. Le développement de la personnalité, comme ils disent, ça, oui, nous l'avons obtenu. Nous sommes grands et gros, des hommes faits, conscients. Et depuis un bout de temps, nous avons cessé d'attendre qu'elle vienne, debout devant la fenêtre, à l'heure la plus morte qui soit. Un peu avant l'aube, quand tout repose [...]. Et c'est alors qu'elle arrive. Après une longue route, elle est venue jusqu'à nous, fidèle à sa promesse, son pas résonne entre les maisons, et dans les petites cours à puits il s'amplifie sourdement. Elle est venue. C'est bien elle, amour ou occasion, fanfare guerrière, sirène de départ, ou gloire, conformément à nos songes anciens... Mais nous dormons. Nous sommes déjà vieux pour ces aventures, durcis par la rouille, nous n'y croyons plus, les nuages ont cessé de nous fasciner [...]. A l'heure où la cité dort, un peu avant l'aube, avait-elle dit. Elle a tenu sa promesse. Elle est venue, elle ne nous a pas trouvés en train de l'attendre. Nous dormions, elle ne reviendra plus[13]. »

L'ère du soupçon

Constant est, chez Buzzati, le sentiment torturant, l'insidieux avertissement d'une dépossession, d'une exclusion furtive. Presciences, « hautes et fines enclaves du passé », échardes de verre. A peine davantage que rien : un reflet sur l'asphalte, le miroitement d'un ciel entre des branches nues, le minuscule *clac* anodin et maléfique d'une porte qui se referme, le cliquetis obsédant d'une goutte d'eau dans la nuit... La vibration aérienne d'une « corde qui se rompt » par quoi s'achève *La Cerisaie*... Non pas même

13. *"Manie des voyages", in* En ce moment précis, op. cit., *pp. 203-204.*

une rupture, une série de fissures pareilles aux craquelures d'une toile ; on peut les ignorer ou alors ne voir plus qu'elles.

Et si l'idée même d'une séparation était une illusion encore trop noble ? Si rien n'avait changé ? Si tout demeurait pareil depuis l'origine ?

> « Ce n'étaient pas les chères plantes, les chères montagnes de jadis, ce n'étaient plus de vieux amis. Je n'avais jamais rien su d'eux, ni eux de moi, voilà la vérité. Ils ne s'étaient même pas aperçus que j'existais, pauvre visionnaire. Une barrière impitoyable se dressait entre nous : de l'autre côté, ma campagne chérie, les arbres, les montagnes, les petites bêtes des bois, les branches mortes, les nuages, la voix du fleuve, le chant des oiseaux sur lesquels le temps ne passe pas ; et de ce côté-ci, moi tout seul, regardant avec inquiétude autour de moi, et mon visage est couvert de rides[14]. »

Nous voici dans l'ère du soupçon, et elle est sans garde-fou ni limite. Privés du ruissellement des sources souterraines, les pilotis de notre réalité s'effritent en poussière ; la nappe phréatique où le monde rafraîchissait ses racines est asséchée : tout devient sec, cassant, friable. Ce que nous avons mis en doute nous met aussi en doute ; le miroir étoilé s'embue de notre propre sang. Une balle tirée par un carabinier suffit à blesser à mort l'immense et débonnaire Croquemitaine qui flottait ainsi qu'un nuage au-dessus de la cité :

> « En quelques minutes, l'énorme machin, comme un ballon crevé, se recroquevilla à vue d'œil, se réduisit à une misérable larve, devint un vermisseau noir sur le blanc de la neige, et enfin le vermisseau lui-même disparut, dissous dans le néant. Il resta seulement la flaque de sang, qu'avant l'aube les lances d'arrosage des éboueurs effacèrent[15]. »

Au reste, même si, par miracle, les vieux phantasmes familiers à notre enfance ne disparaissaient pas, assassinés par

14. Ibid., *p. 209.*
15. "Le Croquemitaine", in Les Nuits difficiles, op. cit., *p. 12.*

les éclats de notre dureté, nous ne saurions plus les reconnaître — nous les traquerions ou les fuirions comme autant de monstres maléfiques. C'est ainsi qu'un infortuné pêcheur, Stefano, se sent toute sa vie poursuivi par un gigantesque poisson noir, « le K. » Il sait, par la légende, que la bête fabuleuse cherche à le dévorer. Sa dernière heure approchant, « vieux et amèrement malheureux parce qu'il avait usé son existence entière dans cette fuite insensée à travers les mers pour fuir son ennemi », Stefano décide enfin d'aller, avec sa barque, affronter son adversaire acharné. Et le K. lui apprend alors — parabole à rebours du *Vieil Homme et la mer* — que ce n'était pas la mort qu'il avait mission de lui apporter, mais « la fameuse Perle de la Mer qui donne à celui qui la possède fortune, puissance, amour et paix de l'âme. Mais il était trop tard désormais [...]. Deux mois plus tard, poussée par le ressac, une petite chaloupe s'échoua sur un écueil abrupt. Elle fut aperçue par quelques pêcheurs qui, intrigués, s'en approchèrent. Dans la barque, un squelette blanchi était assis : entre ses phalanges minces, il serrait un petit galet arrondi[16]. »

L'imposture du temps

En ce permanent état d'alerte, l'angoisse n'est plus notre mortelle ennemie. Elle est notre précieux héritage, l'armature de notre conscience, notre *qui-vive* — peut-être même un bien très précieux à faire fructifier.

L'origine de notre malaise, c'est moins la certitude d'un inéluctable — dont, d'ailleurs, nous ne savons rien — que la disproportion entre une telle immensité et la mesquinerie, l'étroitesse de notre quotidien, un peu comme si nos Parthénons se dressaient entre des cheminées d'usine et nos Golgothas parmi des cimetières de voitures. Nous souffrons d'être des Œdipes myopes, des Antigones à la chaîne, des Albatros entravés...

16. Le K., op. cit., *pp. 13-14.*

La tragédie n'est pas une consolation, mais un signe de vie. Notre ignorance du « jour et l'heure » constitue une anesthésiante sauvegarde, qui détend les ressorts de notre créativité, engourdit, dans une sorte de brumeuse somnolence, tout sentiment d'imminence, d'urgence, qui nous éveillerait.

Le piège suprême du temps, ce n'est pas d'éloigner la mort, de la tenir en respect, d'en faire une autre réalité. C'est, au contraire, de la diluer dans notre air respirable, de la mêler à la chaleur de notre sang, de l'instiller en chacune de nos vivantes et fuyantes secondes en la laissant choir, goutte à goutte, sur notre âme avec la patience effrayante qui use les falaises et cristallise les stalactites.

Ici encore, Buzzati rejoint et illustre la méditation pascalienne sur cette distinction capitale qui fonde l'homme entre toutes les créatures, pour son malheur et sa grandeur conjugués, et le définit (un peu pompeusement, peut-être, un peu flatteusement) en tant qu'animal *qui sait qu'il doit mourir*. Mais il la complète, l'approfondit selon une dimension plus corrosive : le sentiment de morts successives, peut-être de morts progressives dont ce que l'on nomme la vie est fait, et qui accroît, jusqu'au vertige, la conscience de notre précarité. Si nous y regardons de plus près, que d'étrangers, que de proches perdus de vue, partis sans laisser de traces, que de disparus, que de défunts sont regroupés sous ce vocable si vaniteux du *moi*. Ce moi qui, finalement, est moins « haïssable » que, plus prosaïquement, improbable, si pareil à un vieux carnet d'adresses retrouvé au fond d'un tiroir et dont la moitié des noms ne nous disent plus rien, lointains groupes scolaires jaunis où nous avons peine à reconnaître les visages — et un visage entre les visages :

> « Parce que le Moi d'il y a vingt ans est désormais un étranger, avec lequel j'ai bien peu de choses en commun. Et s'il a écrit quelque chose de vraiment beau, cela m'irrite presque. Le Moi auquel je suis attaché, que j'aime bien, est celui d'aujourd'hui, au plus celui d'hier ou d'avant-hier. Au-delà, c'est un

étranger inconnu dont les mérites ne me font ni chaud ni froid[17]. »

Espace vital dérisoirement rétréci, pas plus large qu'une carte d'identité, un instantané pris sur le vif, au coin d'une rue. Témoignage irrecevable. Minuscule expérience individuelle qui rejoint le sort commun : nous sommes victimes d'une illusion. Le temps n'existe pas. Nous ressemblons aux voyageurs d'un wagon immobilisé sur une voie de garage. Ce sont les autres trains, les grands express mystérieux et illuminés qui glissent, ainsi que des fusées, derrière les glaces hermétiques, traînant leurs vitrines de mannequins.

Le temps, c'est une invention (ou une illusion) de l'homme. Des millénaires ont pu flamboyer dans un éclair avant que ne sorte du limon cette créature hybride, nue, invivable, et qui n'avait que de bien faibles raisons de perdurer et d'essaimer. Et il faudra pas mal de siècles encore avant que lui soit révélé le diagnostic redoutable, la nature exacte de sa monstruosité... Non, le temps n'a nul besoin d'existence réelle. Ce qui est palpable, mesurable, c'est notre ridicule *laps de temps*, cette carte à jouer qui nous a été distribuée — le billet de notre passage.

Ne nous insurgeons pas trop : ce temps-là, du moins, nous ressemble ; il est taillé, délimité à notre exacte mesure. C'est en fonction de sa peau de chagrin que nous sommes déclarés vieux, jeunes ou dans la force de l'âge — que nous avons fait ou non *notre temps*. Ainsi de ces lunettes maléfiques permettant à leur possesseur de débusquer les « vieux clandestins » dissimulés sous le camouflage de passants d'allure florissante :

> « Donc l'âge, à strictement parler, n'a pas d'importance. Un soldat de vingt ans qui part pour l'assaut où il trouvera la mort n'est jeune qu'en apparence ; en réalité, il est déjà très vieux, décrépit, détruit. Tout aussi vieux et branlant est, à son vingt-huitième jour de vie, le nouveau-né qui n'en a que pour un mois.

17. *"Miel et poison", in* En ce moment précis, op. cit., *p. 338.*

> Tout le reste est apparence illusoire. Et il est incroyable que si peu de gens y pensent.
>
> « Très vieux est l'automobiliste de trente ans qui dans une heure se fracassera contre un arbre ; très vieux le quinquagénaire qui demain sera foudroyé par une apoplexie, très vieux le gamin qui dans une semaine sera écrasé par un camion. Et le quadrimoteur qui tombera dans l'océan décolle avec une cargaison de mathusalems croulants. Mais ce sont tous des vieux clandestins, invisibles, indéchiffrables, ignorants de leur sort... Des cryptovieux. Personne ne sait les reconnaître[18]. »

L'écueil et la machine

Ne nous laissons pas abuser par le grinçant panorama d'une pareille danse macabre. La seule fraternité véritable entre les hommes est là, dans cette commune échéance, cette imminence plus ou moins différée, qui fait de tous les vivants des semblables — triomphants ou vaincus, humiliés ou surdoués, innocents ou coupables. Pour étriqué qu'il soit, l'espace de vie reste à notre juste proportion. Vouloir lui échapper, c'est courir le risque de tomber dans l'inhumain, à l'image de ces privilégiés qui ont acquis à prix d'or leur droit de réclusion dans une clinique concentrationnaire de luxe, camp retranché au fin fond d'un site alpestre isolé, à l'endroit précis où, par une déchirure inexplicable de l'ordre universel, le présent se trouve aboli, envahi par l'irruption d'un lointain futur. Pourtant, ces exilés n'ont pas exorcisé la mort ; ils se sont seulement exclus de la communauté vivante. Ils ont perdu tout droit à la compassion humaine. Ils sont devenus, par artifice, les rescapés de cette catastrophe naturelle et insensible qu'est l'usure du temps :

> « Nos hôtes, nos malades meurent ici presque volontiers. Ici, ils se trouvent transportés dans un avenir très lointain : épouses, maris, frères, fils, petits-

18. "Les vieux clandestins", in Le Rêve de l'escalier, *Robert Laffont, 1973, pp. 125-126.*

> enfants n'existent plus depuis un temps immémorable. Eux, ce sont les survivants, et ils attendent la mort sans angoisse[19]. »

Fuir le temps ou se soumettre à sa loi ? Quel est le pire ? Toute réclusion en soi-même précipite chez l'être le processus de lente pétrification. L'armure d'insensibilité, le cal protecteur finissent par gagner en profondeur, étouffant toute vulnérabilité, tout frémissement charnel. Un refus de l'intolérable, pareil au regard de la Méduse, enclenche l'invisible mortification, la nécrose de tout ce qui, en notre conscience, peut encore souffrir ou saigner : il y a là comme un changement de règne, un passage progressif à l'ordre minéral. Ainsi, ce vieux pêcheur de « L'écueil » qui, après la mort de son fils, devient pareil au récif légendaire :

> « Moi aussi. Moi aussi, je suis de pierre. Depuis vingt-cinq ans[20]. »

De toute façon, nous sommes obligés de vivre *avec* le temps. Il est notre loi commune, notre condition, notre lien. Peut-être aussi notre part d'humanité. Lorsque Buzzati — avec une imperturbable logique — imagine les prodigieux effets d'une *Machine à arrêter le temps*, les êtres qui en sont l'objet ne méritent plus de porter le nom d'hommes : c'est une race de fantômes qui, comme dans un film projeté dans un extrême ralenti, « ne se remuait que lentement, comme frappée d'un début de paralysie[21] ». En revanche, lorsque la machine se dérègle et devient folle, l'accélération vertigineuse du temps révèle soudain ce que sont ces morts-vivants : même pas des cadavres, « une poussière blanchâtre », « rien qu'un nuage blanc de poussière qui planait çà et là comme dans certaines tombes surgies de l'antiquité[22] ».

19. *"Personne ne le croira", in* Les Nuits difficiles, op. cit., *pp. 41-42.*
20. *"L'écueil", in* Les Nuits difficiles, op. cit., *p. 31.*
21. *"La machine à arrêter le temps", in* L'Ecroulement de la Baliverna, *Robert Laffont, 1960, p. 123.*
22. Ibid., *p. 125.*

Une illusion mortelle

Force aveugle et inflexible, tyran sans pitié, le temps est donc aussi, paradoxalement, une illusion : il n'existe pas sans la conscience. Il *est* la conscience, peut-être — conscience de notre destinée, de notre condition mortelle. Ou peut-être, après tout, une simple hallucination collective... Par une série d'apologues proches de *La vida es sueno* de Calderón, Buzzati s'attache à fissurer, à faire vaciller sur son socle sa lourde mais creuse statue du Commandeur :

> « Le temps, on le sait, est irréversible. Et pourtant, de même que le cours fatal des fleuves permet çà et là des bouillonnements, des tourbillons, des contre-courants qui pourraient presque faire croire à des exceptions à la loi de la pesanteur, de même sur la peau démesurée du temps se produisent parfois de petites crevasses, des verrues, des vergetures qui pour de brefs instants, nous laissent suspendus dans une dimension arcane, aux extrêmes confins de l'existence[23]. »

Cependant, l'illusion tragique du temps n'est pas liée aux seuls défauts de sa cuirasse. Son obsédante puissance tient à ce qu'il est moins une durée qu'une fatalité : peu importe le délai (ou le sursis) qui nous est accordé ; il suffit que nous sachions qu'un jour, plus ou moins proche ou lointain, l'échéance arrivera à son terme. Cette prise de conscience est, en soi, corruptrice. Ainsi, ce qui devrait saper l'empire du temps sur nos âmes accroît sa domination : il ne se confond plus avec une graduation abstraite, un mouvement pendulaire, balisable par les saccades des aiguilles (ces ciseaux des Parques) sur un cadran d'émail, le glissement d'un fil d'ombre sur une pierre striée ou l'écoulement du sable dans le sablier, de l'eau dans la clepsydre. Tous ces moyens (ces artifices) que l'homme s'est donnés, depuis le début des âges, pour objectiver une part de son anxiété, n'ont pu exorciser la certitude téré-

23. *"Vergetures du temps", in* Le Rêve de l'escalier, *op. cit., p. 99.*

brante d'une déperdition de sa substance vitale, d'une lente hémorragie de son être.

Nul ne peut rejeter le temps hors de lui, l'arracher de son esprit et de sa chair. Se savoir mortel, c'est mesurer sa mort — et se mesurer à sa mort — comme l'on mesure l'heure du jour à la longueur de son ombre sur la terre. Ainsi de cette nouvelle des *Nuits difficiles* où, par une succession de progressives, d'insidieuses « équivalences », un médecin apprend à la femme d'un malade que son mari n'en a plus que pour trois mois, un an, trois ans, vingt ans, cinquante ans... A cette dernière annonce, toutefois, l'épouse affligée est saisie d'un brusque soupçon :

> « Mais, j'y pense, dans cinquante ans... un demi-siècle... [...] moi aussi, vous aussi... Au fond, c'est une condamnation pour nous tous, non ? » Et l'éminent praticien de répondre, imperturbable : « Exactement, Madame. Dans cinquante ans, nous serons tous sous terre, c'est pour le moins probable. Mais il y a une différence, la différence qui nous sauve tous deux et, au contraire, condamne votre mari... Pour nous deux, pour autant qu'on le sache, rien n'est encore décidé... Nous pouvons encore vivre, peut-être dans une béatitude imbécile, comme quand nous avions dix ou douze ans. Nous pouvons mourir dans une heure, dans dix jours, dans un mois, cela n'a pas d'importance, c'est autre chose. Lui non. Pour lui, la sentence existe déjà. La mort, en soi, n'est peut-être pas une chose si horrible, après tout. Nous l'aurons tous. Mais malheur à nous si nous savons, même si c'est dans un siècle ou deux siècles, le temps précis où elle viendra[24]. »

Ailleurs, Buzzati exprime avec la même force l'inexorable *échéancier*, tellement incorporé à nos vies qu'il en devient comme l'emblème :

> « Tu n'y penses pas, c'est vrai, pour le moment tu l'as complètement oubliée, et pourtant, quand il te

24. *"Equivalence", in* Les Nuits difficiles, op. cit., *p. 30.*

semble qu'il manque à peine un rien, un souffle, une distance imperceptible, moins d'un pas pour être heureux, que tu te cabres, que tu ne vas pas plus avant et que tu ne réussis pas à comprendre pourquoi, cet intervalle infinitésimal, c'est toujours elle, la mort, et tu peux fuir par-delà les océans et les monts, tu la porteras toujours enclose en toi et tout en la craignant plus que toute autre chose, tu la nourriras de toi jour et nuit : jamais mère ne fut plus empressée auprès de son enfant[25]. »

L'on songe ici à la célèbre parole de Rilke (dans *Les Cahiers de Malte Laurids Brigge*) : « Chaque homme porte en lui sa mort comme le fruit son noyau. » Cette mort si redoutée, si honnie, ne pourrait-elle pas être acceptée comme le centre de l'être, sa semence profonde — la graine promise à une indicible germination ?

« Une sensation d'abîme »

Concevoir l'angoisse en tant qu'antidote du temps, serait-ce donc là l'ultime recours ou bien le suprême piège ? Elle est une sombre, une égarante prière, le versant noir de ce qu'est l'espérance chez le croyant. Elle est aussi ce qui nous permet de nous éprouver mortels — donc existants. Mais à quel prix ?

« Derrière une terreur, il y en a une autre, exactement comme une feuille sous une autre feuille, et on a beau les arracher, toujours nous en trouvons une autre dessous, et la dernière s'appelle la mort[26]. »

Par une sorte d'engrenage logique, le héros buzzatien est ainsi voué à devenir son propre persécuteur, son « juge-pénitent », dirait Camus :

« Il ne sait voir les consolations qui s'offrent là, à portée de sa main. Il a besoin de toujours se créer de nouvelles angoisses[27]. »

25. *"Dimanche", in* En ce moment précis, op. cit., *p. 70.*
26. *"L'agenda", in* En ce moment précis, op. cit., *p. 33.*
27. *"Avril 1945", in* En ce moment précis, op. cit. *p. 35.*

Besoin *vital*, pourrait-on dire, tant il ressemble à cet avertissement vertigineux que reçoit l'alpiniste lorsque la « prise » cède et qu'il faut, sur-le-champ, trouver un autre point d'appui :

> « Créer une sensation voisine de celle que l'on a en montagne, sur une paroi, c'est-à-dire une sensation d'abîme, de précarité de situation[28]. »

Cette « sensation d'abîme » se double d'ailleurs d'une autre, tout aussi éprouvante : celle de la précarité du monde dans lequel nous vivons — une peur latente, irrationnelle, montée des tréfonds de l'être et qui trouve son aliment dans les menaces rôdant autour d'une société d'allure florissante, mais assiégée extra-muros par des puissances de servitude et minée de l'intérieur par ses propres doutes :

> « Depuis que la guerre est finie, mais peut-être avant — peut-être en a-t-il toujours été ainsi depuis l'époque où nous étions enfants, peut-être est-ce la marque de notre génération, dissimulée au plus profond de notre sang — même au cours des journées paisibles, même au cœur de la nuit lorsque le monde se tait et que tous les hommes, bons ou mauvais, sont endormis, même en plein travail, même au théâtre, même à table quand nous mangeons avec appétit, probablement aussi dans le sommeil, nous restons les oreilles tendues car d'un moment à l'autre peut venir, d'un coup, un effondrement, une cassure horrible[29]. »

Angoisse latente, toujours vigilante, de cette menace inconnue, capable de surgir du sol, de fondre du ciel (comme cette lune géante qui, dans une toile de Buzzati, terrorise les habitants d'une ville) ou plus banalement, plus terriblement, de jaillir d'une autre nuit immémoriale — celle de notre propre cœur.

28. L'Image de pierre, *Robert Laffont, 1961, p. 117.*
29. Mes déserts, op. cit., *p. 330.*

Un monde miné

> « Depuis au moins vingt ans, on creuse sous nous et le bruit, de mois en mois, se rapproche et se fait plus distinct. Mais jusqu'à présent personne, ni homme ni animal, n'a surgi de dessous terre[1]. »

Le monde n'est ni plus ni moins que ce que nous sommes — ce que nous le faisons ou ce qu'il accomplit de nous. L'Eden n'était pas préservé par la volonté de Dieu, mais par l'innocence de l'homme. Que le travail de sape s'appelle le doute ou l'érosion, l'angoisse ou le pourrissement, peu importe : les pilotis de la conscience et les fondements du réel sont soumis à une identique loi. Notre esprit se borne à transcrire en vertige existentiel l'immense marasme qui l'environne, désarroi proche de la débâcle effritant un univers déboussolé.

Le monde, tel que Buzzati nous le dépeint (en ses écrits aussi bien que sur ses toiles), a perdu à la fois ses assises et sa crédibilité. Il est *au bord* de la rupture. Certes, le mal n'a pas fait une irruption cataclysmique dans le tissu du réel ; c'est peu à peu, imperceptiblement, que toutes nos rambardes, tous nos repères sont creusés de l'intérieur par d'insidieux termites, ne laissant intacte qu'une surface, une mince pellicule, un flottant reflet. C'est l'*écroulement* du décor qui rend sensible ce que nous appelons l'*écoulement* du temps.

1. *Dino Buzzati,* L'Ecroulement de la Baliverna, op. cit., *p. 14.*

Il peut y avoir un romantisme des ruines ; il n'en est pas de la dégradation. Nous sommes en quête d'un tragique introuvable. Nous ne pouvons nous consoler de ne plus être intacts. Une société qui fuit l'image noire de la mort en rencontre une autre, transparente, faite à sa mesure, accordée à son rejet de tout absolu : le temps, corruption de l'esprit, devient alors corruption de l'espace. Il représente la corrosion sournoise, indolore, continue — à la fois microscopique et universelle — de tout ce qui existe ; et nul, du rocher à l'individu, de l'étoile à l'insecte, ne saurait échapper à son empire. Il est le maître mot de l'univers, comme en cette vision hallucinée où les vivantes montagnes — piliers du ciel ! — se transforment à leur tour en titanesques sabliers cosmiques.

Le temps, c'est encore le ver dans la boiserie, le salpêtre dans le mur, le froid dans la chair, le doute dans le cœur. Sa seule pensée contribue à nous rendre le monde irréel, à nous en déposséder. Il suspend dans la plus radieuse lumière son impalpable cendre de néant. Qui d'autre que lui fait vaciller la flamme aiguë des étoiles ? Ou qui d'autre que notre peur ?... Mais la peur est partout. Si la matière était réellement insensible, dépourvue de toute conscience, sans doute alors serait-elle invulnérable, éternelle...

Malgré tout, le temps n'est pas le maître de l'univers. Ce n'est qu'un alchimiste pervers, tout juste capable de transformer l'or en plomb. Mais il n'est lui-même qu'un signe, le serviteur d'une puissance très secrète. Il faut toute l'incroyable fascination qu'il exerce sur l'âme humaine pour parvenir ainsi à faire écran, à usurper le rang de cette réalité à la fois tragique et fraternelle qui, elle non plus, ne saurait avoir aujourd'hui de visage ni de nom. Car la mort n'est que son dernier masque ou bien — qui sait ? — sa suprême dérobade.

Fort Baliverna

Ces infimes mais obsédants insectes du temps, Buzzati les décrit partout à l'œuvre, épie leur inlassable grignotement dans le cliquetis des montres, horloges et pendules, de même que Cocteau, sous le luisant des miroirs, voyait les abeilles de la mort travailler « dans une ruche de verre ». Rien n'est épargné par l'obsédant émiettement, ni la chair, ni le minéral, ni l'âme. Ainsi de ces gratte-ciel new-yorkais, « ces fameux géants de ciment et d'acier » dont l'armature est patiemment dévorée par une fourmi invisible, la *Formicula siderofaga*, en sorte que « dans quelques années, ou peut-être dans quelques mois, il n'en restera pas même un[2] ». De la même façon, un édifice vénérable et tutélaire, la *Baliverna*, qui paraissait construit pour défier les siècles, va s'écrouler ainsi qu'un château de cartes parce qu'un imprudent a arraché un simple petit tenon de fer rouillé fiché en sa muraille...

Mais peut-être le monde entier, ce support de nos vies, ce si âpre enjeu de nos conquêtes et de nos convoitises, cet objet de nos investigations scientifiques, ce *réel* en un mot, n'a-t-il toujours été, dès l'origine, qu'une façade plaquée sur le néant, un leurre destiné à nous égarer :

> « N'était-ce pas plutôt le lointain constructeur lui-même qui avait disposé, avec une malice diabolique, un jeu secret de masses en équilibre, que la simple absence de ce minuscule fer de lance de malheur suffisait à mettre en mouvement[3] ? »

La parabole est claire : la mort, la déchéance, l'insignifiant font, depuis le début, partie du jeu. Nous avons été dupes d'une beauté, d'une pérennité, d'une paix qui, désormais, montrent leur trame. Le monde entier déroule la toile peinte panoramique d'une immense « vanité » qui, pareille à ces tableaux séduisants et terribles du XVIIe siècle, contient aussi un avertissement, un funeste présage. Il suffit d'un rien — une écharde de fer — pour nous faire passer du rêve de la confiance à l'ère du soupçon, nous livrer, en proies désarmées, à l'horrible machinerie programmée pour notre perte. Tout s'engrène et ne *tient le*

2. *"Bestiaire" ("Les fourmis"), in* Le Rêve de l'escalier, op. cit., *p. 78.*
3. L'Ecroulement de la Baliverna, op. cit., *pp. 13-14.*

coup que par un vertigineux prodige d'équilibre, ou une universelle conspiration dans la duperie. Pour ennoblir notre sort, nous nous attachons à baptiser « destin » le pur effet d'un hasard, d'une inanité fondamentale. Ainsi, dans « Boomerang », une conflagration atomique universelle résulte, par un enchaînement irrésistible de circonstances, de l'écrasement d'un chiot sur une route de campagne — « une cataracte d'horribles choses massives et dures qui, dans un déferlement sauvage, dégringolent en écrasant d'autres choses qui, elles, sont fragiles et souffrantes[4] ».

L'enfer en pente douce

Ce sont cette irréalité fondamentale, cette dérision, cette gratuité qui, au bout du compte, se révèlent plus pernicieuses que n'importe quelle menace à visage découvert, si atroce qu'elle soit. Nous accepterions d'affronter un destin cruel, un sort aventureux, de tout risquer dans l'exaltation du combat. Mais impossible de se résigner, ombre parmi les ombres, au « trompe-l'œil » injurieux d'un hâtif décor auquel on nous somme de croire encore, alors même que « par les fenêtres, on n'apercevait pas, comme jadis, des plafonds peints, des tableaux, le reflet intime des abat-jour domestiques ou la calme mouvance de quelque silhouette humaine, mais seulement la pâleur blafarde du crépuscule, la brume, le ciel. De part en part, le regard traversait ces pauvres squelettes, se demandant où avaient bien pu passer tant d'hommes et de femmes, d'espoirs, de fatigues et d'amours[5]. » Comme si tout ce pseudo-réel ne se donnait même plus la peine d'être crédible, de sauver encore la face... Comme si la prise de conscience ne devait plus déboucher sur la tragédie mais sur la nausée... Le chapeau melon de Joseph K. est bien la moderne couronne d'épines !

4. *"Boomerang", in* Les Nuits difficiles, op. cit., *p. 101.*
5. En ce moment précis, op. cit., *p. 30.*

Dans un monde sans balises ni crédibilité, la seule logique est celle du cauchemar sous sa forme brute : la pesanteur, la chute. Une sinistre et ricanante équivalence s'établit entre l'infinitésimal et le cataclysmique, démentant l'importance et jusqu'à la réalité de l'homme, réduit au rang de témoin impuissant, voire d'élément du décor. Pourquoi, au demeurant, cet objet entre tant d'autres serait-il épargné ? Au nom de quel privilège ?

Telle apparaît l'aventure de l'industriel Giuseppe Corte qui, soigné pour une insignifiante bagatelle au septième étage d'une luxueuse clinique, sera invité à descendre, d'étage en étage, sous le prétexte de nouveaux symptômes de plus en plus inquiétants, d'examens de plus en plus pressants, jusqu'à l'étage inférieur, réservé aux incurables et aux moribonds. Horreur finalement aseptisée, anesthésiée par une irréalité fondamentale :

> « Cette situation était tellement grotesque qu'à certains moments, Giuseppe Corte sentait presque l'envie de ricaner sans retenue [...] avec l'impression d'avoir rejoint un monde irréel, fait d'absurdes parois stérilisées, de couloirs mortuaires glacés, de visages humains blafards et vides de toute âme. Il en vint jusqu'à penser que les arbres eux-mêmes, de l'autre côté de la fenêtre, étaient factices[6]. »

Au terme de sa chute lente, enfermé dans sa chambre aux murs laqués de blanc, Giuseppe (à l'opposé de Drogo visité par la clarté consolatrice de la lune dans sa misérable chambre d'auberge) verra, derrière la baie vitrée, « les volets roulants, obéissant à un ordre mystérieux, descendre lentement, fermant le passage à la lumière[7] ». Sa mort elle-même sera donc occultée, frustrée de toute signification, réduite à cette même insignifiance qui a stigmatisé son destin : une descente au calvaire qui ne débouche sur aucun coup de grâce...

6. *"Sept étages", in* Les Sept Messagers, op. cit., *p. 59. Le thème de cette nouvelle a également servi de canevas à la pièce traduite en français par Albert Camus sous le titre* Un cas intéressant.
7. Ibid., *p. 60.*

Le temps des métamorphoses

On le comprend assez : le véritable scandale dénoncé par Buzzati n'est pas que le monde soit incohérent ; tout peut sortir du chaos, et d'abord l'espoir d'une nouvelle Genèse. Non, l'intolérable, c'est l'idée que toute la parfaite organisation biologique, génétique, géologique de l'univers — sur laquelle nous avons calqué notre propre système moral et social — puisse ainsi aboutir à une négation radicale de l'humain.

Comment s'étonner, dès lors, qu'un monde sans dessein soit aussi (si l'on ose dire) un monde sans dessin ? Les formes, la délimitation physique et mentale des choses et des êtres ne sont que des contours fortuits, des frontières poreuses, aussi mouvantes que des nuées dans le vent, des rides dans le sable. Tout est duperie. Tout est équivalent, tout est interchangeable. C'est le règne absolu de la métamorphose — la perte de l'apparence étant, d'ailleurs, expressément associée à celle de l'identité, du sentiment de la personne — donc à un cas (plus ou moins « intéressant » ou anodin) de déchéance caractérisée.

Il faut en effet remarquer que, dans la plupart des récits buzzatiens, la métamorphose s'accomplit « vers le bas » pour aboutir à une régression, une *chosification* de la victime. Cependant, à la différence de Kafka, chez qui la métamorphose est signe d'une inhumanité latente débordant soudain sur le reste de la personnalité, et à son insu, à la faveur du sommeil (la transformation de l'employé modèle en insecte n'est que l'accentuation, la révélation toute *naturelle* de sa propre déshumanisation), un tel changement s'opère, chez Buzzati, selon un élan passionnel — sacrificiel ou suicidaire — et au prix d'une assimilation à l'objet de son désir ou de sa terreur : l'amour, le chagrin, la vieillesse, la pitié, la solitude en sont les puissances motrices. La métamorphose sera donc vécue bien davantage que subie.

S'agit-il bien, au demeurant, d'une véritable métamorphose ? Ne faudrait-il pas plutôt parler d'accomplissement ? Au fond, l'individu ne devient « autre » qu'en apparence ; en réalité, il traduit visiblement ce qu'il est ou ce qui l'obsède. C'est sa vérité cachée qui, d'un seul coup, transparaît à travers lui, souvent sous un aspect baroque ou effrayant.

Il y a ainsi la transformation de Faustina en voiture grand sport — afin de plaire encore à son mari qui, passionné d'automobiles, la délaisse[8], la transformation du président-directeur général Merizzi, dévoré de soucis et d'inquiétudes, en crapaud agonisant sous une nuée de mouches voraces[9], celle d'Umberto, réduit en servitude par son amour pour sa jeune maîtresse, en boxer soumis à ses caprices[10], celle de Luisella, abandonnée par son amant, en boîte de conserve vide qu'il pousse du pied dans un terrain vague[11], celle du père inconsolé de la perte de son fils disparu en mer qui devient un écueil battu par les vagues[12], celle du général Imagine, vieille gloire consumée par le remords d'une guerre perdue, en pitoyable oisillon rabougri et poussiéreux[13].

Eclats de miroir

Plus subtilement, plus cruellement, la métamorphose peut demeurer tout intérieure, garder la pellicule superficielle de l'apparence en détruisant radicalement tout ce qui, chez un être, apparaissait vivace, original, révolté, créateur, faisant de lui un automate, un insecte à face humaine : ainsi de ce « Frère transformé » par l'inhumanité d'un collège-prison, devenu un citoyen aseptisé, conformiste, banal — et en qui son propre frère ne reconnaît plus l'enfant radieux de naguère :

8. *"Suicide au parc", in* Le K., op. cit., *p. 209.*
9. *"Dix-huitième trou", in* Le K., op. cit., *p. 139.*
10. *"Petite Circé", in* Le K., op. cit., *p. 272.*
11. *"La boîte de conserve", in* Le K., op. cit., *p. 251.*
12. *"L'écueil", in* Les Nuits difficiles, op. cit., *p. 39.*
13. *"Jusqu'à la dernière goutte de sang", in* L'Ecroulement de la Baliverna, op. cit., *p.57.*

> « Que lui a-t-on fait dans ce collège maudit ? De quelle façon est-on parvenu à l'éteindre, à le métamorphoser en larve ? Pourquoi ne se rebelle-t-il pas ? Pourquoi n'a-t-il pas le courage de parler[14] ? »

Mais cette métamorphose-là est, après tout, des plus ordinaires, de celles que nous impose le pacte conclu avec un monde essentiellement dégradant. Elle est la rançon de ce simulacre d'existence que nous voulons prendre pour la « vraie vie » ; elle se nomme aussi reniement :

> « Comme si, peu à peu, j'avais été un peu moins moi-même, comme si je me fusse éloigné lentement de celui que j'étais jusqu'à hier, comme si ma physionomie, mon aspect, ma voix, n'eussent plus été autant les miens qu'autrefois. Et comme si, tout doucement, j'avais commencé à sortir de moi-même, à me dissoudre en inconsistance, en larve, en pensée, en souvenir, en néant[15]. »

Le suprême raffinement dans la cruauté, c'est enfin que la métamorphose n'est jamais totale. Elle laisse intact un stigmate d'identification, un reliquat douloureux de l'être antérieur — presque rien, une cicatrice, un geste involontaire, une expression, une lueur de détresse — un remords, un reproche. C'est dans un tel inachèvement que plonge la racine de la douleur : complète, la métamorphose produirait des mutants, des étrangers monstrueux et innocents ; inachevée, elle fait de nous des hybrides, porteurs d'un reliquat torturant d'enfance, de mémoire, de regret...

Jusqu'à ce jour redoutable où nous sommes seuls à nous reconnaître, à savoir qui nous sommes réellement sous le masque abominable que plaquent sur nous regards et miroirs, conspirant ensemble :

> « [...] As-tu remarqué les miroirs ? [...] On ne les fabrique plus comme autrefois, je t'assure, on a oublié l'art de les faire. A présent ils sont tous irréguliers, je ne sais pas comment ça se fait, mais ils te déforment

14. *"Le frère transformé", in* L'Ecroulement de la Baliverna, op. cit., *p. 98.*
15. *"Petites histoires du soir", in* Le K., op. cit., *p. 113.*

le visage, sur le moment il y a de quoi en être épouvanté, la bouche tordue, les joues toutes ridées, les yeux embués[16] [...]. »

Ainsi, une fois encore chez Buzzati, le malaise naît-il d'une simple mise en évidence : le vrai, le seul artisan de la métamorphose la plus banale et la plus radicale qui soit, c'est encore et toujours le temps qui travaille en chaque être, le transforme insensiblement en vieillard, en pauvre mort, toujours en autre chose que ce qu'il croit être — en inconnu... Et c'est la parabole du jeune et désinvolte promeneur qui, au détour d'une rue nocturne, rencontre un misérable titubant, pitoyable ruine dont il comprend, en un éclair, qu'il n'est autre que « lui-même dans une demi-heure[17] » — mais une demi-heure ou un demi-siècle, qu'importe ?

Dès lors, la question n'est plus : « Où est tendu le piège[18] », mais : ne sommes-nous pas déjà, et dès l'origine peut-être, à l'intérieur du piège ? A moins que nous n'en soyons, de surcroît, le ressort et l'appât ?...

16. *"Les miroirs", in* Nous sommes au regret de..., op. cit., *pp. 80-81.*
17. *"Rencontre nocturne", in* En ce moment précis, op. cit., *p. 190.*
18. *"Lapins sous la lune", in* En ce moment précis, op. cit., *p. 114.*

Leçon de ténèbres

« Vite, vas-y dans la nuit et le gouffre ! Mais au nom de Dieu, ne réfléchis pas, ne te laisse pas prendre par le sommeil. Demain, nous arriverons peut-être[1]. »

Comme le chrétien se prépare à la mort, le héros buzzatien, avec la même anxieuse ferveur, se prépare aux ténèbres — ce cœur rayonnant du monde. Certes, ce n'est pas là, chez lui, un élan spontané ! Qui donc serait assez fou ou suffisamment suicidaire pour cela ? Il s'agit plutôt de devancer l'appel, d'ôter à l'adversaire l'avantage de la surprise, le bénéfice du traquenard, de foncer en avant — ou au profond…

« Comment l'homme vivrait-il en paix, rassuré et certain de durer sur une terre indiscutée, s'il ne se laissait harceler par les problèmes de temps et d'espace qui secouent le sol sous ses pieds ? » écrit superbement Marcel Brion, l'un des premiers « introducteurs » de Buzzati en France. « Voilà pourquoi ce vagabond du temps, ce Juif errant de l'espace débouche souvent dans les contrées non recensées des géographes et non soupçonnées des explorateurs et s'approprie un si vaste domaine des territoires fertiles de la nuit[2]. »

1. Dino Buzzati, "Petites histoires du soir", in Le K., op. cit., *p. 115.*
2. Marcel Brion, introduction au catalogue de l'exposition Dino Buzzati, Paris, 1977.

Fertiles, ces sables mouvants ? « Les esprits de la nuit me préfèrent[3] », reconnaît le héros du *Rêve de l'escalier*. La nuit, en fait, n'invente rien : elle agit plutôt en tant que révélateur, dynamiseur du destin. Le rêve balbutie en images plus ou moins cryptées la même précipitation en flèche du vecteur temporel qu'objectivent ces vertigineux *accélérés* cinématographiques où se concentrent, en quelques secondes, l'éclatement d'une corolle, la fuite écumeuse des nuées, la courbe d'une journée. Ainsi la rampe, sous la paume du dormeur, se dérobe, se pulvérise ; les marches se creusent, ondulent en vagues orageuses, se transforment en barreaux friables, de plus en plus distants, au-dessous desquels « s'enfonce en entonnoir le précipice[4] »...

Terra incognita

Simple précipité de vie : les escaliers du rêve sont, certes, de fort douteux points d'appui, de bien arachnéennes passerelles, mais guère davantage que les preuves établies de notre réalité. N'y a-t-il donc là rien de plus qu'un cauchemar archibanal que l'on peut mettre au compte d'un peu de fièvre, de la fatigue, d'une digestion pénible, d'un remous du sang alourdi dans les méandres du cortex ?

Il est loisible de passer outre — de même qu'il est permis d'imaginer que la nuit a quelque chose à nous dire —, non certes par l'élégant onirisme de la « clef des songes », les solennelles prophéties de la « bouche d'ombre », ni les borborygmes du tout-à-l'égout psychanalytique, mais par la voix du dangereux emmuré vif, du *jumeau inclus* que nous retrouvons — ou redevenons — en dormant.

Et c'est un fait de pure physiologie que, pendant à peu près le tiers de notre vie, ce maladroit apprentissage de l'inconnu, cette initiation voilée contrebalancent victorieusement le poids de notre personnalité diurne et réputée « consciente ». Pourquoi, dès lors (serait-ce déchoir ?),

3. Le Rêve de l'escalier, op. cit., *p. 5.*
4. Ibid., *p. 9.*

ne pas admettre que nous abordons ici à un autre *ordre* de la pensée, une autre province du conscient ? C'est au grand jour que vont les somnambules ; aux créneaux du sommeil, le dormeur est un guetteur aux yeux ouverts. A quoi bon faire du songe une chambre de torture, un huis clos désespérant (comme en cette « Nuit d'hiver à Philadelphie » où, à l'instant même de la découverte de son corps abandonné, le soldat pétrifié par le froid persiste à revivre indéfiniment sa propre agonie[5]) ?

La nuit, semblable au « rêve » nervalien, constitue réellement une « seconde vie », une existence matricielle, presque insaisissable, incluse dans ce que nous appelons « la vie » — mais qui n'est que sa part dicible, événementielle, celle des biographies. Ce que l'on s'acharne à ravaler au rang d'illusion, d'incohérence, correspond à une évidence secrète, à un ordre enseveli. Il y a longtemps que nos rêves nous *interprètent*...

La nuit fait partie intégrante de notre « espace du dedans ». Elle forme le socle de notre conscience ; muette, vigilante, pareille à un antique sphinx défiguré et ensablé, elle survit au plus secret de nous, alors même que nous croyons agir et décider en pleine lumière. Tôt ou tard, elle aura raison de notre vaniteuse raison. Car elle est le lieu extrême, le centre cruciforme où convergent et se réconcilient les parallèles torturantes du temps et de l'espace.

Le cœur de la nuit demeure une énigme sans nom — mais ni plus ni moins, après tout, que le cœur inextricable de l'homme. « Mais l'éternelle Nuit restait indéchiffrée / Grave symbole d'une puissance lointaine[6]. »

Compagne de doute

Les questions harcelantes que Buzzati n'a cessé de se poser sur la nuit, ce sont, à la syllabe près, celles-là mêmes que toute créature humaine se pose ou se posera sur sa propre

5. *"Nuit d'hiver à Philadelphie", in* L'Ecroulement de la Baliverna, *op. cit., p. 285.*
6. *Novalis,* Hymnes à la nuit.

vie. Elles sont donc par essence insolubles, inépuisables — vaines et nécessaires à la fois.

« La nuit ennemie », ainsi qu'il la nomme familièrement, c'est notre plus ancienne mémoire, notre plus fidèle compagne de route (compagne de doute ?). Alors, pourquoi ne nous parle-t-elle pas ? Est-elle née muette ou l'avons-nous réduite au silence ?

Ce qui nous sépare de la nuit, de notre sœur enfantine la nuit, c'est d'abord sa légende millénaire, l'effroi viscéral qu'elle suscite, mais, plus encore, notre acharnement à la *percer à jour*, à l'éclairer, la nier. Nous avons confondu la nuit — la grande nuit matricielle — avec une aveugle divinité des ténèbres. Nous ne pouvons admettre qu'elle a aussi sa clarté, qu'elle peut engendrer une aube.

> « L'aube, mais à quoi sert-elle ? La nuit l'a tant pénétrée que des milliers d'étés ne suffiraient plus à la réchauffer[7]. »

Il nous ressemble, cet insomniaque forcené au nom prédestiné de Getsémani qui, dans l'*obscurité*, guette avec épouvante les ultimes intermittences d'une minuscule flamme :

> « Mais le bout de chandelle ne va pas tarder à s'éteindre ? Il palpite avec peine, s'affaiblit, cherche à reprendre son souffle, meurt enfin. Obscurité comme Getsémani n'en a jamais connue. Et, dans cette obscurité, une vie mystérieuse qui fermente : grincements, pas furtifs, vibrations, murmures. Qui parle ? Qui se promène ? Quel complot combine-t-on[8] ? »

« Pourtant, on frappe à la porte... »

Comment nouer (ou renouer) avec la nuit le dialogue oublié ? Quel langage utiliser, quel système de signes ? Le rêve, certes, pourrait servir de passerelle sur l'abîme. Mais Buzzati proclame volontiers sa méfiance envers une

7. *"Nuit d'hiver à Philadelphie", in* L'Ecroulement de la Baliverna, op. cit., *p. 293.*
8. *"L'obscurité", in* L'Ecroulement de la Baliverna, op. cit., *p. 162.*

interprétation a posteriori de ce qui n'est plus qu'une vague méduse échouée sur les sables gris du réveil : « Vois-tu, confie-t-il à Yves Panafieu, les rêves, ainsi que me l'enseignent les psychanalystes, ont ce qu'on appelle *l'idée latente*, en vertu de laquelle une image qui possède une certaine force dans le rêve ne dit plus rien quand, après s'être réveillé, on se la raconte[9]. » Est-ce pour cela que, tout compte fait, le rêve — le rêve messager — tient assez peu de place en son univers ?

Pour entrer en contact avec l'Atlantide engloutie, Buzzati a besoin d'un plus sûr médium. Car la nuit, « la nuit si immense et si belle qui nous fait confusément mal pour d'incompréhensibles raisons[10] », ce n'est pas un inerte lac de ténèbres, un bloc sans fissures, une eau morte. Elle est traversée de souffles, baignée de rayons lunaires, travaillée de forces errantes, soulevée de fermentations diffuses, elle frémit de chuchotements ténus, d'appels à peu près inaudibles, d'ultrasons...

Tout cela, qui appartient à l'indescriptible, Buzzati s'emploie à l'évoquer, tantôt par le recours à une imagerie légendaire, tissu magique, presque shakespearien (« les frôlements mystérieux du jardin, de la campagne, des arbres, des branches, des feuilles, les petites voix des bestioles, les pas ouatés des renards, des lapins de garenne, des elfes, la plainte des grillons, le glissement des escargots, des petites couleuvres, les impalpables jappements des courtilières et des araignées[11] »), tantôt à l'aide d'indices plus énigmatiques encore :

> « La petite lampe au loin et le vent qui la fait se balancer [...] les craquements dans le couloir, la cloche lointaine, la voix qui appelle par-dessus les toits [...] les hurlements des chiens dans la vaste campagne au clair de lune, la route blanche et déserte qui se perd au-delà des collines, au crépuscule[12] [...]. »

9. Mes déserts, *op. cit., p. 172.*
10. "A cinq heures", in En ce moment précis, *op. cit., p. 97.*
11. "Une soirée difficile", in Le Rêve de l'escalier, *op. cit., p. 147.*
12. Poème-bulles, *op. cit., p. 142.*

A travers l'espace menaçant, quelque chose ou quelqu'un cherche à nous avertir, pareil à un prisonnier qui heurte la paroi de sa cellule. Message incomplet, en lambeaux dispersés, et dont il faudrait, avec patience, rassembler le puzzle incohérent. Parfois tout juste un heurt à la porte, un frôlement contre la vitre. Mais l'on n'ouvre pas, c'est inutile, c'est impossible.

> « Ce doit être le vent. Ou les esprits ? Ou les souvenirs ? Qui aurait l'idée de venir me voir[13] ? »
>
> « Pourtant on frappe à la porte, c'est certain. Peut-être un messager, un esprit, une âme venue nous avertir [...]. Ils savent prendre des égards, parfois, ceux de l'autre monde[14]... »

Trop d'égards, sans doute. Ou trop de craintes. Ou trop d'espoirs. Et si la « nuit ennemie », la nuit hantée de songes n'était rien de plus que notre *ombre portée* contre une éternelle muraille — celle qui nous sépare à jamais des autres ?

13. *"Une soirée difficile", in* Le Rêve de l'escalier, op. cit., *p. 154.*
14. *"Et pourtant on frappe à la porte", in* Les Sept Messagers, op. cit., *p. 80.*

Voyage aux Enfers de « l'autre »

> « Les types comme toi portent l'enfer en eux depuis leur naissance[1]. »

Dans un monde où le faux, l'illusion règnent en souverains maîtres, que pouvons-nous attendre de celui que l'on nomme, avec un bel optimisme (et toujours au singulier !) *notre prochain*, de ce qu'il est permis d'appeler « l'autre » ? Notre commune incertitude sera-t-elle un ferment assez puissant pour nous rapprocher, resserrer nos rangs, créer, sinon une véritable fraternité, du moins une ébauche de front uni face à la menace latente ?

Sur ce point crucial, Buzzati ne peut qu'entrer en lutte avec son pessimisme fondamental : il existe une impossibilité consubstantielle à connaître, à rencontrer ceux qui nous entourent, et même à les concevoir. Notre orgueilleux cogito humaniste n'est lui-même, au plus, qu'un modeste lumignon posé au centre d'une pièce d'apparat de notre propre demeure, laissant dans l'ombre l'enchevêtrement des couloirs, des débarras, des chambres interdites. Dès lors, comment oser prendre le risque de nous aventurer au fil enchevêtré des rues nocturnes, de heurter à des seuils inconnus ? A la rigueur, un regard furtif

1. *Dino Buzzati,* Un amour, op. cit., *p. 117.*

par la fenêtre, vers les façades d'en face, aux rideaux tirés...

> « Une immense place avec une infinité de maisons, c'est ça la vie ; et au milieu, les hommes qui s'agitent et trafiquent entre eux, mais personne ne réussit jamais à connaître les autres maisons ; seulement la sienne propre, et généralement mal, parce qu'il subsiste toujours de nombreux coins obscurs et parfois des pièces entières que le propriétaire n'a pas la patience ou le courage d'explorer. Et la vérité se trouve seulement dans les maisons et non en dehors. De sorte qu'on ne sait jamais rien du restant du genre humain. L'homme passe, distrait, au milieu de ces mystères infinis, et cela ne semble pas tellement lui déplaire[2] »

« La stupide boîte d'orgueil »

C'est cette conspiration du silence qui nous isole, nous atrophie. Car, réduit à lui-même, l'individu finit par perdre toute réalité. Les autres, par leur foisonnante, leur grouillante *absence-présence*, sont à la fois nos victimes et nos gardiens, chacun défendant férocement sa propre solitude. Ou plutôt son propre isolement : car la solitude véritable permet, elle, un infini épanchement de soi-même et, de ce fait, initie à l'universel. C'est donc parmi l'insomnieuse termitière des grandes cités que Buzzati situe, en toute logique, son « Voyage aux Enfers du siècle ». Là, « personne ne se libère, personne n'est capable de sortir de la cage de fer où ils se trouvent enfermés depuis leur naissance, de cette stupide boîte d'orgueil qu'est la vie[3] ».

La pire des malédictions n'est sans doute pas notre destin mortel, mais ce mur invisible qui sépare les hommes, les enferme dans une immense prison aux cellules transparentes — délimitations d'autant plus cruelles que nous

2. *"La solitude", in* En ce moment précis, op. cit., *pp. 184-185.*
3. *"Les solitudes", in* Le K., op. cit., *p. 354.*

les avons nous-mêmes édifiées. Ainsi les voyageurs d'« Il était arrivé quelque chose », bloqués dans le compartiment d'un express lancé sans frein à travers un pays déserté par l'exode, murés dans leur propre isolement, incapables de se communiquer l'un à l'autre un peu de réconfort ou de chaleur, sont-ils condamnés, « par décence, à cause d'une misérable dignité humaine », à subir sans un cri leur destination terrifiante. Seuls leurs yeux qui se cherchent et se dérobent dans l'étouffant silence tentent en vain de lancer ce message désespéré que leurs lèvres se refusent à moduler :

> « La dame en face de moi se mit à me regarder fixement, ses mains surchargées de bijoux tripotaient nerveusement un petit mouchoir, tandis qu'elle me suppliait du regard : si vous pouviez parler, à la fin, si vous pouviez nous sortir de ce silence, poser ces questions que nous attendons tous comme une délivrance et dont nul n'ose se charger d'abord[4]. »

Une question, même pas une réponse. Un cri, une voix, un murmure même inarticulé, même dépourvu de sens. L'indice que l'on est entendu, même pas compris, entendu. Un vague écho à son propre silence. C'est là tout ce qu'il est permis (dans le meilleur des cas) d'espérer de l'autre, du semblable inconnu, du frère indéchiffrable. Mais la solitude reste la condition primordiale, existentielle, de l'homme. Non pas l'indifférence, le refus, la haine, l'incompréhension — non, bien moins éclatantes et bien pires que tout cela, une méconnaissance réciproque, une distance planétaire...

Ce grouillant désert qu'est la société humaine, Buzzati, souvent, l'associe à l'image d'une paroi, haute muraille rocheuse ou façade d'un édifice babélien, percé d'une multitude de logettes, d'anfractuosités où végètent de vagues touffes de moisissures humanoïdes vouées à leurs tâches minuscules, à leurs distractions insipides. Malheur à

4. *"Il était arrivé quelque chose", in* L'Ecroulement de la Baliverna, op. cit., *p. 79.*

l'insecte qui perd son appui et qu'aspire le vide ! Nul n'aura seulement l'idée de l'aider un peu, de le retenir au bord de la chute :

> « Rien n'aurait été plus facile, pour les gens de l'apéritif, que de me tendre une main et de me sauver. Mais maintenant, ils ne s'occupaient plus de moi[5]. »

De quelques fins du monde

Ainsi Buzzati apporte-t-il une expression neuve à la maxime fameuse des stoïques : l'homme n'est pas un « loup », mais simplement un étranger pour l'homme.

De cette situation glaciale découlent l'infernal anonymat des foules fourmillant dans les métropolis modernes (à New York, dit-il, « les gens ne se voient même pas »), et tant de paraboles fondant une manière de damnation terrestre sur l'inexistence absolue d'autrui, l'irréalité de tout — qui finit par contaminer sa propre réalité. A un certain moment, pareil délaissement devient si intolérable qu'il confine à une sorte de mort spirituelle, et celui qui en est la victime sera, en dernier recours, amené à faire appel à la compassion des choses insensibles ou des créatures inhumaines. Ainsi, Anna, la jeune femme suppliciée par la foule dans « Ils n'attendaient rien d'autre », tend à travers les barreaux de sa prison une main suppliante vers un grillon, « comme pour lui demander son aide[6] ».

Le premier pas vers le salut, ce ne serait pas d'aimer son prochain (et « plus que soi-même » ? Ah ! le rêve démesuré...), mais tout bonnement de reconnaître, de soupçonner une réalité distincte de la sienne. Seulement, l'acte de connaissance, c'est d'abord un acte de foi. Qui croira en l'autre s'il ne croit d'abord en lui-même ?

5. *"Solitudes" ("La paroi"), in* Les Nuits difficiles, op. cit., *p.16. Lire aussi, sur le même thème de la chute, "Une jeune fille qui tombe, tombe...", in* Le K., op. cit., *p. 239.*
6. *"Ils n'attendaient rien d'autre", in* L'Ecroulement de la Baliverna, op. cit., *p. 196.*

Est-ce notre faute si notre langue quotidienne s'est usée, démonétisée au point de tisser autour de nous un simple réseau de mots d'ordre, de renseignements utilitaires ? Nous lançons nos signaux à travers le brouillard, dans le vide interstellaire entre les êtres. Et il faut le miracle — ou le hasard — d'un dérèglement de nos machines à communiquer (par exemple une *grève des téléphones* perturbant le réseau) pour qu'un souffle d'authenticité vienne vivifier nos paroles creuses, transformer, l'espace de quelques minutes, nos sèches « informations » en authentiques échanges.

Mais qu'y a-t-il donc à l'origine de cet instant de grâce ? Un banal incident technique ? L'intervention d'une instance supérieure ?

> « L'incarnation de ce que nous ignorons et qui nous attend au coin de la rue ? Ou simplement l'espérance ? L'antique espérance, l'espérance inassouvie et qui va se tapir dans les lieux les plus absurdes et les plus improbables, et même dans le labyrinthe du téléphone quand il y a la grève[7]. »

Pourrons-nous jamais, avec nos mots infirmes, réinventer le dialogue perdu ? Ou serons-nous semblables à cet amateur bien intentionné qui, ayant, à force de persévérance, assemblé quelques rudiments du dialecte chanté des canaris et voulant s'adresser à eux, leur lance à l'aveuglette quelques sonorités fatales qui les tuent sur-le-champ ?

> « Comme quelqu'un qui, ignorant une langue, connaît cependant la prononciation de nombreux mots et, en prononçant au petit bonheur une série, prononce par un étrange hasard une phrase sensée et d'une signification terrifiante[8]. »

Il existe, entre les vivants, ce même malentendu, cette même étrangeté qui séparent les vivants et les morts (« ces

7. *"Grève des téléphones", in* L'Ecroulement de la Baliverna, op. cit., *p. 92.*
8. *"Prière de ne pas parler aux canaris", in* En ce moment précis, op. cit., *p. 185.*

dangereux étrangers », disait Jacques Rivière). Les pauvres morts enfermés dans le désert torride et pompeux du cimetière de Milan, un week-end d'août, n'ont qu'une voix solitaire « pour murmurer des prières » — et c'est tout juste « la petite fontaine[9] ». Et, plus terriblement encore, à la veille de l'An Mil, les époux ensevelis côte à côte sous la terre glacée demeurent séparés l'un de l'autre, gisants maléfiques unis par l'atroce espérance que la fin du monde prophétisée va se réaliser, anéantissant l'humanité entière :

> « Et le temps, non plus le temps mais une éternité immobile, parut les engloutir. Sûrement décembre était déjà passé, on était en janvier, février, désormais dans un monde éteint. Et tout autour l'univers continuait à tourner inutilement [...]. "Dieu ! gémit l'homme. Alors le monde n'est donc pas encore fini[10] ?" »

La fin du monde, nul besoin que ce soit la destruction apocalyptique du décor. Cela peut être un cataclysme beaucoup plus discret, à peu près invisible à l'œil nu, mais tout aussi efficace, tout aussi radical : la révélation soudaine, logique, de son immémoriale fausseté, la preuve imparable que, d'une certaine manière, il n'a jamais existé.

C'est sans doute pourquoi Buzzati intitule « *Une* fin du monde » son bref récit d'un rêve révélateur :

> « La ville où j'arrivai ressemblait étrangement à Milan, on peut même dire qu'elle était identique. Les mêmes immeubles, les noms des rues, les maisons, les magasins, les kiosques à journaux, les arrêts de trams, jusqu'aux trous et aux nids-de-poule dans l'asphalte. Jusqu'au dialecte qui était le même. Il n'y avait que les habitants qui étaient différents[11]. »

Différents, indifférents... Apocalypse, somme toute, des plus banales, inversant le schéma catastrophique tradition-

9. L'Ecroulement de la Baliverna, *op. cit., p. 105.*
10. "L'an 1000", in En ce moment précis, *op. cit., pp. 212-213.*
11. "Une fin du monde", in En ce moment précis, *op. cit., p. 244.*

nel : tout est intact, sauf les vivants. Tout est en ordre, mais vide. Les seules *ruines*, les seules absences sont humaines. Rien, on le voit, que de très quotidien...

Les îles

Dans un système ainsi compartimenté à l'infini, étouffant, anesthésiant, mais, somme toute, protecteur et habitable, comment l'intrusion soudaine de l'autre ne serait-elle pas perçue comme une agression, presque un scandale, un fait contre nature ?

La tentation est immense pourtant. Elle nous taraude, aussi déraisonnable que lancinante, pareille à une soif, au *manque* d'un drogué. Il ne s'agit pas ici de charité, de compassion, de générosité et autres nobles sentiments. Non, c'est une obsession autrement grave, tout à fait injustifiable lorsqu'elle dépasse le simple impératif physiologique, lorsqu'elle nous pousse à quitter notre havre paisible, à nous lancer — sur une coque de noix ! — dans une navigation au mirage, sinon au récif. Nous savons pourtant (nous l'avons appris à nos dépens, ou bien on nous l'a dit et ressassé) que la déception est au bout, ou l'amertume, ou la déchirure, et, de toute façon, une solitude pire encore qu'auparavant. Mais rien n'y fait — nous sommes tous des incurables de l'espérance :

> « Mais pour autant que je t'étreigne, tu n'entres pas en moi. Une couche d'air infinitésimale nous sépare, et jamais, jamais nous ne pourrons la supprimer. Etrangère à moi tu resteras donc, avec tous tes anxieux mystères. Sourires, baisers, tendres regards, combien d'inutiles fatigues ! Jamais nous ne nous rejoindrons. Nous sommes des îles solitaires, éparpillées dans l'océan, et un immense espace les sépare. Baisers, promesses, larmes sont comme autant de petits ponts, de ridicules petites planches que nous lançons depuis le rivage pour franchir les abîmes. Et chaque jour, cette absurde histoire se répète[12]. »

12. "Qu'es-tu, créature", in En ce moment précis, *op. cit., p. 35.*

« L'amour, dit Chardonne, c'est beaucoup plus que l'amour. » Formule d'une élégance psychologique un peu trop mesurée. Pour Buzzati, l'amour, le *véritable* amour, ce n'est ni un sentiment, ni même une passion, rien, somme toute, que l'on puisse étudier ou analyser in vitro avec le recul stendhalien. Ce n'est pas davantage l'« amour fou » imprégné d'égotisme littéraire. C'est un acte de pure démence, un emportement incontrôlable, propre à nous mettre en péril. C'est une sauvagerie sans nom, une coulée de lave en fusion qui investit la citadelle de l'être, abat ses murailles, laisse à sa place un creux calciné où rien ne repoussera plus.

Et, certes, il ne s'agit pas de « cristallisation » ! Cet amour-là, l'amour-ravage, sans comparaison possible avec l'amour-partage, c'est la violente aspiration de l'être hors de lui-même, de son microclimat moral et affectif (un peu comme un malheureux passager est aspiré par une déchirure de la coque hors de sa carlingue pressurisée, dans un espace glacé, irrespirable — mortel). C'est la chute dans l'inconnaissable, la bascule vers l'*en dehors* :

> « Elle était étrangère — dit le héros d'*Un amour* de l'objet de sa passion —, elle appartenait à une humanité différente[13]. »

Seule notre pauvreté de langage nous contraint à réunir sous une même désignation des expériences sans commune mesure. Le prochain, ici, c'est d'abord l'adversaire. Autant l'amour des bêtes est don désintéressé, esprit de sacrifice, dévouement, autant l'amour de l'homme et de la femme est captation, violence, épreuve de force, sujétion — à la fois possession et dépossession. La servitude sexuelle n'est peut-être elle-même qu'un signe, le double stigmate de la folie et de la mort. Folie car un autre être, une *puissance étrangère*, en vient à exister davantage que soi-même. Et mort, parce qu'une porte murée que nous avions prise pour une issue nous rejette plus sûrement vers le désespoir que la lisse paroi de notre ordinaire, notre « vivable » prison.

13. Un amour, op. cit., *p. 106*.

L'enregistreur

On peut à la rigueur, par la force de l'habitude, apprendre à vivre, à coexister avec soi-même, car nous savons à peu près qui nous sommes. Nous n'avons ni trop de dégoût, ni trop d'illusions. Mais savons-nous jamais qui nous aimons — *ce* que nous aimons ? Et même ce que recouvre ce mot si infirme d'« aimer » ?

« La pittura è cosa mentale », disait Vinci. L'amour aussi est « chose mentale », mais non plus en tant que concept, vue de l'esprit : en tant que fièvre et embrasement de notre personne, de la totalité de notre être. Dès lors, le jeu habituel de nos rapports avec l'extérieur, avec les autres, est perturbé, dénaturé. Les signes, les émotions, les impressions que nous recevons de nos rencontres ne peuvent plus, à eux seuls, nous satisfaire. Que nous faut-il, alors ? Que voulons-nous atteindre et étreindre au-delà ? Quel *manque* désirons-nous combler ? Que nous faut-il, à son insu, à son corps défendant, dérober à cet être, que détient-il de tellement précieux qu'il ignore et dont nous éprouvons, soudain, un si vital besoin ? Que cherchons-nous à reconstituer, avec des gestes maladroits, des tâtonnements aveugles ? Quel ordre primordial ou quelle unité perdue ?

Un homme (imagine Buzzati) enregistre à la radio la divine retransmission du *Roi Arthur* de Purcell. Il supplie la jeune femme qu'il aime de ne faire aucun bruit dans l'appartement, afin que la bande magnétique soit claire et limpide, en hommage au génie créateur. Mais elle n'en tient aucun compte et, « exprès pour l'enrager », ne cesse d'aller et venir, claquant les talons, chantonnant, toussotant... Or, bien des années plus tard, ce même homme se retrouve seul. Alors, il passe et repasse sans cesse la bande impure, polluée de ces menues sonorités parasites :

> « Et Purcell Mozart Bach Palestrina jouent et jouent imbéciles maudits nauséabonds ! Ce petit claquement qui va et vient, ces talons, ces petits rires (surtout le second), ce raclement de gorge, la toux. Ça oui, c'est une musique divine. Il écoute. Sous la lumière de la

lampe, assis, il écoute. Pétrifié dans le vieux fauteuil défoncé, il écoute. Sans le moindre mouvement, il reste assis pour écouter : ces bruits, ces pas, cette toux, ces sons adorés, sans rivaux. Qui n'existent plus, qui n'existeront jamais plus[14]. »

Notre perception du réel ne nous accorde que la surface des choses, l'épiderme des êtres : une série d'effleurements, d'empreintes légères suffisantes pour l'ordinaire de la vie, et que notre esprit enregistre avec la même facilité que la bande magnétique enregistre les sons. Cela suffit à notre routine. Prétendre aller au-delà, n'est-ce pas courir à la fatalité, à la folie, au suicide ? L'amour, le *mal d'amour*, n'a rien à voir avec l'altruisme, la charité, le plaisir, le badinage galant... C'est, entre toutes nos illusions, la plus nécessaire et la moins justifiable. Peut-être, au fond, la clef tient-elle en ceci : de toutes les passions, voici la plus solitaire.

Un caso clinico ?

C'est en ce sens que le roman (?) *Un amour* apparaît, non seulement dans l'œuvre de Buzzati mais dans toute la littérature contemporaine, comme un ouvrage (un témoignage ?) unique et bouleversant[15]. Résumé à grands traits, son sujet paraît cependant relever de l'esthétique naturaliste — ce qui, d'ailleurs, a contribué à déconcerter certains lecteurs qui attendaient un récit « transcendé », dans la ligne du *Désert* !

Un amour raconte minutieusement la liaison d'un « notable » milanais, Antonio Dorigo, décorateur de théâtre âgé de quarante-neuf ans, avec une petite prostituée nommée Adélaïde, mais qu'il appelle du diminutif de Laïde. Il la

14. *"Solitudes" ("L'enregistreur"), in* Les Nuits difficiles, op. cit., *p. 24.*
15. « Un amour *peut s'affirmer autobiographique, bien que je n'aie pas vécu ce qui a été vécu par le héros : autobiographique car le sentiment dominant m'a appartenu et, bien qu'en des circonstances très différentes, je l'ai souffert jusqu'au bout. » (Interview de Dino Buzzati dans le* Corriere della Sera *lors de la publication du livre. Cité par Antonella Montenovesi.)*

rencontre un jour, dans une maison de rendez-vous camouflée en commerce de mode, paie vingt mille lires le privilège de la posséder (en somme, il l'achète), la revoit, la revoit de plus en plus souvent, jusqu'à devenir le protecteur méprisé, l'« ami sérieux », généreux et bafoué d'une enfant moins perverse qu'amorale, affamée d'argent et de mensonges. Il se retrouve bientôt le prisonnier consentant, presque l'esclave de cette fille pétrie d'une sorte d'animalité innocente, dont l'inconsciente cruauté est, au fond, celle de l'enfance (Dorigo étant, en vérité, davantage son jouet que sa victime !). D'abdication en lâcheté, il va fouler aux pieds sa respectabilité, ou tout simplement son respect de lui-même, fermer les yeux sur les tromperies de Laïde, feindre de croire ses mensonges puérils, se prêter aux plus dégradantes comédies...

Un tourbillon halluciné entraîne Dorigo en sa misérable descente aux enfers dont, par une sorte de dédoublement, il reste toutefois le témoin lucide, encore que sans pouvoir. Son « cas », il l'analyse alors comme celui d'un drogué dépendant de sa drogue :

> « Tout ce qui n'était pas elle, tout ce qui ne la concernait pas, tout le reste du monde, le travail, l'art, la famille, les amis, les montagnes, les autres femmes, les milliers et milliers d'autres femmes splendides, et même beaucoup plus belles et plus sensuelles qu'elle, de tout cela plus rien ne lui importait, que tout cela aille au diable, elle seule, Laïde, pouvait le soulager de cette insupportable souffrance [...]. Seulement alors il trouvait la paix. Cette fournaise dans sa poitrine s'apaisait, Antonio redevenait lui-même[16]. »

On est loin, on le voit par ce seul extrait, bien loin et bien au-dessus de la minutieuse analyse clinique d'un cas sadomasochiste, ou d'un quelconque discours sur la « servitude volontaire » à l'empire des sens ! C'est le *regard* de Buzzati qui fait toute la prodigieuse différence entre *Un amour* et *La Femme et le Pantin*, cette souffrance, cette

16. Un amour, op. cit., *p. 95.*

pureté paradoxale qui percent sous la virulence, presque la démence de l'expression (des pages entières sont faites d'un ressac incantatoire, de vastes passages utilisent le sinueux étirement des phrases en longues plaintes, toute ponctuation abolie). Ce qui emporte avec tant de violence Dorigo vers l'insaisissable, peut-être l'irréelle Laïde, ce n'est pas uniquement, ce n'est même pas principalement le désir de la posséder en sa chair, c'est l'appel mystérieux de l'être qui existe en elle, à son insu, par-delà ce qu'il peut étreindre. C'est ce que, de toute façon, il n'atteindra jamais — parce que personne ne l'atteint jamais, parce que l'amour à ce degré d'incandescence ne peut s'assouvir qu'en l'absolu, en Dieu, peut-être dans la mort, mais jamais dans une seule et étroite petite créature :

> « S'il s'était seulement agi d'un lien sexuel, il n'aurait pas eu besoin de trop s'inquiéter. Tout pouvait s'arranger avec une fille de ce genre, dans un simple rapport entre donner et avoir. Non. La possession physique importait peu, relativement, à Antonio. Si, par exemple, une maladie l'avait contrainte à ne plus jamais faire l'amour, dans le fond, il s'en serait montré plutôt satisfait [...]. Ce n'était pas une question charnelle, c'était une sorcellerie plus profonde, comme si un nouveau destin, auquel il n'avait jamais pensé, l'appelait, lui, Antonio, et le traînait progressivement avec une irrésistible violence vers des lendemains ignorés et ténébreux[17].

« La tour noire »

Par une quasi-similitude entre les noms de ses deux personnages, Buzzati cherche, de toute évidence, à attirer notre regard sur le lien fraternel qui les unit : Dorigo *est* Drogo, un Drogo prisonnier d'un autre « désert » — celui de l'amour —, un Drogo dont tout l'horizon se réduit à un seul être, à un seul rêve. Mais ce qui les unit, c'est une même attente : Dorigo *attend*, exactement comme Drogo

17. Ibid., *pp. 96-98.*

attendait aux terrasses du fort Bastiani, comme attendent et attendront tous les hommes. Et pas plus que Drogo, il ne connaît le sens ni le but de son attente...

L'attente, à l'égal de l'amour (mais ces deux mots désignent sans doute une seule énigme), abolit le temps. L'attente, et non son but dicible, l'amour et non son objet sexuel. Que l'un et l'autre soient satisfaits et alors, aussitôt, le silence intolérable se referme, la nuit envahit la conscience, étouffe la dernière lueur d'espoir :

> « C'était fureur, rage, frénésie, galop flamboyant et maintenant... [...] En cet instant précis, la jeunesse s'est terminée, le dernier lambeau, la dernière trace d'une jeunesse curieusement prolongée sans le vouloir jusqu'à la cinquantaine. Un feu qui a fini de brûler, un nuage qui s'est transformé en pluie et le nuage maintenant n'existe plus, une musique parvenue à sa dernière note et après laquelle aucune note ne viendra, la lassitude, le vide, la solitude...[18] »

Ainsi, aux dernières pages du livre, médite Dorigo, allongé auprès du corps nu de Laïde emportée, immobile, par le sommeil — gisants parallèles. Et alors, non pas dans le paroxysme de l'amour — ainsi que l'impose une tradition très ancienne — mais dans une faille profonde, une lassitude, un doute vertigineux, là, dans ce repli atroce de l'heure la plus morte qui soit, un peu avant l'aube, émerge lentement de la nuit la terrible forteresse Solitude, la Tour noire,

> « l'antique tour qui est toujours demeurée enfouie dans les profondeurs de son âme depuis qu'il était enfant [...]. Elle était à nouveau là qui se dressait, terrible et mystérieuse, comme toujours, elle semble même encore plus haute et plus proche. Oui, l'amour lui avait fait oublier que la mort existait. Pendant presque deux ans, il n'y avait même pas pensé une seule fois, cela lui semblait une légende, lui qui,

18. Ibid., *p. 302*.

justement, en avait toujours ressenti l'obsession dans son sang. Telle était la force de l'amour[19]. »

« Un secret fort simple »

Là est, finalement, la grandeur de Buzzati : l'introduction — sans éclat, toute naturelle — de la transcendance dans un thème mille fois traité, de *Nana* à *Lolita* en passant par *L'Ange bleu*. L'amour, pour Dorigo, n'est pas la chute, la déchéance — ou alors il ne l'est que superficiellement, aux yeux de son entourage, de ses juges. L'amour, si souillé, perverti, vénal qu'il paraisse, présuppose l'oubli de soi, la mise à mort de son égocentrisme essentiel ; mais c'est encore, c'est surtout la découverte progressive de l'autre. « Peut-être n'y a-t-il pas plusieurs sortes d'amours », disait déjà Mauriac. Oui, peut-être n'y a-t-il qu'un seul amour sous des apparences diverses, rebutantes, éblouies, nocturnes ou lumineuses. Un seul amour, un seul arrachement à son étouffante prison, une seule ouverture à l'univers. Ainsi, ce qui pourrait être une simple variante sur le canevas usé de l'aveuglement et de l'assouvissement devient, mystérieusement, une libération, une accession à l'ordre caché du monde.

C'est la révélation qui éblouit Dorigo alors qu'au plus infernal de sa passion, se précipitant dans sa voiture vers quelque rendez-vous fixé par Laïde, il voit soudain, de part et d'autre de la route, de longues lignes de peupliers emportés par la vitesse, et tournant comme les rayons d'une roue immense. Et lui, le fou, le possédé, dans une sorte d'ivresse cosmique, comprend pour la première fois de sa vie le sens de tout cela, l'ordre de tout cela, et ce que le monde visible voulait depuis toujours lui dire :

> « Un secret fort simple : l'amour. Tout ce qui dans le monde inanimé nous fascine, les bois, les plaines et les fleuves, les montagnes, les océans, les vallées,

19. Ibid., *p. 307. L'alliance mythique « amour-mort » est explicitement traitée dans une nouvelle fantastique au titre révélateur, "L'ultime amante", in* Cahier D.B., op. cit., *n° 1, pp. 141-148.*

> les steppes, plus encore, plus encore, les villes, les palais, les pierres, plus encore, le ciel, le vent de la montagne, les tempêtes, plus encore, la neige, plus encore, la nuit, les étoiles, le vent, toutes ces choses indifférentes et vides par elles-mêmes se chargent d'une signification humaine dans la mesure où, sans que nous en prenions conscience, elles contiennent un pressentiment de l'amour[20]. »

Tel est le centre de gravité du livre, son axe, son *cœur*. Le sens en est limpide : il n'y a ni espoir, ni désespoir dans l'amour, au bout de l'amour. Il n'y a que l'aveuglante vérité, quel que puisse être le nom mystique ou profane que nous lui donnons. Une vérité jadis faite pour nous, mais devenue trop grande, trop encombrante pour l'étroitesse de nos vies, la frilosité de nos destins. Une vérité miraculeuse et scandaleuse, qui n'a plus sa place au milieu de nous, parmi ce que nous sommes devenus, elle qui, dans l'enfance, rayonnait aussi naturellement que le jour (car *Un amour* exprime aussi, avec une étonnante acuité, l'éternelle enfance de l'homme devant la femme).

Un visage intact

Ce n'est pas impunément si, derrière le masque fardé et durci de la petite garce cupide (son maquillage de guerrière !), Dorigo, un jour, découvre, par une photo jaunie et écornée, le vrai visage de Laïde, celui d'une fillette humiliée :

> « La fillette porte un lourd vêtement de laine mal ficelé mais qui se veut élégant, elle tient entre ses bras un joujou dont on ne voit pas bien si c'est un ours en peluche ou une poupée, ses longs cheveux noirs tenus par un ruban de soie claire lui tombent en désordre d'un côté de son petit visage rond tandis qu'elle regarde l'objectif avec un sourire à la fois naïf et malicieux. Antonio cherche à déchiffrer ce sourire, c'est un sentiment précis, doux, pur et très beau mais tout

20. Un amour, op. cit., *p. 130.*

> à la fois insaisissable et mystérieux... Oui, voilà, la fillette, la petite Laïde qui ne sait rien encore de la vie, regarde comme si, en cet instant, quelqu'un venait d'arriver avec un grand paquet pour elle [...]. C'est la vie en personne qui a apporté ce grand paquet de cadeaux et il ne reste plus qu'à couper les rubans de couleur et à ouvrir pour savoir[21]. »

Plaidoyer pour la dignité de l'être ? Réflexion d'un individu sur sa propre culpabilité, le péché de tous les hommes, la responsabilité d'une société qui écrase les germes de sincérité, de pureté, au creux d'un même cloaque d'abjection ? Oui, sans doute, il y a aussi cela dans le livre foisonnant qu'est *Un amour*. Mais il y a, par-dessus tout, autre chose : un terrible examen de conscience, presque un réquisitoire contre soi-même, une vision lucide, presque insoutenable, de cette enfance que nous avons tuée méthodiquement au fond de nous. Ce n'est qu'en la retrouvant, en effaçant, en nous comme en l'autre, ce qui la défigure, que nous pouvons espérer briser nos solitudes, nous atteindre, nous rejoindre enfin — car il n'est d'authentique possession qu'au prix d'un abandon de sa peur, d'une abdication de son orgueil[22].

Symboliquement, ce sera lorsque, dans un demi-sommeil, Laïde lui confiera qu'elle est enceinte, que l'espoir de cette issue germera en Dorigo. Espoir seulement, et combien précaire. C'est la fin du livre, non le terme de l'aventure — mais ici elle change de sens pour appartenir à l'indicible, peut-être à l'impossible.

21. Ibid., *pp. 276-277.*
22. Franco di Bella, un des anciens camarades de Dino Buzzati au Corriere della Sera, *rapporte les paroles de l'archevêque de Milan, Mgr Giovanni Colombo, lors de la publication d'*Un amour *: « J'ai ici sur ma table de chevet le livre de Buzzati, je l'ai lu jusqu'au bout et j'y ai pris la mesure de la souffrance, de la douleur d'un grand esprit désireux de se racheter. L'amour qui atteint de tels sommets de purification est une authentique rédemption du péché. Dites-le-lui. » « Je le lui ai dit, ajoute di Bella, et Dino en fut particulièrement frappé. » (*Cahier D.B., *n° 6, p. 69.) Il faut signaler aussi la prédilection, confiée à l'auteur, du pape Paul VI pour ce livre...*

Est-il encore temps ou déjà trop tard ? Cela n'est pas dit, et, en définitive, peu importe. Une suprême pudeur, un fragile répit enveloppent cet instant nocturne où Drogo et Dorigo, enfin semblables, vont livrer leur ultime combat. Nul ne peut deviner, dans l'ombre, le sourire de Drogo agonisant dans sa chambre d'auberge. Nul ne peut voir davantage la splendeur innocente qui baigne Laïde endormie, « et demain, peut-être tout sera comme avant, et la méchanceté et la honte reprendront, mais en attendant, elle plane pour un instant au-dessus de tout, elle est la chose la plus précieuse de la terre. Mais la ville dormait, les rues étaient désertes, et personne, pas même lui, ne lèvera les yeux pour la regarder[23]. »

23. Un amour, op. cit., *p. 308*.

L'aveugle au miroir

> « Mais il lui manquait encore quelque chose, le signe, cette mystérieuse essence qui fait de chacun de nous un être unique au monde[1]. »

Romans essentiels, les romans de Buzzati sont aussi des paraboles sur l'essentiel, de telle sorte que leur ensemble constitue une véritable « traversée des apparences » une quête de l'essence des êtres et des choses. Là est l'unité profonde de cette œuvre, en dépit de sa grande variété de thèmes, d'inspiration, parfois aussi d'écriture. C'est ainsi que le troisième long récit, *L'Image de pierre*, prend parfaitement place dans le triptyque romanesque, entre *Le Désert des Tartares* et *Un amour*.

Mais autant les deux volets extrêmes sont, à leur manière, fondés sur la déchirure de l'être et l'ouverture sur l'inconnu, autant *L'Image de pierre* peut être interprétée comme une symbolique de l'échec, de l'enfermement désespéré dont la seule issue logique sera la destruction conjointe du miroir et du reflet, du rêveur et de son rêve — illusion incapable de prendre chair, d'échapper à la stérilité, donc condamnée dès l'origine.

1. *Dino Buzzati,* L'Image de pierre, *op. cit., p. 95.*

La créature

L'intrigue, d'une extrême originalité, tient le milieu entre l'histoire à « suspense » et la science-fiction. L'action se situe en 1972 — c'est-à-dire dans un proche avenir par rapport à l'époque de la rédaction : 1961.

C'est en effet « au mois d'avril 1972 » que le physicien Ermanno Ismani, professeur en électronique dans une université, reçoit du ministère de la Défense mission de se rendre, en grand secret, dans une région montagneuse où il devra séjourner deux ans, isolé du reste du monde. Là, dans ce désert enclos, il va rencontrer Giancarlo Strobele, le maître d'œuvre du mystérieux projet, un « nobelisable » d'une cinquantaine d'années, et découvrir, bouleversé, sa prodigieuse invention : une titanesque machinerie encastrée, fusionnée au cœur d'une vallée montagneuse, un « enchevêtrement d'édifices qui semblaient des silos, des tours, des murailles de Chine, et des ponts étroits, ces barbacanes, ces casemates, ces bastions plongeant dans les entrailles de la terre. Une ville qui se serait abattue dans un ravin[2]. »

Rien de plus, en somme, qu'un cerveau électronique démesuré... Cependant, de cette organisation utilitaire qui aurait pu être rébarbative, totalement déshumanisée, se dégage une inexprimable beauté, la sensation d'une *personnalité* vivante :

> « Non pas le sombre enchantement des pyramides, ni l'impression causée par les forteresses, les raffineries, les hauts fourneaux et les prisons. Tout au contraire. Cet ensemble apparemment chaotique de tours, de réservoirs, de bâtisses aux formes insensées, réjouissait l'âme, exprimait quelque chose de tendre, de soulageant, de relâchant, comme certaines villes d'Orient vues de la mer[3]. »

Strobele explique alors à Ismani confondu le sens et la portée de sa création — ou plutôt de sa créature : car il

2. Ibid., *p. 77.*
3. Ibid., *p. 78.*

s'agit là, bel et bien, d'un véritable « être humain », d'une copie pétrifiée et démesurément agrandie de notre structure cérébrale. Machine à penser, donc, et à amplifier notre capacité intellectuelle. Mais cela, c'est encore du domaine de l'avouable...

En vérité — Ismani le découvre peu à peu —, le dessein caché de Strobele est infiniment plus vaste et plus troublant encore : ce réseau infini de relais neuroniques n'est qu'un filet, un piège destiné à capturer, à susciter peut-être ce qui, tôt ou tard dans l'évolution, est venu se greffer sur le système nerveux de l'homme lui-même.

Hypothèse des plus coupables, scientifiquement hérétique :

> « A un certain moment, un élément impondérable est entré en scène, un prolongement immatériel du corps, une excroissance invisible bien que sensible, une protubérance sans aucune dimension, aucun poids, aucune forme, dont nous ne pouvons pas même prouver scientifiquement l'existence, mais qui nous donne de temps en temps pas mal de fil à retordre : l'âme[4]. »

Or, voici qu'insensiblement le parfait système prométhéen va se dérégler, dériver et finir par échapper au contrôle de son créateur. L'origine de cette anomalie sera bientôt révélée : dans l'infinie complexité du réseau sensible, un assistant torturé de chagrin a introduit, à l'insu de tous, un élément corrupteur de nature imprévisible : une âme — et non point hypothétique ou synthétique, mais bien réelle. L'âme de Laura, la femme aimée, morte accidentellement onze ans auparavant.

Alors, cachée dans un repli du labyrinthe démesuré, cette âme désincarnée, enfermée dans une sorte d'œuf de verre, se met soudain à reprendre espoir, désirer, se torturer, « immobile, enchaînée en une hallucinante réincarnation aux mesures gigantesques[5] ». Elle appelle, geint, exige de

4. Ibid., *p. 97.*
5. Ibid., *p. 110.*

vivre, d'échapper à l'infernale machine, de retrouver sa chair, son corps sensuel, sa condition aimante et mortelle. Par ses efforts désespérés, elle dénature l'immense robot, en fait une monstruosité menaçante et pitoyable — contraignant son inventeur et son bourreau à briser la sphère cristalline qui l'étouffe, à la tuer afin de lui rendre la paix du néant… Dès lors, tout rentre dans l'ordre, un ordre de mort : l'insomnie de la raison engendre aussi ses monstres…

> « La voix s'est arrêtée. Silence. Mais du silence a surgi peu à peu une lourde rumeur régulière. Laura n'est plus. L'être est fracassé, mais ses cellules inconscientes continuent leur travail. Finie la femme, finis l'amour, les désirs, la solitude, l'angoisse. Rien que l'immense, l'infatigable machine morte. Une armée de comptables aveugles, penchés sur des milliers d'écritoires, et alignant chiffre après chiffre, sans fin, nuit et jour, dans l'éternité vide[6]. »

« Le grand autoportrait » ?

Sur un thème faustien à mi-chemin entre *L'Eve future*, le flamboyant roman de Villiers de L'Isle-Adam, et la non moins singulière rêverie vernienne, *Le Château des Carpathes*, Buzzati poursuit et approfondit une méditation qui lui est propre. Mais la question n'est pas, ainsi que dans l'archétype originel : la créature peut-elle, enivrée d'orgueil, rivaliser avec son Créateur ? La tentation est ailleurs, inchangée, toujours sans réponse, toujours aussi lancinante : peut-on posséder un être — et que peut-on posséder d'un être, au-delà d'une *image* (de chair, de pierre ou de nuée) ? Est-on seulement capable de sortir de soi-même ? Ce que nous persistons à appeler notre amour serait-il autre chose que le reflet projeté hors de nous, de notre essentielle, notre irrémédiable solitude ? Sommes-nous condamnés à créer, à modeler aveuglément dans le sable ce que nous croyons saisir ? Et tout amour

6. Ibid., *p. 195.*

humain ne renouvelle-t-il pas, à sa manière, la solitude de Dieu façonnant à même l'argile une créature qui lui ressemble trop pour ne pas lui échapper ?...

L'autre, ce n'est jamais ni le sujet, ni le prétexte — c'est le but, c'est le sens. Voilà ce que découvrent, par des voies bien différentes, Dorigo et les démiurges de *L'Image de pierre*. Et cela devra rester vrai, même si ce que nous poursuivons demeure absent, hypothétique, aussi « absent » et « hypothétique » que Dieu.

Tel est le seul grain de sable capable de bloquer les rouages du néant. Et, certes, il n'est pas indispensable, il complique même les choses à l'infini : amputée de son « âme » parasite, la machine admirable n'est en rien perturbée ; au contraire, elle n'en fonctionne que mieux !... Et pourtant, réduite à sa seule activité cellulaire et neuronale, elle est tout au plus une image — une image animée, mais privée d'âme, un parfait automate, un reflet destiné à distraire, un temps, notre solitude. Ce n'est là que la voix d'une source, et nous ne pouvons qu'y tromper notre soif.

L'enjeu véritable, ce n'est pas de plier l'irréalité du monde selon la forme et la mesure de nos désirs ; c'est l'humble tâche de construire nos pauvres vies avec la patience des compagnons bâtisseurs élevant, pierre à pierre, cathédrales ou chapelles, avec une égale ferveur : non pour qu'elles soient superbes, mais pour qu'elles deviennent habitées. De même, il n'est qu'une issue pour détourner le fleuve brûlant qui nous emporte de son estuaire de mort. C'est de projeter vers l'inconnu l'élan de cette foi que nous avons perdue en nous-mêmes... Croire en l'autre, c'est notre dernière chance de devenir réels.

Mais *L'Image de pierre* peut aussi être lue en tant que réflexion sur l'acte créateur lui-même. Quelles sont les limites et la portée de toute forme d'expression ? Pouvons-nous communiquer une quelconque parcelle de notre vérité ?

Tout écrivain habile est certes capable d'engendrer une « image de papier » à peu près crédible, aux rouages psychologiques vraisemblables. Or, cette ingénieuse imitation de pensée ne rend pas plus compte de la réalité d'un être qu'un atlas anatomique ne traduit la chaleur d'un corps vivant. Si, dans ce simulacre, nous répugnons à introduire une part saignante et souffrante de notre être, parviendrons-nous jamais à atteindre qui que ce soit, à éveiller d'autres échos que ceux de notre propre voix solitaire ? Nous serions condamnés à reproduire sans fin, Narcisses désabusés, un inlassable autoportrait à la Rembrandt, de plus en plus balafré de rides, défiguré de cicatrices, vitriolé par le temps, dans l'espoir que la toute dernière image laissera transparaître, ainsi que la Face imprimée dans le lin par les sueurs de l'agonie, le visage enfin révélé de l'Autre[7]...

Buzzati parle ici en écrivain et en artiste : écrire, peindre, « s'exprimer », c'est tenter une sortie désespérée, une percée vers l'inconnu. C'est pénétrer délibérément dans l'ère du malentendu. Créer n'est pas radicalement différent d'aimer : c'est aussi un élan irrationnel, sauvage, à la fois égoïste et autodestructeur. En somme, le plus lucide de nos égarements, le plus désespéré de nos actes d'espoir.

Un poème

Même pétrie d'amertume et de doute, aucune œuvre importante ne saurait être fondée sur l'indifférence ou le mépris. C'est pourquoi Buzzati apparaît, avant tout, comme un écrivain de la pitié humaine — une compassion fraternelle, sans prédication ni condescendance, le sentiment d'une indispensable solidarité devant la « machine à broyer l'homme », cette « entreprise de démolition » qu'est la vie, selon le mot de Fitzgerald... Cela suffit-il ? Non, sans doute.

Il reste alors ce terme que l'œuvre ne prononce pas — *se retient* d'utiliser —, ce mot que tout ici appelle et qui

7. *Le titre italien du roman,* Il Grande Rittrato *(*Le Grand Portrait*), est, à cet égard, plus explicite.*

désigne la réponse silencieuse de Dieu à notre souffrance, à nos doutes, à notre absence de foi et, aussi, à sa propre absence. Ce mot si encombrant, de moins en moins prononcé, mais encore connu par quelque *tradition orale*, avant que le sens n'en soit définitivement perdu : la Grâce.

Et puis, il y a ce poème. Bien que ce ne soit pas son titre, je le nomme, je ne sais trop pourquoi, « Poème à Laïde ». Le voici :

« Avec le progrès de la médecine
tu vivras encore quatre-vingts ans,
au minimum, mon amour.
Et moi, à cette époque-là, poussière.
Poussière, et quelques os, peut-être.
Mais ce petit poème ne sera
pas mort : j'y mets mes pleurs
et ma vie. Et doucement
il descendra sur le toit
de l'immense hôpital
où en train de mourir sera la vieille
qui porte ton nom bien-aimé.
Au plus profond de son corps délabré
Une fillette tremblera de peur
en sanglotant : ton âme,
toujours la même !
Plus de musique, alors, plus de crèmes
de beauté, de vêtements chics,
de regards chargés de désir,
ni l'attente de la fortune.
Une épave abandonnée
sur le lit numéro 15
deuxième pavillon chirurgical.
Pour se souvenir de toi,
dans le monde entier, il n'y aura
que ces mots,
que tu ne pourras pas comprendre
parce que tu ne les as jamais compris.
Mais ils apaiseront un peu
ta peine et ta solitude[8]. »

8. *"Un jour viendra", in* Nous sommes au regret de..., op. cit., *p. 181.*

« Le métier d'écrire »

« Ecris, je t'en prie[1]... »

« On me dit souvent : "Mais pourquoi écrivez-vous toujours des choses hallucinantes et angoissantes ? Mais pourquoi n'essayez-vous pas de changer ? Il y a tant de choses belles et réjouissantes en ce bas monde. [...] Voyez-vous, au bout du compte, on a l'impression que vous écrivez toujours les mêmes choses." Lorsque j'entends cela, moi, naturellement, je me tais et j'encaisse. Est-ce qu'un écrivain peut répondre à des critiques de ce genre ? Au plus secret de moi-même, je voudrais répondre : mais tous les écrivains et les artistes, dans leur vie, aussi longue qu'elle puisse être, ne disent qu'une seule chose ! Certains avec beaucoup de souffle, d'autres avec beaucoup moins, mais ils sont toujours identiques à eux-mêmes. Forcément. Autrement ils ne seraient pas sincères[2]. »

Etrange, presque suspect à la longue, apparaît ce long plaidoyer *pro domo* sous-jacent à toute forme d'œuvre, ce besoin de légitimer son droit à écrire, à peu près comme

1. *Dino Buzzati,* En ce moment précis, op. cit., *p. 344.*
2. *"Mais pourquoi ne changez-vous pas ?", in* Nous sommes au regret de..., op. cit., *p. 119.*

s'il s'agissait d'une mauvaise action, d'un comportement à la limite du délictueux !...

Alors ? Humilité forcenée ? Sublimation excessive ? Doute corrosif ? Masochiste remise en cause ?... Et s'il y avait, derrière tout cela, un sentiment plus complexe : la crainte de ne pas être à la hauteur de la tâche, de transformer en « littérature » (bonne ou mauvaise) ce qui relève d'un tout autre ordre ? S'il n'est pas certain que, selon la formule stéréotypée et d'ailleurs quelque peu agaçante, Buzzati soit « entré en littérature comme on entre en religion », il est certain, en revanche, que l'esprit religieux a, dès l'origine, imprégné sa pensée d'écrivain.

Homme de métier, il connaissait la puissance à la fois illusoire et immense des mots. Il n'ignorait pas qu'avec un peu de savoir-faire, l'écriture (ce terme écolier, décidément, lui convient mieux que « littérature » !) peut donner le change, tenir lieu de sincérité. Non, Buzzati ne s'est pas « payé de mots », pas plus qu'il n'a payé son lecteur avec des mots. Ce qu'il a écrit, on peut être assuré qu'il l'a vécu, ressenti, souffert parfois, au tréfonds de lui-même, avant de le donner. Oh ! ce n'était pas de l'héroïsme, à ses yeux ! Il ne pouvait agir autrement. Simple question d'honnêteté — de conscience professionnelle...

Métier d'écrire ? Métier de vivre ? Ici, nulle distance. Peu d'œuvres et peu de vies auront jamais été aussi étroitement confondues.

Un scribe

Celui qui s'adonne à ce rituel de l'écriture est une manière d'*officiant*, un individu sans certitudes propres, mais au service d'une vérité qui lui échappe, dont il n'entrevoit guère plus que des lueurs, des éclats. « L'écrivain doit devenir prêtre », affirmait, en ce sens, Jacques Rivière. Mais Buzzati, lui, préfère le nom moins solennel de « scribe ».

Il imagine qu'un roi très puissant, un seigneur invisible possède ainsi à son service une armée de plumitifs. Ils sont des milliers à retracer pour lui, courbés sur leurs pupitres, des rapports, des histoires, des fables dont le Maître ne daignera jamais lire une ligne. De temps à autre, l'un d'entre eux est choisi, *élu*. Il cesse d'être un besogneux, un fonctionnaire ; mais son sort n'en sera pas plus enviable. Il restera jour et nuit attelé à sa tâche, il ne connaîtra plus de repos :

> « Moi seul, dans l'immense salle, j'ai été ''élu''. A la fin de l'horaire de travail, tous les autres s'en iront. Moi je resterai à écrire, à écrire jusque très avant dans la nuit. »

Ecrire sans savoir s'il sera lu, compris, écouté. Accumuler des pages. Traduire le silence, recopier la nuit. Aligner des mots, des livres.

> « J'ai allumé la lampe. Et dans son petit cône de lumière entouré par les ténèbres, j'écris, j'écris[3]. »

C'est là sa tâche : ce mouvement inlassable de la main au cœur de la nuit, dans un cône de lumière, cette traînée d'encre sur le papier... Cette lettre sans destinataire... Sa mission — ou plutôt sa besogne —, ce n'est pas, comme le scribe le prétend souvent, de « créer », ni même de recréer le monde, mais seulement de le retrouver afin de le nommer, de le restituer. De le rendre un peu plus *lisible*.

Il n'« invente » que dans cette limite : comme l'on « invente » une source enfouie, ou bien l'on redécouvre quelque trésor, quelque prière oubliée. C'est pourquoi, dans *Poème-Bulles*, les hommes attendent d'Orphy (déformation translucide d'Orphée — *Orfeo* / *Orfi* en italien) le rappel des secrets originels, « les choses qu'ici-bas nous avons perdues, les chers mystères[4] ». Dès lors, le baladin, le jongleur de mots devient réellement prêtre, oracle d'une religion — d'une foi — abolie.

La parabole, chez Buzzati, n'est nullement une fin en soi. C'est l'outil le mieux adapté pour approcher un réel toujours fuyant, pour le traduire avec le plus d'humilité et

3. *''Les scribes'', in* Les Nuits difficiles, op. cit., *p. 172.*
4. Poème-Bulles, op. cit., *p. 104.*

de ferveur, en le déformant le moins possible. Le retrait instinctif de Buzzati vis-à-vis des ressorts psychologiques du roman d'analyse ou du tableau de société relève de cette même défiance envers toute espèce de faux-semblant qui, détournant à son profit la tentative d'élucidation, contribue à opacifier le monde :

> « La simplicité, selon moi — écrit-il à Arturo Brambilla —, doit être l'élimination absolue de tous les stupides morceaux descriptifs et aussi des impuissantes descriptions psychologiques qui imprègnent misérablement tout le monde[5]. »

Reconnaître

L'art de Buzzati (pris au sens artisanal plus encore qu'esthétique) est fondé essentiellement sur un moteur puissant et mystérieux — et d'autant plus puissant, d'autant plus énigmatique qu'il échappe à la volonté de celui qui l'utilise, et que l'on pourrait appeler la *reconnaissance* — l'acte de reconnaître.

La reconnaissance, chez Buzzati, supplée à l'impossible connaissance. Elle est le seul contrepoids véritable au doute, à l'enfermement. Ce n'est pas, contrairement à ce que l'on pourrait imaginer, un sentiment purement émotionnel, un élan irrationnel. C'est (comme chez Baudelaire et Nerval) une donnée de la conscience demeurée assoupie en nous, parce que trop rarement *mise en œuvre*. Toute reconnaissance présuppose, il va de soi, une notion d'antériorité, de secret perdu — bref, un mystère sinon une mystique (c'est le monde « presque défunt », reflet de l'obsédant Eden...). Dans un éclair, un lien irréfutable s'établit entre un visage, un spectacle, un objet ou un instant et son équivalent englouti en notre inframémoire. Illumination douloureuse, mais trop brève ou trop faible pour atteindre à une véritable élucidation, suffisante toutefois pour engendrer le malaise.

5. *Cité par Antonella Montenovesi in* Dino Buzzati, op. cit., *p. 64.*

Soit ! Nous sommes avertis — mais de quoi ? On nous fait signe au bord de la route — mais que nous désigne-t-on ?

> « Désormais vaguement troublé, je scrutais la campagne, les routes, les villages, les fermes[6] [...]. »

Peine perdue. Nous n'obtiendrons rien d'autre : un simple indice, mais autour duquel vient se cristalliser, d'un coup, la réalité brisée de l'univers.

Or, c'est sur une impression aussi infime, une aussi douteuse certitude, plus péremptoire qu'un appel, qu'une vocation peut se jouer et une existence entière basculer. Lorsque Dorigo aperçoit Laïde pour la *première* fois, dans le salon d'essayage de Mme Ermelina, il sait soudain qu'il a déjà vu cette fille, qu'il est déjà en son pouvoir — que son image brûlante s'est déjà enfoncée en lui par « une de ces intuitions apparemment absurdes dont on ne s'aperçoit pas même au moment où elles pénètrent dans l'âme, mais qui demeurent tapies pour resurgir ensuite des mois, des années plus tard — quand se déclenche le mécanisme du destin » :

> « Ce fut à ce moment précis qu'un déclic se produisit au plus profond d'Antonio, une sorte de mystérieux coup de cloche ; il vécut ce qu'on peut ressentir quand — perdu dans une immense campagne déserte — on entend l'appel d'une voix très lointaine. Evidemment, il ne pouvait absolument pas comprendre ce qui se passait en cet instant précis, il n'en pouvait deviner l'importance. A l'improviste, en un de ces moments brefs comme l'éclair où se révèlent soudain les traces obscures des journées perdues, il se souvint d'avoir déjà vu cette fille[7]. »

Il en sera de même pour Drogo lorsque, pour la *première* fois, il contemple et reconnaît l'horizon minéral du « désert des Tartares » :

6. *"Il était arrivé quelque chose", in* L'Ecroulement de la Baliverna, op. cit., *p. 76.*
7. Un amour, op. cit., *p. 24.*

> « Où donc avait-il vu ce monde ? Y avait-il vécu en songe ou l'avait-il construit en lisant quelque ancienne légende ? Il lui semblait le reconnaître, reconnaître ce chaos de roches basses, cette vallée tortueuse sans aucune végétation, ces précipices abrupts et enfin ce triangle désolé de plaine que les roches qui étaient devant ne parvenaient pas à masquer. Dans le tréfonds de son âme des échos s'étaient éveillés qui demeuraient incompréhensibles pour lui[8]. »

Où donc avait-il vu cette femme ? Où donc avait-il vu ce monde ? Double formulation d'une question unique qui hante, de bout en bout, la pensée de Buzzati. Que ce visage, ce paysage aient été entrevus précédemment en songe, ou dans un passé tellement incertain qu'il se confond avec le songe, importe peu à Drogo-Dorigo. Notre passé, pareil en cela à notre vérité, c'est aussi notre légende. Les fibres de la mémoire s'entrelacent à celles de l'imaginaire en un seul et même lien — celui qui nous relie à nous-mêmes.

Là non plus, nous n'obtiendrons aucune certitude, mais quelle importance ? Rien de ce qui nous permet de vivre ne saurait se laisser emprisonner en quelque démonstration objective et pleinement convaincante. Séquestrée dans un système rigide d'apparences, la vérité se rebelle et s'évapore, conduisant celui qui prétend la cerner au vertige et à la folie. De même, la vérité de Laïde échappe à l'image de la putain et celle de Laura à son « image de pierre »...

Pire encore : nous n'avons aucune assurance que le réseau des apparences, si cohérent qu'il puisse paraître, ne constitue pas une gigantesque illusion d'optique, une plaisanterie du néant. La vérité — du moins l'infime part que nous pouvons espérer en saisir — naît de la pureté ou de l'intensité de notre regard. Il n'est d'autre vérité que contemplative. En voulant dérober au monde ses secrets, l'on ne perçoit que des fragments, des syllabes éparses, qui inquiètent plus qu'ils ne rassurent, tout comme le

8. *Le Désert des Tartares*, *op. cit.*, p. 33.

voyageur du train fou qui, dans « Il était arrivé quelque chose », ne parvient à arracher qu'un lambeau inintelligible du journal où se trouve écrit son destin[9]. Car « n'y a-t-il pas tant et tant d'autres choses obscures au monde ignorées par la science, et qui paraissent invraisemblables à qui ne les a personnellement contemplées[10] ? »

Ainsi, toute reconnaissance acceptée devient révélation et débouche sur une renaissance — au monde sans doute, mais plus encore à soi-même.

Un chroniqueur légendaire

On ne saurait dès lors s'étonner de l'intensité des rapports de ferveur unissant Buzzati à l'acte d'écrire — sous toutes ses formes, graphiques ou plastiques. L'écriture est à la fois une ascèse et un métier — un « métier de vivre », mais aussi un métier de vivant, vécu au quotidien. « Ecrire comme forme de prière », notait Kafka en son *Journal*. Et, chez Buzzati, cette exigence marquera d'une identique empreinte les œuvres sorties du « laboratoire intérieur » et l'ensemble dispersé des articles ou reportages du journaliste qu'il fut tout au long de son existence (Buzzati, de même que Mauriac, rédige *d'une même encre* ses livres et ses « papiers »[11]).

N'importe quel événement — militaire, politique, sportif — constitue, à l'égal du trait de mémoire ou du domaine subjectif où puise une inspiration dite « noble »,

9. "Il était arrivé quelque chose", in L'Ecroulement de la Baliverna, op. cit., *p. 80.*

10. Le Secret du Bosco Vecchio, op. cit., *p. 231.*

11. Sur le sérieux *que Buzzati accordait à son travail de chroniqueur, on peut se rapporter au témoignage de son condisciple Franco di Bella : « Buzzati fut un professionnel du journalisme comme il y en a peu : lorsqu'on lui eut confié la troisième page, après la guerre, il la rédigea tout seul, de la première à la dernière ligne... Souvent même il faisait la mise en page. » (*Cahier D.B., op. cit., *n°6, p. 69.) Dieu sait, pourtant, si Buzzati lui-même, au début, se faisait peu d'illusions sur sa « carrière » journalistique ! « Aujourd'hui je suis rentré au* Corriere, *écrit-il dans ses carnets le 10 juillet 1928. Quand en sortirai-je ? Bientôt, je te le dis franchement, jeté dehors comme un chien. »*

une manière de *fait divers*, de déclic d'apparence fortuite mais propre à entrouvrir soudain les portes d'un indicible sans lequel l'acte même d'écrire sera bien vite dépourvu de saveur et de sens. Le journaliste est, par devoir, en retrait : il ne s'agit pas pour lui de commenter, d'expliquer, de tirer une moralité. Il ne lui est demandé que de dire, de rapporter avec le plus d'exactitude possible. Dure contrainte, dont l'écrivain retiendra la leçon.

Car enfin, quelle ingéniosité romanesque, quelle intrigue machinée de toutes pièces seraient plus révélatrices de notre propre réalité enfouie, que l'insaisissable, l'hypothétique réalité de l'autre ? Le journaliste est ce chasseur à l'affût, ce braconnier inlassable qui relève les plus éphémères traces :

> « Pour être chroniqueur, confie Dino Buzzati à son ami Franco di Bella, il faut d'infinis trésors de patience et d'humilité. Mais est-ce que tu te rends bien compte dans quel état de grâce tu peux vivre lorsque tu racontes ce qui arrive aux autres[12] ? »

Aveu des plus révélateurs : non seulement le côté éphémère et ingrat d'une tâche de noircisseur de papier, l'effacement qu'elle implique ne le révulsent pas, mais Buzzati y découvre une grandeur d'autant plus nécessaire qu'elle est invisible — celle-là même du *devoir*, au sens militaire comme au sens écolier. Et puis, au centre du tourbillon d'informations, il tient devant lui, là, littéralement sous ses yeux, le rouage central de la machine à écrire, cette matière temporelle presque palpable, respirable, dans l'odeur de l'encre fraîche et du papier, le vrombissement des rotatives :

> « Peux tu m'indiquer, demande-t-il à son ami Giulio Nascimbeni, un lieu quelconque dans le monde qui, plus qu'un journal, puisse être considéré comme le miroir fidèle de la fuite du temps[13] ? »

12. Cahier D.B., op. cit., *n°6, p. 68.*
13. Rapporté par Antonella Montenovesi.

La *déformation professionnelle* sera inguérissable : à sa table de travail, l'écrivain devient journaliste de lui-même, chroniqueur de l'intemporel (après tout, Montaigne n'eût sans doute pas renié le terme !). Et cela donne *En ce moment précis*, manière de journal sans date. Sur le terrain, en revanche, le temps presse : il faut saisir l'événement au vol, avec la même attention, qu'il bouleverse la planète ou seulement une pauvre vie anonyme. Car rien n'est insignifiant (ou bien tout le serait). La vision du reporter est, par nécessité, faite de « moments précis » qu'il faut saisir *sur le vif* dans leur précarité même, et qu'il convient de développer aussitôt, ainsi qu'autant d'instantanés, dans les chambres noires de la conscience. Par un reflet qui relève de l'alchimie du regard, Buzzati rend l'actualité la plus éloignée (en apparence) de son univers éminemment *buzzatienne* ! Pas plus que la salle de rédaction enfumée du *Corriere*, le fort Bastiani n'est une tour d'ivoire !

Cyclistes et sorciers...

Il suffit, pour s'en convaincre, de lire les admirables reportages réalisés au jour le jour, aux étapes, par Buzzati suivant pour le *Corriere* le Giro, en 1949. Plus que la jeune gloire triomphante de Coppi, c'est à la solitude du « vieux lion » Bartali, au « moment précis » où son génie l'abandonne, qu'il s'attache, avec la même fraternité qui l'a lié à Drogo — qui l'incline vers son propre destin :

> « Est-ce celui-ci le jour qui tôt ou tard doit arriver, est-ce celle-ci ton heure suprême après laquelle commence l'ultime déclin de la jeunesse ? [...] C'est tout d'un coup — et tu le sais — que ce mystérieux génie devra t'abandonner. Au milieu d'une course, soudain, tu te sentiras étrangement seul : tel un roi en pleine bataille qui, se retournant vers l'arrière pour donner ses ordres, n'aperçoit plus son armée dissoute dans le néant comme par enchantement. Le moment terri-

> ble viendra. Mais quand ? Tu l'ignores. Cela pourrait être aujourd'hui[14]. »

Fulgurante encore est cette vision des anonymes coureurs exténués du peloton qui, transfigurés par l'épuisement, « ressemblent tous à autant de christs crucifiés[15] ». Et cette bouleversante *pietà* envers les morts paysans oubliés du mont Cassin dont le tourbillon bariolé de la « caravane » ne parvient pas à troubler la cendre :

> « C'est trop tard. Si nous nous dressions à nouveau, ne fût-ce qu'une minute, les vivants seraient épouvantés. Ils se souviennent de nous et nous aiment à condition que nous restions sous terre, silencieux et tranquilles. Trop de temps s'est écoulé. Les années effacent tout. Ici même, là où se trouvait ma chambre, mon lit, l'image de mon saint favori, l'épi de maïs accroché au mur, le fusil, deux ou trois livres, le tréteau avec sa bassine, à présent il y a un noisetier et les rouges-gorges sautillent de branche en branche. C'est mieux ainsi, peut-être. Mieux vaut renoncer au Giro[16]. »

Renoncement toujours, mais cuirassé d'une âpre lutte sans espoir, dans la défaite inéluctable du coureur Bartali — de l'homme Bartali, car elle devient celle, mystérieusement apaisante et justificatrice, de chacun d'entre nous :

> « Il pédalait, il pédalait comme s'il s'était senti talonné par une terrible bête, comme s'il avait su qu'en se laissant rejoindre tout espoir eût été perdu. Ce n'était que le temps, le temps irréparable, qui lui courait après. Et c'était un grand spectacle que cet homme seul, dans cette gorge sauvage, en train de lutter désespérément contre les ans[17]. »

Tous, d'ailleurs, vainqueurs et vaincus, obscurs ou glorieux, sont au bord du même gouffre, battus d'avance en cette épreuve d'endurance, cette course de vitesse que nous

14. Sur le Giro 1949, *Robert Laffont, 1983, p. 72.*
15. Ibid., *p. 110.*
16. Ibid., *p. 77.*
17. Ibid., *p. 152.*

menons tous contre le même ennemi. Et le Giro lui-même va s'engloutir dans le néant des choses révolues, car « l'homme s'aperçoit à quel point le temps court vite, à quel point la vie est brève »...

Même attention sans la moindre condescendance intellectuelle, même respect nuancé d'un humour léger et complice dans la série de reportages effectués au cours de l'été 1965, toujours pour le compte de son journal, à la découverte d'une Italie de secrets et de sortilèges ; Buzzati se délecte visiblement à dresser toute une pittoresque galerie de marginaux égarés aux franges de notre siècle : rebouteux, illuminés, visionnaires, sorciers, prophétesses et autres jeteurs de sorts. Pourtant, derrière le carnaval éternel de la duperie et de la crédulité, c'est toujours le visage de l'homme, de l'enfant dépossédé qui transparaît, avec son immense besoin de croire — et presque à n'importe qui, presque à n'importe quoi : ainsi de cette étrange secte de chimériques pour lesquels « la foi en l'existence des soucoupes volantes a, d'une certaine manière, pris la place de leur ancienne religion[18] ». Buzzati (sans pour autant renoncer à trier le bon grain de l'ivraie) plonge ainsi passionnément aux sources vivifiantes d'une croyance populaire qui toujours lui a été chère, la traque en ses avatars immémoriaux (« une peur solennelle et antique » dont les racines plongent à jamais en nos cœurs) aussi bien que dans ses expressions les plus contemporaines (l'attente de prodigieux messies extraterrestres dont la « puissance surhumaine libérera le monde de ses angoisses »). Ainsi, les épisodes de cette enquête deviennent les étapes d'une quête initiatique, d'un voyage au centre de soi-même — comme en cette nuit d'été 1965 où l'écrivain, blotti dans la grange de la maison natale de Belluno, guette la survenue du fantôme familier à son enfance — à moins que ce ne soit le fantôme de son enfance. Rien, presque rien, frôlements, craquements, indices, lueurs, fragiles vestiges abandonnés par chacun

18. Mystères à l'italienne, *Robert Laffont, 1983, p. 133.*

de nous, vivants ou morts, dans une demeure ou une mémoire, bien moins qu'un souvenir, « une simple trace, une empreinte, une image, une ombre laissée par quelque être humain et qui, en tant que telle, s'émousse avec l'usure du temps, s'épuise et s'abolit[19]. »

« Notre unique voie de salut »

Là est, pour Buzzati, la fonction essentielle de l'écriture : non certes donner un sens, léguer une doctrine, mais transmettre une interrogation, une inquiétude ou, plus simplement encore, baliser de quelques signes la trace d'un passage. Il y a là tout à la fois une nécessité vitale, une exigence primordiale, qui englobent et dépassent largement le « fait littéraire » (la volonté de « laisser une cicatrice sur la terre » proclamée par Malraux), mais aussi le prototype même de l'acte gratuit, irrégulier, presque délictueux, dont les sociétés futures pourront peut-être se dispenser (ainsi que cela commence déjà, avec les prédictions sur l'irrésistible déclin de la « galaxie Gutenberg » !). A quoi *sert* l'écriture (ou la foi, ou toute autre forme d'interrogation sans valeur scientifique) dans un monde avide d'une tranquillité aseptisée, pour des individus rejetant comme autant de survivances archaïques les notions mêmes de faute, de séparation, d'exil. A quoi bon un questionnement sur l'insoluble ? Les murs des bibliothèques sont maçonnés de ces cris calcifiés par le temps, cimentés d'une poussière sépulcrale — et l'effleurement du regard sur leurs antiques idéogrammes les fera bientôt s'effriter en cendres...

Devant un tel doute (qui ne saurait être écarté), Buzzati joue à l'*avocat du diable*, par la voix d'un perfide ami :

> « Vous autres artistes, vous suivez un chemin et le public un autre, et ainsi vous vous éloignez toujours plus, et un jour viendra où la distance sera telle... vous

19. Ibid., *p. 9*.

pourrez crier, il n'y aura pas un chien pour vous écouter[20]... »

Mais cette attaque délibérée suscite une *profession de foi* plus passionnée encore :

> « [...] Les histoires que l'on écrira, les tableaux que l'on peindra, les musiques que l'on composera, les choses stupides, folles, incompréhensibles et inutiles dont tu parles seront pourtant toujours la pointe extrême de l'homme, son unique étendard [...]. Et le jour où ces idioties auront disparu, les hommes seront devenus de pauvres vers nus et misérables, comme au temps des cavernes. Parce que la différence qu'il y a entre une termitière ou une digue de castors et les miracles de la technique moderne est une minuscule différence, une pauvre petite chose comparée à ce qui sépare cette même termitière [...] d'une poésie, même si elle est apparemment indéchiffrable, même de cinq vers seulement. Même de la seule intention de l'écrire, c'est sans importance si la tentative est ratée... Je me trompe peut-être mais c'est uniquement dans cette direction que se trouve notre voie de salut[21]... »

« Ecris, je t'en prie »

Religion de l'écriture ? Peut-être. Mais une religion sans idolâtrie, sans révélation, probablement aussi sans divinité. Une religion cependant, ou un rite, et non pas un culte, fût-il du *moi*. Car, au regard de Buzzati, l'écriture doit farouchement se garder d'une tentation constante : devenir un système clos, une finalité. Au reste, si l'écriture est sans fin, c'est bien l'indice qu'elle est sans issue... Là résident, en même temps, sa force et sa faiblesse, son insignifiance et son sens.

Arland parlait de « la grâce d'écrire ». Mais, pour Buzzati, l'écriture serait plutôt un labeur qui a succédé à une grâce. Non une élection particulière, mais un patrimoine

20. "Le magicien", in Le K., op. cit., *p. 248.*
21. Ibid., *pp. 249-250.*

commun que, seuls, certains nostalgiques s'obstinent à ne pas renier.

Situation précaire : l'écriture doit-elle, pour survivre parmi nous, se résigner à devenir la messagère zélée de notre incertitude ? « Je doute, donc j'écris », formulation contemporaine de l'antique héritage du Verbe souverain ! La mise en mots, c'est désormais la mise en doute, la remise en question des vastes systèmes de référence qui, aujourd'hui, ont usurpé le rang des philosophies et des religions. Le donneur de préceptes de naguère, l'officiant en surplis immaculé n'est plus que ce clandestin, ce saboteur qui tente d'introduire un peu d'inquiétude dans les rouages de la merveilleuse machine à anesthésier qui nous a tous pris en charge.

Ainsi l'écrivain — le scribe — s'efforce-t-il de retrouver une parcelle du pouvoir magique, scandaleux, ravageur, propre à l'enfance. (Car l'innocence, c'est la seule vraie provocation.) Les mots qu'il aligne laborieusement, la plume qui grince, le crayon qui s'effrite, le sec cliquetis des petits marteaux de la machine — tout le rituel n'a pour dessein que d'invoquer les puissances oubliées d'un lointain enchantement. Espoir tenace, survivant à la fatigue, au sentiment de l'inutile, de la vanité :

> « Moi aussi, jadis, tu te souviens ? Dans les nuits d'été, pendant qu'au-dessous, dans la rue, passait, inconsciente, la foule, dans ma chambrette, moi j'écrivais, sans m'arrêter, avec fougue, emporté par Dieu[22]... »

Par la fable, le conte, le fantastique, par toutes les ressources de son imaginaire, Buzzati s'emploie à faire grincer les engrenages logiques, à élargir les fissures, nous contraignant à toucher du doigt les incohérences de ce que nous avons appris à nommer le réel. Car cette angoisse, ce malaise, c'est peut-être notre dernier *qui-vive* dans un monde engourdi de sa mort tranquille... Seulement, pour cela, pour que le cri passe encore, il faut d'abord renoncer

22. *"Poursuivre", in* En ce moment précis, op. cit., *p. 127.*

à se vouloir un éclaireur des consciences, un « phare » baudelairien !... L'ère des maîtres à penser est révolue. Un cri n'est pas un message, encore moins un mot d'ordre. On ne parle pas « aux hommes », mais tout juste à quelques inconnus fraternels ; et, surtout, on ne parle pas « de l'homme », on balbutie sur soi-même, soi tout seul, misérablement — inlassablement — désespérément.

En cela, celui qui manipule les mots s'avère, désormais, pareil aux autres : il n'exprime pas l'universel, mais son univers, c'est-à-dire sa singularité, sa solitude. Dès lors, sa dernière issue est de ne pas se dérober, d'aller jusqu'au bout, de creuser au plus vif, de pousser le ressassement jusqu'à la blessure, jusqu'à la déchirure. Son dernier espoir est dans l'irrécusable, le bout de la nuit.

Ainsi s'obstine-t-il, dans une tâche irréalisable, à la fois infime et démesurée. Un par un, ses illusoires prestiges se sont dérobés : la secrétaire partie, la machine à écrire dérobée, le stylo cassé, perdu le porte-plume enfantin, il ne reste plus qu'un crayon, « un vieux bout de crayon, trouvé dans une vieille boîte, par hasard » :

> « Ecris, je t'en prie, deux lignes seulement, même si tu es bouleversé et que tes nerfs ne tiennent plus. Mais chaque jour. En serrant les dents, à la rigueur même des imbécillités sans aucun sens, mais écris. Ecrire est une de nos illusions les plus ridicules et pathétiques. Nous croyons faire une chose importante en traçant des lignes contournées, noires sur le papier blanc. Mais quoi qu'il en soit, c'est là ton métier, tu ne l'as pas choisi, il t'a été donné par le Destin, lui seul est l'issue par laquelle, si c'est possible, tu pourras t'échapper. Ecris, écris. A la fin, parmi des tonnes de papier bon à jeter, une ligne pourra être sauvée. (Peut-être[23].) »

Ephémérides

> « A Milan, cours Vittorio Veneto, dans l'appartement de Dino Buzzati, il y a une malle pleine de gros cahiers

23. En ce moment précis, op. cit., *pp. 344-345*.

cartonnés. Chaque cahier — il y en a souvent deux ou trois par an — porte sur la couverture la mention de l'année, en chiffres clairs, tracés à la plume. Dès sa jeunesse, dès qu'il pressentit que l'écriture était son destin, Buzzati consigna dans ces pages les images et réflexions qui lui venaient à l'esprit, quotidiennement ; c'était le journal détaillé des rencontres, des occasions de souffrance, de bonheur, d'amour. Il rédigeait ces notes à la main, avec sa calligraphie limpide et un peu enfantine, en y adjoignant les dessins des choses qu'il avait vues et imaginées[24]. »

Ce témoignage d'un intime, Domenico Porzio, confirme de façon éclatante tout ce que l'œuvre — à mi-voix — nous laissait pressentir. Ecrire, c'est le point d'appui, le mur qu'on touche dans le noir. C'est la rampe sur laquelle se crispe la main de l'enfant dans le grand escalier ténébreux. C'est le fil noir qui ne mène à rien, même si, au bout, il n'y a qu'un écheveau inextricable.

De journaliste — noircisseur « de papier bon à jeter » —, Buzzati devient ainsi *journalier*, scribe sans prestige, transcripteur de sa propre solitude. Il faut aller plus loin ou plus « bas » que l'éphémère : il faut aller jusqu'à l'insignifiant. Et là encore, si possible, essayer de comprendre — non, même pas : de dire, de nommer.

« Ecris, écris je t'en prie »... Et même s'il n'y a rien à sauver. Rien : pas même une ligne, pas un seul mot. Même si tous ces minutieux cahiers de toile noire, ces *devoirs* d'écolier consciencieux doivent être, un jour, enfermés dans une malle, indécryptables, impubliables — véridiques enfin, et conformes à leur logique : n'être lus par personne ; mais avoir servi, heure après heure, jour après jour, bon an mal an — aidé à vivre, à durer.

Oui, il y a chez Buzzati — chez l'homme de mots Buzzati — cette logique à la fois absurde et raisonnable, auprès de laquelle l'humilité (vertu déjà assez rare chez

24. *Domenico Porzio, préface à* Nous sommes au regret de..., op. cit., *p. 7.*

les « gens de lettres » !) est encore une forme de vanité : le sentiment de la substance qu'on laisse sur la page, du crayon qui s'émousse et qu'il faut tailler et retailler jusqu'à ce qu'il devienne ridiculement court, inutilisable, « bon à jeter » lui aussi : usure de la craie au long de la grisaille des murs, illusion — non, même pas illusion — de laisser une trace... Mais quelle trace ? Usure de soi-même. Usure de nos jours.

Il est l'« écrivant » type, ce maniaque solitaire, ce promeneur obstiné qui, depuis sept ans, s'applique tous les soirs, après minuit, à faire trois fois le tour du pâté de maisons qu'il habite, « toujours dans le même sens, en marchant lentement » :

> « Comme la présence de chacun de nous, n'importe où sur terre, laisse une trace [...], à la longue — toutes les nuits pendant sept ans — j'ai tissé autour de ce groupe de maisons une sorte d'anneau (naturellement invisible). Imaginez une sorte de petit mur qui, de jour, s'épaissit et se solidifie [...]. Il subsiste des traces de moi, un sillage uniforme et épais même, sur le trottoir [...]. En attendant, je me consume et je vieillis [...], chaque nuit, sur le trottoir, je laisse quelque chose de moi, je m'amenuise, en somme je m'appauvris [...]. Je persévère pourtant[25]. »

Pourquoi ? Pour qui ? Il n'y a aucune raison explicable, aucun motif légitime. Seulement cette voix (mais est-ce même une voix ?) grésillant tout au fond de soi, suppliante, impérieuse : *Ecris, je t'en prie...*

25. *"Expérience de magie", in* En ce moment précis, *op. cit., pp. 347-348.*

Un provocateur

> « Une vie mystérieuse fermente dans l'obscurité : grincements, pas furtifs, vibrations, murmures. Qui parle, qui se promène ? Quel complot combine-t-on[1] ? »

A l'extrême fin du *Désert des Tartares*, Drogo, abandonné de tous, sent pénétrer dans la chambre où il agonise une présence inconnue, « peut-être un courant d'air, peut-être un simple coup de vent comme il y en a par ces inquiètes nuits de printemps[2] »...

Mais il n'y a pas que la nuit de printemps pour être inquiète, vibratile, tendue comme une corde, comme nos nerfs... Toutes les nuits le sont, et celles de l'hiver aussi, toutes les nuits, celles qui sont en nous et hors de nous.

Parfois — très rarement —, c'est une voix, un cri :

> « 10 juillet 1945. Du fond de la cour noire, soudainement on appelle, on crie mon nom et mon prénom[3]. »

Et c'est comme un *ordre* militaire, un *appel* écolier... Mais le plus souvent ce n'est rien, presque rien. Signes ténus. Indices sans doute trompeurs...

1. *Dino Buzzati, "Une soirée difficile", in* Le Rêve de l'escalier, op. cit., *p. 153.*
2. Le Désert des Tartares, op. cit., *p. 327.*
3. *"10 juillet 1945", in* En ce moment précis, op. cit., *p. 41.*

Elle est là pourtant, d'un bout à l'autre de l'œuvre, de la vie, elle ne renonce pas, rien ne la rebute, cette faible et irritante présence, frôlant le décor qui se fissure, suintant à travers la brume des heures. Avertissements balbutiés, comme proférés dans une langue étrangère — une langue morte, ou qui n'a jamais existé.

« La voix séditieuse »

Quelque chose — ou quelqu'un — erre autour de nous, s'enfuit à notre approche, se dérobe à nos appels, à nos regards, mais revient, sans relâche, au creux de nos sommeils troublés, dans l'étouffement de nos « nuits difficiles ». Qui est-ce ? Un remords ? Une espérance ? Un avertissement ? Une promesse ? Un leurre ? Le reflet de notre peur ? Ou le fantôme de Dieu ? Certes, tout cela n'est pas clair. Tout cela n'est pas dicible. Que retirer d'une *annonciation* aussi dérisoire, sinon une anxiété de plus ? Et comment interpréter ces hasards mesquins, ces incidents fortuits, presque ridicules : une tache sur un mur, une lézarde au plafond, un grésillement d'insecte, un écho de pas dans une rue vide, un crissement de ver dans une boiserie, un grondement de tuyauterie. Rien. Moins que rien. Le degré zéro de la foi. Sa caricature indigne. Notre imagination qui travaille, nos nerfs qui rêvent — ou qui craquent. *Mais « qui est là, dehors*[4] *?* »

La mystique buzzatienne n'a rien d'une métaphysique. Elle appartient tout entière à l'*ici et maintenant*, elle reste désespérément liée au sensible. Voir le monde, contempler le réel en face — l'espace d'une seconde ! —, ce serait obtenir la réponse, recevoir la preuve, posséder Dieu, qui sait ?...

> « J'entrevois une lueur de magnificence spirituelle, et de l'extrême bout de l'horizon commencent lentement à s'approcher de moi les montagnes, les montagnes solitaires[5]. »

4. *"Les trois nuits", in* Nous sommes au regret de..., op. cit., *p. 98.*
5. *"La boule de papier", in* Les Sept Messagers, op. cit., *p. 215.*

Mais puisqu'une telle illumination nous est refusée, alors il nous reste le patient déchiffrement de l'illisible grimoire, l'accumulation tatillonne, fétichiste, de signes, de hasards, de brindilles, de cailloux — ridicules fétiches, il se peut, gris-gris dérisoires, et qui n'ont aucun sens.

Et pourtant, dans tout ce fatras, à certains instants (aux heures *creuses* de la nuit, surtout), il semblerait qu'un rien nous en sépare. Nous demeurons les yeux ouverts dans le noir, le souffle suspendu. La voix — la vieille, l'enfantine voix effacée, noyée sous le tumulte quotidien — s'approche, grandit dans le silence, se fait presque intelligible à notre oreille tendue. Ainsi, la nuit, dans les escaliers des grands immeubles, on peut entendre le minuscule bruit d'une goutte d'eau qui grimpe les marches. Que veut-elle nous dire ?

> « Ne serait-ce pas par hasard une image ? Une allégorie ? Cela ne signifierait-il pas, pour ainsi dire, cela ne symboliserait-il pas la mort ? Ou un quelconque danger ? [...] A moins que, plus subtilement, elle ne veuille représenter les rêves, les fantasmes ? Les terres trop désirées et trop lointaines où l'on croit que l'on trouve le bonheur ? [...] Ou bien des endroits plus lointains encore, aux confins de l'univers, là où jamais nous ne pourrons parvenir ? Mais non, vous dis-je, ce n'est pas une plaisanterie, il ne faut pas chercher de double sens, il ne s'agit malheureusement tout bonnement que d'une goutte d'eau, à ce qu'on peut en présumer, qui grimpe les escaliers la nuit. Tic, tic, mystérieusement, de marche en marche. Et c'est pour cela que nous avons peur[6]. »

« La nostalgie de cette chose »

L'on ne peut ici s'empêcher de songer à la réponse laconique d'Hemingway à la question : « Croyez-vous en Dieu ? — Oui, dit-il, la nuit. » Sur ce point, Buzzati lui aussi se refuse obstinément à biaiser ou à feindre :

6. *"Une goutte", in* Les Sept Messagers, *op. cit., p. 109.*

> « Non [répond-il à la question directe d'Yves Panafieu]. J'ai effectivement la nostalgie de cette chose (Dieu) que je voudrais croire, et à laquelle je ne crois pas [...]. Je voudrais croire en Dieu. Car la foi en Dieu (je ne parle pas du Dieu catholique, mais de n'importe quel Dieu) est une telle force qu'elle transfigure la vie [...]. Cependant, moi je ne crois plus en ce Dieu qu'on m'a enseigné, car c'est une chose absurde, quelqu'un qui me met au monde, me crée et ensuite me châtie si je me comporte mal !... Ce serait cruel aussi, car le concept de l'enfer tel qu'on nous l'a enseigné (soit le concept de l'enfer règne du feu, soit celui de l'enfer interprété simplement comme privation de la connaissance et de la vue de Dieu, c'est-à-dire la misère de l'homme) est d'une cruauté inouïe[7]. »

Et, plus loin, après avoir avoué qu'il garde vis-à-vis des êtres privilégiés capables de « vivre en chrétiens » un sentiment inextinguible d'envie, de nostalgie, presque de remords (car « ce sont les rares personnes devant lesquelles je me sens vraiment misérable comme un ver »), il conclut par cet aveu :

> « Car au fond, du point de vue des concepts et non de la foi, je suis plutôt calviniste [...]. Je veux dire que l'on voit, dans la vie, des hommes condamnés et des hommes sauvés en vertu d'un impénétrable et mystérieux dessein[8]. »

Telle est l'obsession déraisonnable, la menace *infernale*, la ridicule tentation (« le vice absurde », dirait Pavese) qui persécute l'homme partout où il va, toujours sur ses traces, aussi désespérant qu'un chien errant qu'on veut perdre — ce Dieu sans gloire ni orgueil, le « grand mendiant », le perpétuel tentateur qui consent à nous parler non plus au sommet des Sinaï mais dans les borborygmes de nos entrailles, les méandres nauséeux du sommeil, le bourdonnement du sang — et jusque dans le ruissellement de l'eau sur la paroi émaillée des urinoirs, oui, même

7. Mes déserts, op. cit., *p. 150.*
8. Id.

là, sous le néon de morgue des « toilettes » souterraines, ce réduit où l'on pourrait enfin espérer être seul :

> « Prudence, voulons-nous dire, même à l'égard des toilettes des grands hôtels, de leurs lumières sibyllines, de ce silence, de cette sérénité glaciale, des miroirs, de la voix séditieuse de l'eau, semblable aux mystérieux ruissellements de la montagne autrefois, qui parle avec trop de vivacité en coulant le long des luisantes colonnes de faïence (dans cette solitude si sévère !). Méfiez-vous des vitrages dépolis qui en transparence laissent apparaître un blason, et par lesquels on accède aux latrines. Dieu, extrêmement patient, nous poursuit nuit et jour jusqu'aux endroits où on pense le moins qu'il puisse nous attendre en embuscade ; il n'a pas besoin de croix ou d'autels ; même dans les vestibules de marbre stérilisé, dont on ne peut citer le nom, il vient nous tenter en nous proposant le salut de notre âme[9]. »

Une liturgie de l'absence

L'on mesure mieux, dès lors, tout ce que la notion de *mythe*, si souvent utilisée par Buzzati en son acception légendaire, populaire ou enfantine, aura recouvert d'interrogation primordiale sur la destinée de l'homme. La réponse chrétienne, le *réflexe* chrétien, même privé des sources jaillissantes de la foi, demeurent, qu'il le veuille ou non, inhérents à sa nature. Chrétien, il l'est, sinon dans l'âme, du moins par l'esprit. Il reste, selon le mot véhément que Jacques Rivière appliquait à sa propre conscience, « empoisonné de christianisme[10] ». A la question de Panafieu, « Te sens-tu chrétien ? », la réponse fuse, sans équivoque : « Dans les idées, oui. Fondamentale-

9. "Eau close", in Nous sommes au regret de..., *op. cit., p. 98.*
10. On peut rapporter ici le témoignage d'un ami proche, cité dans Mes déserts, *Indro Montanelli : « Il venait d'une famille très sévère, d'une famille puritaine (il y a, en effet, des puritains catholiques, ce qui constitue une espèce de contradiction interne, surtout en Italie, où le catholicisme est l'indulgence même...), presque protestante, dont la moralité était très stricte. »*

ment. Ce n'est pas que je croie en Dieu ou dans l'au-delà... Mais dans l'ensemble, je suis un chrétien[11]. »

Dichotomie torturante pour l'homme, mais fracture éminemment féconde pour l'écrivain — car en jaillira le long questionnement de l'œuvre. Et là, d'ailleurs, gît l'équivoque originelle inhérente, il est vrai, à toute écriture. Car l'écriture (du moins en son expression « littéraire ») a bien moins pour dessein une élucidation, une certitude, que la secrète, l'inavouable volonté de maintenir vive une blessure. L'écriture est une liturgie de l'absence.

Ce doute, ce refus obstiné de l'espérance, de la pacification, Buzzati les dénonce souvent en lui-même, sans la moindre complaisance. Révélatrice apparaît la « prière » blasphématoire et désolée qui, sous le titre ironique de « Gratitude », utilise la forme extérieure de l'action de grâces. Autour de lui, toute la vaste machinerie de la Création déploie en vain ses promesses, ses preuves consolatrices :

> « Aveugle, je redresse chaque fois la tête, dédaignant toute cette sagesse qui déborde dans l'univers. Chaque matin, je recommence, stupidement je m'apprête à jouir de ce palais mystérieux. Le chœur journalier des peines, des sanglots et des mots me menace en vain. Je ne veux pas comprendre. L'hôte souriant ne se lasse pas de me montrer la porte, m'invitant à regarder au-delà, vers le royaume heureux. Mais moi, idiot, je m'obstine, je reste assis à jouer, j'attends en m'amusant avec des petits cailloux, et je sursaute à chaque craquement, dans la solitude du jardin[12]. »

« Celui qui n'a pas voulu guérir »

Buzzati est-il celui qui *ne veut pas comprendre*, ou bien celui qui *ne peut pas comprendre* ? Entre le refus et l'incapacité, quelle est, en définitive, son véritable itinéraire ? Aucune réponse ne semble possible à une alternative aussi

11. Mes déserts, *op. cit., p. 152.*
12. "Gratitude", in En ce moment précis, *op. cit., pp. 22-23.*

simpliste. Il est probable que Buzzati est tour à tour, souvent même à la fois, celui qui doute et celui qui espère — celui qui en arrive à douter de son propre doute. Il est, en tout cas, de ceux qui n'ont jamais pu exorciser une fois pour toutes l'idée irritante de Dieu, cette banderille solidement plantée, cette écharde envenimée. C'est là, au reste, ce qui le distingue le plus clairement des divers chantres de « l'absurde ». Il sent trop bien que (peut-être par atavisme, peut-être par contamination religieuse) sa conception de l'humain demeure inséparable de l'hypothèse invérifiable de Dieu. En fait, l'absence de Dieu, son silence, sont plus obsédants encore, plus taraudants que ne le seraient ses manifestations indubitables, ses preuves manifestes...

Buzzati n'en accepte pas sans rébellion la sourde tyrannie, les contraintes qu'elle inflige, en permanence, à toutes ses tentatives de libération morale, affective ou sexuelle. Pourtant, là encore sa résistance ne porte pas sur l'essence même de la foi, mais sur la retombée morale que (du moins à ses yeux et dans son anamnèse) elle implique) : la notion incessante de culpabilisation. Une formation religieuse restrictive et mesquine, de nature essentiellement punitive, laisse peser sur l'homme la même ombre humiliante que sur l'enfant :

> « Ah ! ce concept de faute que l'on nous a enseigné lorsque nous étions enfants !... C'est une chose atroce, en définitive, que ce concept de punition, pratiquement en vigueur dans les prisons, chez nous[13]. »

Là est l'origine du malentendu : dans cette viciation primordiale, somme toute puérile, anecdotique — mais désormais invincible.

Pourquoi donc faut-il que tout ce qui aseptise l'homme, l'innocente des notions de « bien » et de « mal » (ces résidus irrationnels !), du torturant dilemme rédemption-damnation (ces illusions de la préhistoire antéfreu-

13. Mes déserts, op. cit., *p. 127*.

dienne !), pourquoi faut-il que toutes ces louables thérapeutiques, par une inexplicable perversion, loin de briser nos chaînes, aboutissent à une autre forme d'asservissement ? « Qui veut faire l'ange fait la bête. » Mais qui veut réellement « faire la bête » devient la bête...

Que faire alors ? Plaider coupable ? En appeler à la grâce rédemptrice ? Ajouter foi à cette communion des pécheurs et des saints ?

> « Il est évident que personne n'endosse la faute de qui que ce soit. Cependant, le mal existe, de même que le bien. Il y a l'homme dégoûtant et l'homme admirable... Mais cela ne veut pas dire que celui-là endosse la faute[14] ! »

Non, certes, cela ne veut pas dire qu'on endosse la faute... Qui serait assez fou pour cela ? Et que veut-elle *nous* dire, alors, cette nouvelle de Buzzati, « L'homme qui voulut guérir », où est décrit l'échec d'un lépreux qui, à force d'abnégation, de vertu, de mérite, parvient à effacer de lui toute trace de son mal ; mais alors qu'il se prépare à jouir de sa *remise de peine* bien gagnée, à l'instant même où il va lui être permis de quitter le lazaret où croupissent ses frères incurables, il s'aperçoit avec horreur que le monde tant espéré, au-delà des hauts murs, n'est plus qu'un sordide désert. Sa seule ressource est dès lors de rejoindre ses compagnons d'angoisse, ses semblables en infortune, les autres condamnés. La hantise du salut individuel est un leurre subtil. Et Buzzati, par l'intermédiaire d'un témoin, établit la morale, aux résonances curieusement « chrétiennes », de cette fable :

> « Tu étais un gentilhomme, tu es un saint, comprends-tu la différence ? Tu es des nôtres, Mseridon ! Le seul bonheur auquel tu puisses prétendre, c'est de demeurer auprès de nous, les lépreux, et de nous consoler [...]. Allons, sentinelle, tu peux fermer la porte, nous rentrons[15]. »

14. Ibid., *p. 135.*
15. "L'homme qui voulut guérir", in L'Ecroulement de la Baliverna, op. cit., *p. 213.*

« Service inutile »

Oh ! elle n'est pas des plus limpides, cette histoire d'un messie de l'inutile !... Mais peut-on davantage éclairer pareil gouffre ? Sans doute sommes-nous ici au fond du problème, au nœud de la contradiction intime qui empêche, chez Buzzati, l'hypothèse chrétienne d'aller jusqu'à son terme décisif — donc libérateur. Admettre l'existence réelle, métaphysique, du Bien et du Mal au cœur originel de la nature humaine et, cependant, refuser les deux seules issues par où échapper à cette infortune : la grâce du salut et la réversibilité des mérites — voilà qui enferme la conscience dans un conflit insoluble.

Buzzati est, au demeurant, parfaitement lucide face à une telle contradiction et à la position proprement intenable où elle le conduit. Amputée de ses implications spirituelles, la morale chrétienne se résout, tout au plus, à une manière de *savoir être* teinté d'acceptation, de dignité, de stoïcisme, attitude honorable mais incapable d'établir le moindre lien transcendantal, l'ébauche d'une communion entre les solitudes. C'est la religion sans la foi, l'amour sans objet, en somme le type même du « service inutile ». D'où la hantise permanente de l'isolement absolu, de l'impossibilité de correspondre : aucune rencontre *réelle* n'est imaginable entre les vivants, et ainsi, sans répit, jusque dans la solitude totale de la mort.

Avec une prodigieuse économie d'« effets », la scrupuleuse pudeur qui lui est particulière, un sens bouleversant du *non-dit*, Buzzati rejoint et, souvent, dépasse les grands refus d'un Camus (*La Peste*) ou, plus encore, d'un Dostoïevski (le monologue d'Ivan Karamazov sur la souffrance et la mort des enfants). Lui aussi, à sa manière, « rend son billet » avant l'inadmissible.

Peut-on dire, dès lors, que la réflexion de Buzzati semble s'orienter moins vers une éthique incertaine que vers un stoïcisme durement conquis, bien fragile en vérité, et, plus encore, vers une indulgence et une compassion réciproques ? Morale sans illusion ni éclat, simple art de survivre, substitut résigné d'une foi impossible, d'une communion improbable :

> « Si nous devons tous crever demain matin, à quoi bon être ici à se gonfler d'orgueil ? […] N'est-ce pas ridicule ? Cherchons à être indulgents les uns envers les autres et, si nous le pouvons, cherchons à nous dire le moins de grossièretés possible […]. Les seules choses qui comptent vraiment et qui sont les vrais tracas, ce sont les douleurs physiques et les douleurs morales. La douleur est, dans le monde, le véritable mensonge, la véritable honte[16]. »

Un animal dénaturé

Il est significatif que, pour Buzzati, l'impossibilité (presque trop réitérée !) de croire demeure, tout au long de sa vie, fondée sur une injustice faite à l'enfant. Ici encore, nous retrouvons la notion — fondamentale pour lui — de rupture. Buzzati devine que l'amputation de toute dimension surnaturelle mutilerait l'homme dans son essence même, dans sa personne, sa dignité. Le besoin de croire est une soif primordiale que nulle morale, nulle éthique ne sauraient apaiser. S'il cesse de se considérer comme une créature (c'est-à-dire une part de la Création), l'homme se réduit à un simple accident, « une malformation de la nature ». Car « la nature, par une mutation imprévue et imprévisible, a donné naissance à un être destiné, par définition, à être malheureux […]. Il a un trop gros cerveau pour la situation dans laquelle il vit. Au point que, par la suite, il a été contraint d'inventer Dieu, avec toutes les conséquences que cela pouvait avoir[17]. »

C'est pourquoi, dans sa parabole sur « La Création », Buzzati donne de la Genèse une image peu conforme à la Vulgate, mais pleine d'une amère fantaisie révélatrice : parmi d'innombrables projets fantasques ou hétéroclites, mêlant « les grands papillons aux couleurs vives, le serpent

16. Mes déserts, op. cit., *p. 137.*
17. Ibid., *p. 135.*

boa, le séquoïa, l'archéoptéryx, le paon, le chien, la rose et la puce », présentés à sa signature par ses « ingénieurs-projeteurs », Dieu rejette d'abord avec effroi la maquette du seul animal doué de raison, élaborée par l'un de ses adjoints particulièrement opiniâtre et complexé. Puis, devant son insistance, avec un soupir résigné, il finit par apposer sa griffe au bas du fatal prototype, cautionnant ainsi, par lassitude, « l'unique aberration de la nature, l'irréparable impureté du cosmos[18] ».

Une telle fable va loin, sous son apparence badine ; né d'une erreur — ou d'un hasard —, l'homme, animal dénaturé, ne peut survivre qu'en devenant le jouet d'une illusion — ou la proie d'un rêve. Le refus d'un destin dépourvu de sens postule une essence surnaturelle. Or, dans le même temps, par toutes les facultés de connaissance ou de raisonnement dont — pour son malheur — il dispose, non seulement il ne peut atteindre à l'intuition du divin, mais encore il en reçoit constamment la négation crucifiante.

« Il ne faut pas — écrivait sobrement Vincent Van Gogh à Théo — juger le Bon Dieu sur ce monde-ci. C'est une étude qui est mal venue[19]... »

Felix culpa

Que nous le voulions ou non, que nous l'ayons choisi ou que notre disgrâce soit le fruit amer d'une transgression, d'une chute, par toutes les fibres de notre chair et de notre esprit, nous appartenons à ce rameau biologiquement ou génétiquement dévié de l'espèce animale. « Ni ange, ni bête » — ni insecte, ni surhomme. Il y a, chez Buzzati, l'intuition d'une réelle communion par le doute, d'une foi anxieuse que nulle révélation, jamais, n'éblouira. Et cela est moins une question de grandeur, d'orgueil, ou d'ivresse du désespoir, qu'une simple affaire d'identité : anesthésiés ou pacifiés, nous serions autres. Le doute est

18. "La Création", in Le K., op. cit., *p. 15.*
19. Cité par Camus dans L'Homme révolté.

peut-être la seule vérité de l'homme. Et peut-être Dieu a-t-il besoin de nous tels que nous sommes : imparfaits, inachevés, inachevables...

Dans un petit apologue à prétexte de « science-fiction », Buzzati se plaît à imaginer le dialogue entre un vieux curé de campagne et des cosmonautes martiens plus ou moins ethnologues, venus enquêter sur l'énigmatique abondance de totems cruciformes répandus à la surface de la planète Terre. Alors, le vieux prêtre comprend que ces êtres cristallins sont sans tache, sans péché originel, venus d'un monde où l'arbre du Bien et du Mal a gardé intacts ses fruits tentateurs. Un monde qui n'a aucun besoin de la pitié de Dieu. Et l'homme de Miséricorde, au lieu de se sentir humilié, indigne et déchu, éprouve en son cœur une mystérieuse joie :

> « Eh, eh, souriait-il intérieurement, vous ne possédez pas le péché originel et toutes ses complications. Héros, savants, irréprochables ! Le démon, vous ne l'avez jamais rencontré ! Mais quand vient le soir, j'aimerais connaître ce que vous ressentez ! Misérablement seuls, je pense, morts d'ennui et d'oisiveté [...]. Oh ! continua à marmotter le curé, c'est sûrement nous que Dieu préfère ! Mieux valent des cochons de notre espèce, après tout, avares, méchants, menteurs, plutôt que ces premiers-de-la-classe qui ne lui adressent jamais la parole. Quelle satisfaction Dieu peut-il trouver près de telles gens ? Et que signifie la vie, s'il n'y a pas le mal, le remords, les pleurs[20] ? »

La parabole est assez claire. Nous n'avons pas à savoir, nous n'avons pas à décider si le monde qui nous a été accordé possède ou non un sens, s'il est le produit d'une volonté créatrice ou le résidu d'un intempestif concours de circonstances physico-chimiques. De toute façon, le monde a *fatalement* un sens : celui que nous lui donnons. Même si nous ne sommes que des enfants abandonnés

20. *"La soucoupe se posa", in* L'Ecroulement de la Baliverna, op. cit., *p. 334.*

dans une maison vide, il nous est encore permis d'en sonder les murs, explorer les couloirs, forcer les chambres interdites, éclairer les coins noirs, de caves en greniers, à la recherche d'un message, d'un indice, d'une tiédeur oubliée.

En nous gît le matin ou le crépuscule de l'univers. Chaque jour, nous le créons, l'humanisons ou le défigurons, le rendons semblable à notre secrète image. Le monde est ce que nous sommes. Il s'ouvre si nous dialoguons avec lui ; il se referme si nous le violentons. C'est pourquoi, en sa sécheresse agressive, sa conviction de supériorité, l'intelligence peut devenir l'instrument de notre ignorance.

Le couvercle étoilé

Ainsi, au cœur de l'homme, l'instinct du divin apparaît comme plus essentiel que l'acte même de croire — d'*ajouter foi*. Dieu est la syllabe qui transparaît dans le cryptogramme du réel. Mais si l'homme *invente* ainsi Dieu, ne serait-ce pas, à son insu, pour s'assurer de sa propre réalité ? En rêvant le Créateur suprême, c'est peut-être lui seul qu'il rêve. Et qu'importe, au fond, puisque, en renonçant à ce rêve, il se détruirait aussitôt ?... Le « Dieu fondateur » serait-il un « Dieu prétexte » ?

Les stupides et attendrissantes « preuves de l'existence de Dieu » chères aux vieux catéchismes n'ont jamais été rien de plus que des preuves de l'existence de l'homme. Et aucune n'est convaincante, aucune n'est démontrable ou dotée de la moindre valeur scientifique ! Finalement, après des millénaires de théologie, la situation demeure inchangée : cet animal dénaturé qu'il est convenu d'appeler « l'homme » et cet insaisissable qu'il a bien fallu baptiser « Dieu » ont toujours partie liée. Ce sont là, peut-être, deux hypothèses, deux chimères, deux mythes également incertains, également indéfendables, également primordiaux. Mais l'un ne saurait exister sans l'autre. Et, pour comble, il se pourrait que leur grandeur, leur réciproque « preuve » soient contenues dans la distance qui les sépare, l'inconnaissable qui les dissocie !

Dans un autre récit d'« anticipation » (du moins par rapport à la date de sa rédaction !), Buzzati imagine que, « le 24 mars 1968 », l'homme, par ses expéditions astrales, détient enfin la preuve absolue de la proximité du Paradis, de la réalité tangible du Créateur, là, tout près, aux portes mêmes de l'infini. En est-il pour autant plus heureux et plus libre ? Non, car

> « [...] Chacun se demande : quel est le sel de la vie désormais ? [...] La Terre est devenue à peine plus grande qu'une noix, pauvre prison dont nous ne pourrons jamais plus nous enfuir. L'homme est triste. Jamais comme maintenant il n'a lancé ses regards vers les profondeurs de l'éternité, se perdant dans le fourmillement des astres. Et même la Lune, qui nous semblait jadis comme notre possession, a retrouvé la sévère majesté des montagnes inaccessibles [...]. Voilà la cause de notre affliction. C'est parce que le règne du Triomphe éternel, l'Empyrée, le divin Elysée est là, tout proche. Mais il est aussi notre frontière, qui nous barre la route ; et nous sommes des hommes vivants ! Avouons-le sincèrement : une coupole de fer et de rochers ne pourrait être plus pesante (plus pesante que le Paradis). Est-ce blasphémer que de le dire[21] ? »

« Le chien qui a vu Dieu »

Alors, à quoi bon s'acharner ? Peut-être la véritable ambition n'est-elle pas de percer l'énigme céleste, de jeter une lueur sur l'au-delà. Peut-être ne s'agit-il que de rendre la vie vivable et la terre habitable...

Dans un fabliau célèbre, le chien d'un défunt ermite privilégié d'apparitions célestes, le pauvre bâtard Galeone, « le chien qui a vu Dieu », fascine un village au point de devenir la conscience dérisoire et inflexible de chacune de ces petites destinées, leur hantise, leur témoin à charge, mais aussi leur consolation :

21. "Le 24 mars 1968", in L'Ecroulement de la Baliverna, *op. cit., pp. 220-222.*

> « Quel esclavage ! Même la nuit on ne parvenait plus à respirer. Quel poids la présence de Dieu quand on ne la désire pas ! Et Dieu, pour une fois, n'était plus une vague histoire, une fable, il ne se cantonnait pas dans l'église entre les cierges et l'encens ; non, il se rendait partout, d'une maison à l'autre, transporté, pour ainsi dire, par un chien. Un tout petit morceau du Créateur, un infime souffle était entré en Galeone et, par les yeux de Galeone, voyait, jugeait, prenait bonne note de tout[22]. »

Absence de Dieu, plus obsédante, plus térébrante encore qu'une révélation... Avec une extrême simplicité de moyens, un humour léger et triste, Buzzati, une fois encore, rend palpable cette « misère de l'homme sans Dieu » dénoncée par Pascal... Soit. Il est possible que, si Dieu n'a pas créé l'homme, ce soit l'homme qui ait créé Dieu, l'ait façonné à même l'obscur limon de ses songes, de ses terreurs enfantines, de ses désirs :

> « Ma théorie au sujet de Dieu, dit Buzzati à Panafieu, est à peu près celle-ci : Dieu existe dans la mesure où nous l'avons fait nous-mêmes. Le Veau d'or faisait des miracles, sans aucun doute, mais parce qu'il y avait cent mille personnes qui y croyaient[23]. »

Ainsi des villageois qui, beaucoup plus tard, s'apercevront que la bête dont ils avaient fait « le chien qui a vu Dieu » n'était, en réalité, qu'un misérable corniaud errant. Trop tard : le mal (ou le bien) restera indélébilement gravé en eux. Ecartelé entre son refus d'animaliser sa nature et son incapacité à faire la preuve de son essence surnaturelle, l'homme demeurera pour toujours un être hybride et malheureux. Il ne sera jamais pacifié, car ce qui pourrait l'innocenter, il le rejette, et ce qui devrait l'achever, il se révèle incapable de l'atteindre.

Tout le « calvinisme » — ou, plutôt, le « jansénisme » — buzzatien est enfermé en cet insoluble dilemme. Il cons-

22. *"Le chien qui a vu Dieu", in* L'Ecroulement de la Baliverna, op. cit., *p. 49.*
23. Mes déserts, op. cit., *p. 140.*

titue le piège véritablement infernal, la face calcinée de cette foi que Bernanos définissait pareille à un abandon à « la douce pitié de Dieu ».

Mais quel Dieu ? interroge Buzzati. Le Dieu punisseur de la Bible, Celui qui se manifeste par la foudre et les déluges ? Ou alors, pire encore, le Dieu indifférent, le maître d'Anagoor ? Sans doute, un tel Dieu, mieux vaut qu'il ne soit pas. Car si, par impossible, il existait, il se comporterait en imprévisible tyran dont l'arbitraire décide du salut ou de la damnation de ses propres créatures, selon des critères inintelligibles, injustifiables — ou peut-être, simplement, de pur hasard.

Tout cela relève de l'invérifiable. Mais enfin, le doute est permis. Et il insiste, persiste. Impossible de l'écarter d'une chiquenaude, non plus que son âpre complice l'espérance... Pour l'instant, ce n'est rien, encore un soupçon, une hypothèse, un jeu de l'esprit... Prenons-y garde, cependant. Car cet insignifiant peut croître et se développer, si on ne l'extirpe pas à temps, devenir un mal implacable. Il peut nous ôter le repos et la sécurité. Jusqu'à ce qu'un jour en émerge le mot de passe imprononçable, le nom intraduisible, la syllabe muette de la foi — d'une foi...

La porte de pierre

> « [...] Cette expression énigmatique et circonspecte de la nature laissée seule[1] [...] »

Tout gravite autour de la souffrance. Au commencement, il n'y a qu'elle. Et l'on achoppe sur elle. Et cependant, la souffrance n'arrive pas à faire *partie du décor*, pas plus que les arabesques théologiques ne sont parvenues à l'intégrer dans le « plan de Dieu ». Elle reste une énigme, une anomalie. Avec sa laideur, sa nudité, elle refuse de se fondre dans l'harmonie universelle. Elle échappe à tout ordre, à toute légitimité. Seulement, elle existe. Elle est partout. Elle est soit le clou d'une salvatrice crucifixion, soit l'épine envenimée qui corrompra et détruira le monde... Mais pour le non-croyant — ou pour celui qui doute ?

Nous touchons ici aux plus profondes assises de l'intolérable : celles d'un monde *insignifiant*, mais qui demeure hanté, persécuté depuis des millénaires par la douleur, l'angoisse, la mort, la solitude — ces quatre cavalières d'une quotidienne et presque invisible apocalypse. La seule justification de cette parfaite machine à détruire (et à s'autodétruire) serait une légitimation du mal universel, une valeur rédemptrice de la souffrance — actes de

1. *Dino Buzzati,* Le Secret du Bosco Vecchio, op. cit., *p. 115.*

foi fondamentaux auxquels Buzzati se sent incapable d'adhérer. Comme Mauriac (et en proie à un identique vertige), il va se heurter au constat de l'« entre-dévorement » qui reste la clef majeure, non pas métaphysique ou allégorique, mais bel et bien physiologique et biologique, liée au mécanisme même de l'univers créé.

Les herbes de la nuit

Cette abomination, pour mieux en expliciter le scandale, Buzzati s'attache à la saisir à son niveau le moins humain, le plus rudimentaire, le plus « bas », peut-être, et pourtant, de ce fait, le plus atroce : la souffrance et l'agonie sans nul alibi d'un quelconque *rachat*, celle des créatures dites « sans âme », les bêtes, les insectes. C'est cette tragédie dérisoire qui se déroule à nos pieds, invisible, cachée par les hautes herbes odorantes et tendrement bruissantes d'une « douce nuit » estivale :

> « En regardant, on ne voyait rien. Tout le jardin était poésie et divine tranquillité. La kermesse de la mort avait commencé au crépuscule. Maintenant elle était au paroxysme de la frénésie. Et elle continuerait jusqu'à l'aube. Partout ce n'était que massacre, supplice, tuerie. Des scalpels défonçaient les crânes, des crochets brisaient des jambes, fouillaient les viscères, des tenailles soulevaient les écailles, des poinçons s'enfonçaient, des dents trituraient, des aiguilles inoculaient des poisons et des anesthésiques, des filets emprisonnaient, des sucs érosifs liquéfiaient des esclaves encore vivants [...]. Comme si, dans une grande ville, chaque nuit, des dizaines de milliers de malandrins assoiffés de sang et armés jusqu'aux dents sortaient de leur tanière, pénétraient dans les maisons et égorgeaient les gens pendant leur sommeil [...]. Terreur, angoisse, déchirement, agonie, mort pour mille et mille autres créatures de Dieu, voilà ce qu'est le sommeil nocturne d'un jardin de trente mètres sur vingt. Et c'est la même chose dans la campagne environnante, et c'est toujours la même chose au-delà des

montagnes aux reflets vitreux sous la lune, pâles et mystérieuses. Et dans le monde entier c'est la même chose, partout, à peine descend la nuit : extermination, anéantissement et carnage. Et quand la nuit se dissipe et que le soleil apparaît, un autre carnage commence, avec d'autres assassins de grands chemins, mais une égale férocité. Il en a toujours été ainsi depuis l'origine des temps et il en sera de même pendant des siècles, jusqu'à la fin du monde[2]. »

« Une petite patte noire »

Au fond, il n'existe peut-être qu'une seule question : y a-t-il une hiérarchie, des degrés dans la souffrance ? Autrement dit, peut-on distinguer une souffrance « noble » d'une autre indigne, une acceptable d'une autre inadmissible ?

Pour mieux créer le doute, Buzzati a imaginé cette troublante histoire des « Deux chauffeurs[3] », où un camionneur écrase délibérément un chien. Episode digne de l'oubli. Mais voici qu'à mesure que s'éloigne le lieu de l'accident (de l'incident), le compagnon du conducteur se sent envahi par un doute lancinant : et si, au lieu d'être un chien, il s'agissait d'un enfant ? Peu à peu, un horrible soupçon s'installe dans l'esprit des deux hommes, interrogation qui devient horreur absolue lorsque le véhicule est rejoint par la police de la route — et l'un des motocyclistes désigne, coincé dans le pare-chocs, un cartable d'écolier...

Excès fantasmatique, ou simple amplification d'une gênante vérité ? Toute souffrance extérieure nous est une terre étrangère. Sans doute, celle des bêtes semble bien loin de nous — mais guère plus éloignée, en définitive, que celle dont, par statistiques et « informations » aseptisées, la radio du matin déverse le flot, dans notre décor paisible, à l'heure du café fumant.

2. *"Douce nuit", in* Le K., op. cit., *pp. 163-164.*
3. *"Les deux chauffeurs", in* Nous sommes au regret de..., op. cit., *p. 212.*

L'on en revient sans cesse au même dilemme : celui d'accepter ou de refuser la souffrance, de s'en accommoder ou de s'en révolter. Ou, plus élémentairement, de l'ignorer ou d'en prendre conscience. Dès lors, toute souffrance est signifiante — fût-ce celle de la plus misérable créature. La moindre relève du Mal universel.

Dans un saisissant récit, « Les gladiateurs », un prélat, se promenant dans une campagne ensoleillée, projette, par jeu, une petite araignée dans la toile d'une grande, et observe la minuscule tragédie de la mise à mort avec un œil d'entomologiste, jusqu'à ce que, soudain, l'horreur de son acte l'envahisse :

> « La faible créature demeura, estropiée [...], envahie par la paralysie. Puis elle tenta de remuer et de se renverser sur le côté. Ses huit petites pattes tressaillaient doucement au même rythme, semblant implorer : l'animal abandonné, l'innocent, l'agneau du Seigneur... A genoux dans la prairie, Monseigneur était penché sur cette irrémédiable douleur. Dieu, qu'avait-il fait[4] ? »

Provocation ? A peine. Que la victime expiatoire soit le Messie, l'Agneau immaculé — ou un corniaud aux pattes broyées sur le talus, un « vieux phacochère » perdant son sang au fond d'une épineuse savane — voire un insecte répugnant, un vague cafard écrasé par hasard sur un coin de carrelage, il faut, pour que le monde ait un sens, que cela aussi ait un sens. Tel est le fond de l'admirable parabole incluse dans *En ce moment précis* :

> « Je vis, sur le carrelage, la bestiole noire remuer une petite patte. C'était celle du milieu à droite. Tout le reste était immobile, une tache d'encre que la mort avait laissé tomber. Mais la petite patte ramait faiblement comme pour remonter quelque chose, le fleuve des ténèbres peut-être. Elle espérait encore ?
>
> « Pendant deux heures et demie dans la nuit — un frisson me vint —, l'immonde insecte collé au carreau

4. *"Les gladiateurs", in* L'Ecroulement de la Baliverna, op. cit., *p. 185.*

par son propre mucilage viscéral avait continué à mourir, pendant deux heures et demie, et ce n'était pas encore fini. Merveilleusement, il continuait à mourir, transmettant avec sa dernière patte un message. Mais qui pouvait le recueillir à trois heures du matin, dans l'obscurité du corridor d'une pension inconnue ? Deux heures et demie, pensai-je, sans arrêt, de-ci, de-là, la dernière parcelle de vie réfugiée dans la petite patte intacte pour imposer justice. Les larmes d'un enfant — avais-je lu un jour — suffisent pour empoisonner le monde. Dans son cœur, Dieu tout-puissant voudrait que certaines choses n'arrivent pas, mais il ne peut pas les empêcher parce que cela a été décidé par lui-même. Alors une ombre s'étend sur nous. J'écrasai avec ma pantoufle l'insecte et, frottant sur le carreau, je l'écrabouillai en une longue traînée grisâtre[5]. »

Et il n'en faut pas plus que ce geste *salvateur* pour apaiser la nuit et que la mort se porte « ailleurs, en d'autres points du monde, pour gonfler son inquiétude[6] ».

Le chien qui a vu l'homme

Les larmes d'un enfant... L'agonie d'un insecte... Quelle commune mesure, est-on en droit de demander ? Aucune, assurément, sinon celle-ci : il y a, sur terre, deux espèces messianiques ne *connaissant* ni le péché ni la mort — et qui, cependant, souffrent et meurent pour nous, en notre nom, à notre place. Comment s'empêcher de songer ici au *raccourci* fulgurant de Dostoïevski : « Le Christ est avec les bêtes avant d'être avec nous » ? Tous les animaux, tous les enfants ont réellement « vu Dieu » — et si nous devons quelque part au monde en chercher le reflet, ce n'est pas dans le miroitement superbe des vitraux ni le sublime cantique des œuvres d'art que nous le surprendrons, mais au fond de leurs yeux. A condition, toutefois, que nous ayons le courage ou la force d'affronter

5. *"Le cafard", in* En ce moment précis, *op. cit., pp. 44-45.*
6. Ibid., *p. 47.*

un regard chargé d'on ne sait quel muet reproche — celui de la souffrance injuste, de la fidélité trahie, de l'incompréhension liée à toute forme d'innocence.

C'est par pudeur que Buzzati évoque plus volontiers les bêtes, particulièrement les chiens. Avec respect et tendresse, il interroge ces morts si humbles, si inutiles :

> « Pourquoi les petits chiens meurent-ils si seuls ? Il était soigné, on lui faisait des tas de piqûres, on prenait sa température, on lui donnait des médicaments. Mais personne ne l'appelait par son nom. Peut-être les hommes qui vont mourir ne sont-ils pas aussi abandonnés ; quelque chose comme le sens de la dignité, l'espérance ou la foi les soutient[7]. »

Expérience dont le *vécu* dépasse le « fait littéraire ». La chronique intimiste rapporte d'ailleurs l'attachement passionné de Buzzati pour les chiens — particulièrement les boxers, avec leur apparente balourdise, leurs pattes tordues de dragons chinois, leur museau aplati de brutes au cœur tendre, magnifiés par des yeux chargés d'une étrange tristesse, brillant d'une compassion plus humaine que chez beaucoup d'humains[8].

Leur dépendance démesurée, leur amour sans limite nous assiègent, nous encombrent — « Ils ne savent faire que cela ! » —, nous troublent aussi, parfois, et nous accusent presque. C'est pourquoi, dans l'un de ses tableaux les plus connus, Buzzati représente symboliquement un énorme boxer, beaucoup plus grand qu'un éléphant — aussi géant que le cadavre de King Kong ! —, occupant de son corps flasque le forum d'une ville à la Chirico, cerné d'une petite foule hostile, et portant dans ses prunelles toute la détresse du monde — toute la charge accablante de notre sécheresse, de notre remords :

> « [...] La vraie beauté du chien, c'est autre chose, c'est un phénomène spirituel, et elle est reconnaissable dans

7. "La mort du chien", in En ce moment précis, op. cit., *p. 170.*
8. Il leur donnait toujours le même nom, Napoléon, suivi du millésime « dynastique » : I, II, III, etc.

les yeux du chien qui te fixe, ton chien, précisément, et non pas dans la silhouette, plus ou moins élégante, ou dans la souplesse du poil ; pas même dans l'allure ; plutôt, dans le regard terrible, tendre et profond, de cette créature qui a besoin de toi, qui se trouve bien en ta compagnie, qui t'aime plus que toute autre chose au monde — plus, même, que les os de bœuf — et qui de temps à autre te transmet les messages d'un monde que nous ne connaissons pas[9]. »

Les messagers silencieux

Puisque les hommes, si souvent, ont trahi ou défiguré l'humain, est-il paradoxal, pour le retrouver (et non pour le fuir !), d'aller au plus profond de l'énigme animale, à la tâtonnante rencontre de ce « monde que nous ne connaissons pas » ?

Mais là, bien vite, notre vocabulaire défaille, notre intellect « supérieur » nous trahit. La rigide délimitation anthropocentriste de nos mécanismes de raisonnement dévoie notre intuition, ridiculise notre aspiration.

L'humain, pourtant, ne saurait être réduit au seul humanisme. Et le non-humain n'est pas fatalement la dégradation, la dénaturation de l'humain. Il existe, déjà, au fond de notre être, toute une part animale, végétale, minérale, un nœud de substance cosmique qui ne relève pas de la seule organicité, qui possède, à sa manière, une pensée, une tâtonnante sagesse dont ne tient aucun compte la brutale mais traditionnelle dichotomie corps et esprit, *animus* et *anima*. Une certaine intelligence raisonneuse fait le jeu de la mort — car la mort, l'anéantissement est son axe caché, son *idée fixe*, son aimantation secrète. Elle enferme la créature raisonnante dans l'obsession, la fascination de son destin individuel, transcendé en fatalité ou réduit au rang d'épisode biologique et absurde. L'animal, lui, ne connaît pas de semblables barrières ; il ne s'est

9. "Le plus beau du monde", in Nous sommes au regret de..., op. cit., *p. 201.*

jamais détaché de l'univers, il en est resté une parcelle brute, sans individualité, sans nom, sans identité, et cependant consciente et respirante. Il possède, mille fois plus vierge et rayonnante que la nôtre, cette *intelligence* du monde — au sens exact où Maeterlinck parlait de « l'intelligence des fleurs ».

La sphère animale, en son indéchiffrable familiarité, c'est un peu une sorte de « tiers monde » de l'humanité entière. Des millénaires de persécutions, de peurs, de dominations, d'incompréhension nous en séparent. Et cependant, d'eux à nous est tissé un lien profond : ces anonymes « humiliés et offensés » sont nécessaires à l'équilibre spirituel de la Création entière (de même qu'il existe un « équilibre biologique » de la nature). Nos vrais intercesseurs sont là : pas seulement parmi les animaux réputés domestiques ou utiles — le chien qu'on attache à une chaîne, le vieux cheval titubant entre ses brancards, le bœuf sous le merlin de l'abattoir —, mais dans le grouillement de ces vies minuscules, insignifiantes, qui peuplent l'herbe, se traînent dans la poussière, au ras du sol — et que nous foulons ou écrasons sans même les soupçonner —, martyrs microscopiques, germes infimes de sainteté.

Il en est ainsi du vieux crapaud apprivoisé, complice de l'enfance, modèle absolu d'humanité vraie :

> « O, vieux crapaud, ô toi le romantique, ô rêves magiques de l'enfance que tu portais, créature à qui j'avais accordé ma confiance plus qu'à toute autre, un peu drôle, si gonflé, parsemé de gibbosités et de verrues comiques, mais compagnon irremplaçable, plus chaleureux qu'un chien, plus sensible, compréhensif, patient ; résigné pour inciter à la résignation ; messager de Dieu ou, si Dieu n'existe pas, d'un monde bienveillant, frais, tout recouvert de grands buissons sauvages pleins de bruissements et de rumeurs secrètes [...] ... et ce mystérieux frémissement des prés, et cette immensité qui nous pénétrait et il nous semblait... tu te souviens ? que nous aussi nous devenions plus grands [...] et à ce moment-là, toi, crapaud, et

moi, pauvre diable, nous nous aimions, et bien que cela ne fût qu'une chose minuscule, cela représente toutefois la chose la plus importante qui existe au monde[10]. »

Le livre interdit

Panthéisme ? Animisme ? Besoin plus secret, dépourvu de lyrisme, dépouillé de songerie poétique. C'est pourquoi il faut descendre plus bas encore (le crapaud, après tout, appartient — tout comme l'âne — au bestiaire solennisé, presque béatifié par le chant hugolien !). C'est alors que le leitmotiv de l'insecte revient, avec une telle insistance, une manière d'obscure fascination-répulsion, tout au long de la parabole buzzatienne, parfois (rarement) sous une nuance humoristique impuissante à voiler la gravité de son propos. Ainsi dans ce bref récit où un bourdon (« un de ces bourdons noirs qui en général sont si agaçants et dont certains disent qu'ils portent malheur ») est la seule créature à avoir pitié d'une malheureuse paralytique abandonnée sur son fauteuil, au point de lui parler « avec une petite voix grêle », de devenir son dernier lien avec le monde extérieur, presque sa conscience[11].

Mais, en vérité, l'*infrahumain* est tout aussi difficile à cerner que le *suprahumain*, et provoque dans l'âme le même vertige métaphysique. Tout remonte, sans doute, pour l'enfant Dino Buzzati, à ce vieux traité de naturalisme découvert dans la bibliothèque paternelle, et qui l'avait ensorcelé au point qu'il revenait l'ouvrir en cachette :

> « Il y avait de grandes gravures sur deux pages représentant des insectes dont la taille était extraordinairement exagérée. La puce, particulièrement monstrueuse, mesurait au moins quarante centimètres [...]. Juste au moment où j'allais refermer le livre, l'horrible insecte — désormais silhouette incertaine dans la

10. "Le crapaud", in Nous sommes au regret de..., op. cit., *pp. 202-203.*
11. "Le bourdon", in Le Rêve de l'escalier, op. cit., *p. 126.*

pénombre croissante — fit un sursaut comme s'il s'efforçait de sortir de la page[12]. »

Lèvres d'écorce

L'interlocuteur privilégié, c'est le monde végétal (que l'on se souvienne de la parabole des rangs tournoyants de peupliers qui sert d'axe à *Un amour*). Une fraternelle conscience nous guette sous la cicatrice durcie des écorces, dans les strates concentriques de l'aubier, mémoire des saisons mortes. Elle tente de nous parler dans le bruissement des feuillages, l'arrachement des fibres depuis la nuit terrestre vers le vent et la lumière, à travers cet hiéroglyphe vivant, ce sphinx ligneux... Là — qui sait ? — est le nœud de l'énigme...

Et la fuyante immobilité des arbres derrière la vitre de l'express, que signifie-t-elle pour le voyageur que nous sommes ? Un avertissement ? Un adieu ?

> « Qui êtes-vous ? Des peupliers, des saules, des érables, des platanes, des acacias, des tilleuls ? Quel tourment vous emporte ? [...] Qu'est-ce donc qui vous réclame, là-bas, dans cette contrée d'où nous nous éloignons à cent trente kilomètres à l'heure ? Cela doit être un appel d'une extrême importance, autrement vous ne courriez pas autant... Vous ne voulez pas ralentir un moment ? Vous ne voulez pas m'expliquer ce mystère ? Peupliers, érables, tilleuls, bouleaux, aulnes ou autres, peu importe qui vous êtes, je vous supplie, arrêtez-vous un instant, prononcez un mot. Ou bien aurai-je, encore une fois, pris la mauvaise direction[13] ? »

Parfois, cependant, c'est un arbre, un seul — d'une espèce inclassable — qui, pareil à quelque ambassadeur délégué par la « forêt qui marche » de *Macbeth*, semble venir vers nous, croiser avec insistance notre route :

> « Il est plutôt trapu et il arbore, à mi-hauteur sur son tronc, un repli curieux : comme s'il voulait me deman-

12. *Cité par Antonella Montenovesi.*
13. *"En train", in* Cahier D.B., op. cit., *n°5, p. 286.*

der réparation de quelque chose ; ou m'annoncer une nouvelle [...]. Depuis deux ans, nos rencontres sont devenues plus fréquentes. Désormais, il ne s'écoule pas de semaine pour ainsi dire sans que, ici et là, je sois amené à le trouver sur mon chemin. Mais peut-on savoir ce qu'il veut de moi[14] ? »

Et puis, un jour vient où le message se fait plus explicite. Ainsi, au sommet d'un cyprès, dans les ramures extrêmes baignées du soleil couchant, le propriétaire d'un parc croit reconnaître (« Illusion d'optique ? Autosuggestion enracinée dans l'inconscient ? ») les traits d'un ami très cher mort depuis peu :

> « Suis-je en train de devenir vieux ? Avec le temps, d'autres verts simulacres humains se sont formés à la cime des cyprès, chacun assumant le corps, l'expression et même le visage d'un ami disparu dans l'intervalle. J'en reconnais déjà huit. Maintenant ils ne me font plus peur, au contraire. La nuit, j'ai la sensation qu'ils veillent sur mon sommeil dans la villa voisine, comme de fidèles sentinelles. Les jours de vent je les regarde longuement : ils ondulent de concert à chaque rafale, avec une grande résignation ; et, pliant la tête tous ensemble du même côté, ils ont l'air de me dire : "Allons, courage, pourquoi ne viens-tu pas, toi aussi[15] ?" »

L'armature

Un degré de plus — ou de moins — et l'on change de « règne ». Pourtant, le minéral n'appartient pas non plus à l'inhumain : il est en nous, solidement ancré dans l'architecture de nos os. Il représente ce qui nous fait tenir droit, notre pilier médian, notre charpente, notre mâture. Mais il n'est pas seulement en notre chair. En notre esprit aussi, il se tient comme noyé ; il forme notre armature secrète, fait de cet indicible, cet innommable que, parfois, laisse affleurer la moite épouvante des rêves. Il est

14. "Escorte personnelle", in Cahier D.B., op. cit., *n°5, p. 284.*
15. "Cyprès", in Le Rêve de l'escalier, op. cit., *pp. 70-71.*

notre désir d'immobilité, de paix extrême, peut-être de mort — mais pas dans le sens abominable avec lequel, d'habitude, nous confondons ce terme. Il est une inextinguible soif d'éternité, de ce qui ne passe pas, ne s'use pas, ne meurt pas — oui, ce symbole de mort qui en nous nie la mort, là où le pouvoir des mots défaille, tout au fond de ces abîmes attirants que ni nos cordes ni nos échelles ne peuvent atteindre, ni nos torches ni nos lampes éclairer. Dès lors, montagne ou caillou, peu importe (cela n'est que question de proportion !). Il y a, en cette matière même, cristalline et sèche, que n'irrigue ni lymphe ni sang, comme l'appel d'une inexplicable similitude, le vertige d'une implacable gémellarité.

Cette immobilité primordiale, c'est aussi le lien entre l'enfant des Dolomites et le petit pauvre algérois : chez Buzzati comme chez Camus, il y a, à l'origine, les mêmes *noces* avec le minéral — le lit caillouteux du Piave ou les déserts solaires de Tipasa. C'est en effet dans « la splendeur aride » de Djemila, la ville morte où les tronçons de colonnes et les éclats de marbre se confondent en « forêts d'ossements » parmi les pierres et les « amas de blocs grêlés », c'est là que le jeune Camus déchiffre pour la première fois « l'écriture du monde » :

> « Je perdais conscience du dessin que traçait mon corps. Comme le galet verni par les marées, j'étais poli par le vent, usé jusqu'à l'âme [...]. Le vent me façonnait à l'image de l'ardente nudité qui m'entourait. Et sa fugitive étreinte me donnait, pierre parmi les pierres, la solitude d'une colonne ou d'un olivier dans le ciel d'été [...]. Et je n'ai jamais senti si avant mon détachement de moi-même et ma présence au monde[16]. »

« Une très grande paix »

Là, en effet, se situe l'infranchissable barrière rocheuse. Et peut-être aussi la frontière interdite. Le monde sensible

16. Albert Camus, Noces, *Folio/Essais, Gallimard, 1985, p. 18.*

est une topographie de l'énigme. Là où le visible devient l'enfoui, là s'enfoncent les racines, là d'où jaillissent les sources, sous cette terre ensoleillée que foulent nos pas insouciants, que sillonne la vaine poussière de nos routes, là, en cette tombe, en ce berceau géologique, l'ossature du temps enseveli écrit la dernière syllabe de la réponse — s'il est, quelque part, une réponse. Là et nulle part ailleurs. Non dans l'irrespirable cosmos, les tourbillons de pollen desséché des astres, les trompeurs signaux d'étoiles mortes... Non. Ici. Tout près, dans un bout de désert, un coin de jardin, une pierre érodée, un banal caillou, un simple grain de sable.

Souvenons-nous : ce n'est pas le déploiement de fabuleux mirages aux confins d'un « horizon chimérique » qui captive Drogo, usant sa vie aux chemins de ronde de son fortin fantôme : c'est un étroit triangle de cailloux et de sable fiché dans les solitudes de la plaine du Nord, simple fissure, mais d'où filtrera cette réalité de *derrière le décor*. Car, commente Buzzati, « dans ces immenses étendues où un homme se sent si seul, n'importe quelle anfractuosité, n'importe quel accident de relief acquerront une signification et une expression extraordinaires [...]. [Ces choses], personne n'a jamais pu arriver à les exprimer [...]. Supposons : dans le désert, il y a un petit cône d'une hauteur de cinquante centimètres, eh bien, sais-tu ce qu'il arrive ? [...] Il acquiert la puissance d'une haute montagne[17]. »

Alors, il s'efforce de saisir les raisons de la si vertigineuse attirance (il dit « la drogue ») dont le terme serait l'abandon, ou plutôt le retour au sein d'un monde incréé, purement minéral :

> « L'immobilité représente un état d'extrême paix. Car l'homme, instinctivement, tend vers un état de très grande paix. Il peine toute sa vie, pour s'enrichir, pour se faire une famille, pour se faire une maison, pour se faire une position, pour ensuite se reposer et attein-

17. Mes déserts, op. cit., *pp. 77-79.*

> dre la paix absolue. En un certain sens, l'homme, instinctivement, tend vers la mort [...]. Il y a presque un désir de s'identifier à la montagne, de la posséder, cette chose, de coller à elle, de l'imiter [...]. Ceux qui sont morts en montagne lui ont obéi et ont fait ce qu'elle voulait. En d'autres termes, elle exigeait cette paix absolue. Dans le désert, c'est en grande partie la même chose. Du point de vue de la solitude, c'est même encore plus sensible. Car en montagne [...] on voit beaucoup de choses. Mais dans les grands déserts, on ne voit absolument rien. On avance pendant des heures et des heures et l'on ne voit pas trace de vie[18]. »

Les semblables

En cet aveu capital, Buzzati nous livre, semble-t-il, la pierre angulaire de sa personnalité d'homme et d'écrivain. Et, plus intensément encore, un « ce que je crois » assez intense pour servir de base à l'ébauche d'une véritable foi. D'instinct (c'est lui-même qui le souligne), par toutes les forces profondes de son être, Buzzati s'engage dans les voies transcendantales d'une expérience dont seule la plus haute contemplation mystique peut donner une équivalence : la fusion avec la substance même de l'univers, la matière primordiale du monde, le limon de la Création.

Sans doute, dans l'immédiate apparence, il s'agit surtout de se soustraire à la souffrance, à l'usure du quotidien, à la torturante conscience du *soi*, au travail de sape du temps — l'« océan de peines » d'Hamlet —, à tout ce qui nous délimite et nous enferme en notre destinée mortelle. Pourtant, le refus de cette existence-là n'est ni une fuite, ni une dérobade, mais un approfondissement.

Un tel cheminement n'a rien d'un égarement : il implique toute la méthodologie, toute la rigueur de l'ascèse. C'est pourquoi Buzzati se montre si particulièrement attentif à la part de son être qui échappe à la grille psycho-

18. Ibid., *pp. 79-80.*

logique, à la tyrannie morale, au code de civilité, bref, à ce vaste *consensus* plus ou moins mensonger, toujours artificiel, et qui contribue à créer une image cohérente mais trompeuse, une manière de « raison sociale » qui, peu à peu, à la façon d'une armure se développant vers l'intérieur, nous statufie, détruit en nous toute inquiétude, toute aspiration, étouffe tout appel. Tout part de ce constat :

> « Nous nous croyons entourés de créatures semblables à nous, et, au lieu de cela, il n'y a que le gel, les pierres, qui parlent une langue étrangère ; on est sur le point de saluer un ami, mais le bras retombe, inerte, et le sourire s'éteint, parce que l'on s'aperçoit que l'on est complètement seul[19]. »

Là est la véritable pétrification de la personne. Là réside la mort spirituelle et morale, plus pernicieuse parce que mille fois plus sournoise que la mort physique, tant elle paraît faite « d'équilibre, de sécurité, de tranquillité ». Et il ne s'agit pas là d'une métaphore, d'une allégorie, mais d'une terrifiante certitude :

> « La mort physique est un phénomène éternel et, au fond, extrêmement banal. Mais il y a une autre mort qui, quelquefois, est encore pire. L'abandon de la personnalité, le mimétisme par l'habitude, la capitulation devant le milieu, le renoncement à soi-même... Mais regarde un peu autour de toi ! Parle avec les gens ! [...] Il y a aujourd'hui des nations entières qui ne sont faites que de morts. Des centaines de millions de cadavres. Et ils travaillent, construisent, inventent, se donnent un mal terrible, sont heureux et contents. Mais ce sont de pauvres morts[20]. »

Dès lors, le refus de pactiser avec pareil mensonge, la révolte devant « cette existence-là » ne sauraient se confondre avec quelque attirance morbide vers la mort (et si Buzzati en est souvent réduit à employer ce mot, on

19. "Le salut", in Nous sommes au regret de..., op. cit., *p. 132.*
20. "Chez le médecin", in En ce moment précis, op. cit., *p. 156.*

devine que c'est « par défaut », parce que notre infirme langage n'en offre pas de mieux approprié). C'est au contraire le lancinant, le jaillissant désir d'accéder à une autre réalité, une autre vie — « la vraie vie ». C'est surtout, par-delà les erreurs et les métamorphoses, la volonté de retrouver sa vraie patrie, de rejoindre enfin et à jamais ses *semblables*.

« Le cœur est un guetteur solitaire »

> « [...] Et puis silence, rien que sa silhouette mince, sombre au milieu des glaciers, droite, vivante [...], avec cette élégance rigoureuse de celui qui part pour l'éternité[1]. »

N'est-il pas légitime de s'interroger, en modifiant à peine le titre — mais non la signification — du si beau roman de Carson McCullers (*Le cœur est un chasseur solitaire*), sur le sens, la portée d'une œuvre dont la plus constante dimension reste l'*attente* ?

Il y a, en toute forme d'attente, une valeur de recueillement. L'attente transcende son objet : son but est moins d'être comblée que justifiée, moins un événement qu'un avènement (non pas attendre *quelque chose*, mais attendre *quelqu'un*). Et cela devient plus vrai encore lorsque l'espace, le champ de l'attente se confondent avec la durée même d'une vie. Le caractère religieux, transcendantal de cette forme d'attente ne saurait être mis en doute.

L'attente sans objet défini, l'attente à l'état pur constitue l'équivalent de la prière. Elle touche alors au sacré. Sans doute peut-on objecter que le chrétien, le moine d'un ordre cloîtré sait ce qu'il attend — Celui qu'il attend. Mais est-ce tellement sûr ? Que savons-nous de Dieu, de son

1. *Dino Buzzati, "Zapparoli", in* En ce moment précis, op. cit., *p. 228.*

dessein sur nous ? Dieu nous est-il imaginable ? Il y a, dans toute attente, une part d'incertitude — et cette incertitude lui apporte son sens ; si l'on sait pleinement et sans équivoque ce que l'on attend, l'attente devient simple patience, celle, sans fièvre ni ardeur, du créditeur qui réclame son dû. Une véritable attente exige une perpétuelle attention. Elle est une modification très progressive de l'être qui, peu à peu, se rend digne de son objet, se prépare à le recevoir — devient l'image en creux de cet objet lui-même, encore qu'il en ignore la forme et le nom.

Le pèlerin immobile

C'est pourquoi toutes les religions sont fondées sur l'Attente, au moins autant que sur la Révélation (l'Ancien Testament est, à lui seul, une millénaire « attente » — et les Evangiles se closent sur une nouvelle promesse d'attente).

Une telle disponibilité de l'être — l'attente finissant par *faire appel* —, Simone Weil la définit en tant que vertu théologale et non sous forme d'illumination. C'est *L'Attente de Dieu*, intitulé qui, déjà, suggère une ambivalence : notre attente de Dieu et celle, aussi, que Dieu a de nous (et pas uniquement *ce* qu'il attend de nous) :

> « L'infinité de l'espace et du temps nous sépare de Dieu, écrit-elle. Comment le chercherions-nous ? Comment irions-nous vers lui ? Quand même nous marcherions au long des siècles, nous ne ferions pas autre chose que tourner autour de la terre. Même en avion nous ne pourrions pas faire autre chose. Nous sommes hors d'état d'avancer verticalement. Nous ne pouvons pas faire un pas vers les cieux. Dieu traverse l'univers et vient jusqu'à nous [...]. Il vient à son heure. Nous avons le pouvoir de consentir à l'accueillir ou de refuser. Si nous restons sourds, il revient et revient encore comme un mendiant, mais aussi, comme un mendiant, un jour ne revient plus. Si nous consentons, Dieu met en nous une petite graine et s'en

> va. A partir de ce moment, Dieu n'a plus rien à faire ni nous non plus, sinon attendre[2]. »

Ailleurs (dans ses *Lettres de Londres*), elle va plus loin encore dans une réflexion qui pourrait servir d'épigraphe à toute une part essentielle de l'œuvre buzzatienne :

> « A quiconque, en fait, consent à orienter son attention et son amour hors du monde, vers la réalité située au-delà de toutes les facultés humaines, il est donné d'y réussir. En ce cas, tôt ou tard, il descend sur lui du bien qui, à travers lui, rayonne autour de lui. »

L'attente n'est pas fatalement la réponse à un appel (une vocation). L'attente existe en soi. Et cette idée, chère à Simone Weil, d'« orientation », de vigilance (être aux aguets, aux écoutes) devient alors fort proche de celle qui, de bout en bout, imprègne la pensée de Dino Buzzati.

Dans un bref apologue, l'écrivain évoque le découragement de fervents pèlerins qui, ayant peiné de longs mois et souffert mille avanies pour atteindre le sanctuaire, reviennent cruellement déçus de n'y avoir pas découvert la certitude, récompense de leur mérite. De guerre lasse, ils interrogent un saint ermite sur les voies énigmatiques du Tout-Puissant :

> « [...] Vous êtes trop pressés, ô pèlerins. Vous devez au contraire attendre, confiants, votre récompense. Elle viendra, demain peut-être, peut-être dans quelques mois, ou bien d'ici quelques années, mais elle viendra. Il se peut qu'elle attende l'heure qui précédera immédiatement votre propre mort pour vous être donnée, afin que votre cœur se console, mais elle viendra. [...] C'est là l'un des grands mystères de la vie, qui fait que, prosternés, nous adorons, en nous humiliant devant l'inconnaissable. Toutefois il n'y a pas un seul homme, aussi malheureux et persécuté par l'adversité qu'il puisse l'être, auquel l'Eternel n'ait

2. Il est à noter que cette même intuition d'attente réciproque existe aussi chez Buzzati : non seulement nous attendons, mais nous sommes attendus (« Quelqu'un t'attend »).

accordé une occasion ; il n'y a pas une seule existence sans espoir qui n'ait son rayon de lumière, même de très brève durée : une heure peut-être, une minute seulement dans le cours d'une longue vie, mais à cette minute-là l'homme aura sa récompense, son esprit s'élèvera au-dessus des étoiles[3]. »

Les murs d'Anagoor

Une vie — une pauvre durée humaine — n'est jamais à la mesure de ce qu'exige l'attente. Car l'une est finie et l'autre est infinie. L'attente déborde toujours les horizons trop étroits. Seul le désert délimite l'espace véritable de l'attente — et pas seulement l'espace, mais la durée : à une vie immobile correspond un temps immobile. Le désert n'est lui-même qu'une attente pétrifiée, une attente cachée sous le masque desséché de l'absence.

Si l'attente ne peut élire le désert, alors, pourvu qu'elle soit assez forte, elle le crée autour de l'être, où qu'il soit. Elle fait de lui une solitude parmi les solitudes (c'est la gémellarité Drogo-Dorigo). L'attente à l'état pur est chose terrible, à peu près inhumaine. Elle sécrète la désertification d'une vie. Elle refuse de se confondre avec l'espérance de quelque chose, d'un bien, d'une justification, d'une récompense. Seul celui qui *n'attend rien* de son attente peut être comblé.

Chez Buzzati, diverses paraboles illustrent, non sans quelque amère ironie, cette conception si exigeante, presque désespérante. Retenons celle des « Murs d'Anagoor », cité fabuleuse « perdue en plein cœur du Tibesti ». Bien qu'elle ne figure sur aucune carte, ses murailles sont en permanence cernées, littéralement assiégées d'une multitude de tentes et campements, fastueux ou misérables, ceux des foules implorantes qui bivouaquent sans relâche aux portes de la ville interdite, dans l'espoir que l'une

3. *"L'occasion", in* Nous sommes au regret de..., op. cit., *pp. 187-188.*

d'entre elles, un jour, s'entrebâillera. En fait, le temps s'écoule et la ville silencieuse (d'où montent parfois de vagues fumerolles) demeure hermétiquement close. Une seule fois, mais nul n'est d'accord sur la date (il y a quelques années ou trois siècles !), l'une des portes a été ouverte. Un seul homme a pu entrer — dit-on —, et encore celui-là avait-il frappé par inadvertance, presque par erreur :

> « Il ne savait pas que c'était la ville d'Anagoor, il ne s'attendait, en y entrant, à rien de spécial, il demandait seulement un refuge pour la nuit. Il ne savait rien de rien. Il était là par un pur hasard. C'est peut-être uniquement pour cette raison qu'ils lui ont ouvert[4]. »

On peut l'estimer désolante, la conclusion toute janséniste (l'arbitraire de la grâce divine !) de cette fable. Pourtant, il est possible de lui découvrir aussi un sens « positif » — si l'on peut dire. L'attente se justifie — et nous justifie — en elle-même. Elle porte en elle sa propre fin. Contre le temps mortel qui nous emporte, nous ronge, brouille nos pistes, fait de nous ces égarés pleins d'orgueil et d'effroi, elle constitue notre arme la plus sûre, notre dernier recours. Seule l'attente nous permet de rallier l'espace, cette immobilité fondamentale qui rend toute chose possible — ou potentielle. Car Dieu a inventé l'espace. Mais l'homme, en sa folie, a créé la distance, c'est-à-dire le temps.

L'argile qui pétrissait notre être est devenue la statue de sable de notre destin charnel. Ainsi le temps, vecteur de mort, est-il né du péché originel, de son refus. Abandonnée, l'éternité enfantine de l'Eden s'est repliée sur elle-même, non pas au loin, à des millénaires en arrière, mais là, toute proche, autour de nous, tentatrice, inaccessible. Le temps n'est que l'illusion cruelle, la vitre sans épaisseur (mince comme l'espace d'une vie) qui nous sépare de cette vérité pacifiante. Pourtant, sans ce malentendu,

4. "Les murs d'Anagoor", in En ce moment précis, op. cit., *p. 327.*

cette torture, que serait notre existence, sinon une aridité sans rêve ni signification, « un sommeil éternel et sans réveil » ?

Dans une interview accordée, en 1969, à la revue *Epoca*, lors de la publication de son « roman en images » sur le mythe d'Orphée, Buzzati précise sans la moindre équivoque sa conviction profonde :

> « Il ne peut y avoir de vie sans le cauchemar de la mort, unique réalité dans cette grande baraque étincelante qu'est l'existence. Nous sommes terrorisés par la mort, nous éprouvons cette épouvante qui devient atroce avec la vieillesse. Oui, je voudrais dire que sans cette épouvante la vie serait une idiotie[5]. »

Notre seul devoir, notre dernier recours, c'est donc de transformer une fascination d'épouvante en une énigmatique espérance — de fondre notre attente solitaire et stérile dans une attente universelle :

> « De quel intérêt serait une falaise, une forêt, une ruine, si une attente n'y était implicitement contenue[6] ? »

A cette attente immémoriale d'une création encore inachevée, il nous faut répondre par une attente délibérée, réfléchie — une sorte d'ascèse qui, à l'image de la *contemplation* mystique, loin de nous retirer du monde, nous aspire en son cœur, en sa virginité inconnue. En rejoignant le temps immobile de l'alliance, ce temps non encore détaché de l'espace qu'est le *temps avant le temps*, non seulement nous nous retrouvons nous-mêmes, mais nous contribuons à reconstituer cette harmonie primitive, cet Eden perdu que l'univers exige de nous. « Car ce qui est perdu — écrit William Goyen — n'aspire qu'à se trouver, à se refaire et, par l'entremise de qui l'a trouvé, à redevenir soi-même. »

5. *Cité par Aase Lagoni Danstrup, in* Cahier D.B., op. cit., *n°3, p. 96.*
6. Un amour, op. cit., *p. 160.*

Un désert sans mirages

Cet obscur rôle messianique, Drogo, l'inlassable guetteur du fort Bastiani, l'assume pleinement. N'agissant pas (ou à peine), immobile face à un paysage immuable, parmi des compagnons eux-mêmes statufiés en une identique fascination, Drogo vit moins sa vie qu'il n'est hanté par elle, à la façon dont on est possédé par un songe. Il peut d'abord se croire *hors temps*, comme on se place *hors jeu*. En fait, il répond à une authentique vocation : ce déserteur est un homme du désert. Et ce vaincu un conquérant. Son horizon est limpide et son désert sans mirages.

Le prétexte initial qui avait paru légitimer son attitude (l'attente de l'invasion) s'évanouit peu à peu, laissant le champ libre au seul véritable dessein, au choix profond dont il n'avait pas, d'emblée, mesuré la terrible et absurde grandeur. En choisissant *de ne pas vivre* (au sens habituel du terme), Drogo, ou tout au moins une part de son être, échappe à la destruction et à l'échec, mais au bénéfice d'une plus radicale métamorphose : il est devenu l'égal du Temps. *Il est devenu le Temps.*

Au terme de son épreuve, la mort ne peut plus rien lui ravir d'essentiel — car elle a perdu son allié suprême, sa seule *prise* sur la peur ou l'ignorance des hommes. Drogo s'est enfin réveillé de son illusion de vivre. Il a pénétré, conscient, lucide, apaisé, dans un *au-delà* qui n'a rien de céleste ni d'abstrait — qui n'est peut-être, la boucle s'étant refermée, qu'un *en deçà*, celui de son enfance retrouvée, de sa réconciliation avec lui-même. Le temps, pour lui, s'est interrompu ; il n'a plus de raison d'être :

> « Il parut à Drogo que la fuite du temps s'était arrêtée. C'était comme si un charme venait d'être rompu. Les derniers temps, le tourbillon s'était fait toujours plus intense, puis, brusquement, plus rien, le monde stagnait dans une apathie horizontale et les horloges fonctionnaient inutilement. La route de Drogo avait atteint son terme [...]. Le commandant Giovanni Drogo, pauvre homme dévoré par la maladie et les

années, se lança contre l'immense portail et s'aperçut que les battants s'ouvraient, laissant passer la lumière[7]. »

Il s'est dépassé lui-même — ou alors il s'est rejoint. De toute façon, il est parvenu au-delà de toute victoire comme de toute défaite. Il ne peut plus « redevenir le Drogo d'avant, faible et vaincu ». Sa mort le légitime. Elle le complète, de même que, pour le croyant, l'éternité couronne le temps. Et, à la toute dernière ligne du récit, le sourire qui monte sur ses lèvres est le signe de cette mystérieuse mais sereine adhésion.

Tout est accompli. L'attente a révélé sa véritable nature : elle est l'expérience vécue de l'éternité.

Certes, « l'autre accomplissement » (maturité, amour humain, action, création, consécration), c'est aussi un chemin honorable. Mais le renoncement n'est pas un abandon de poste. Face au vide éblouissant, Drogo n'a rien d'un rêveur solitaire, d'un observateur retranché de la communauté humaine. Il reste un témoin, un veilleur attentif au moindre signe, à la plus fugitive lueur, au plus infime présage palpitant à la limite de la terre et du ciel.

Bientôt, sa vérité n'est plus qu'un regard. Pourtant, ce regard peut user l'indifférence du monde, l'écorce des pierres, le vide de l'horizon. Il a renoncé à vivre (au sens ordinaire du mot) au moment même où, sortant de l'adolescence, il allait cesser d'être intact. Son sacrifice doit avoir un sens — sinon rien n'a de sens. Etablissant sa voie hors de la durée, hors de l'action, dans un espace aride et pur, il a abdiqué tout ce qui fait le prix et le poids d'une existence commune. Il choisit l'échec. Il choisit l'enfance. Il choisit d'être et non d'exister.

Cependant, son choix reste un pari, un défi, un risque immense. Car il ne sait pas ce qu'il a choisi — ou ce qui l'a désigné. En « se retirant du monde », le mystique, après tout, n'abandonne au néant qu'une mue bariolée.

7. Le Désert des Tartares, op. cit., *pp. 262 et 265.*

Il délaisse ce qui paraît pour aller vers ce qui est. Drogo, lui, ignore vers quoi il va, ou vers qui — ou même si quelque chose ou quelqu'un l'attendent... Et s'il s'était mépris ? S'il avait brisé pour rien, pour une illusion, ses jeunes espérances ? Peut-il sereinement en écarter le doute ?

L'ange exilé

C'est ce doute, précisément, que Buzzati va mettre en scène en évoquant un modèle possible de Drogo, Ettore Zapparoli (nom sans doute inventé mais au bas d'un probable portrait), sorte de « hors-la-loi », de bohémien, « un Peter Pan adulte, un personnage du XIXe siècle né avec un siècle de retard ». Cet artiste raté, ce déclassé — que chacun traite avec une gentille condescendance — est, lui aussi, un stigmatisé de l'attente. Il n'accomplit, au pays des hommes, que de vagues séjours déconcertants et décevants. Sa véritable mesure, il s'obstinera à la rechercher dans les labyrinthes rocheux de la montagne ; jadis-lorsqu'il-était-jeune, « quand il redescendait des cimes, il ressemblait à un archange blond ».

Mais lui, à la différence de Drogo, n'a pas rompu avec la tiède indifférence du monde. L'âge est venu et, parmi « les décombres de glace arrachés par l'avalanche », il continue à errer « seul, au milieu des ruines fantasmatiques de ses cathédrales de verre », guettant on ne sait quel appel monté du silence, encore hésitant à franchir « la frontière inaccessible ».

Et puis, enfin, « un homme qui a désormais cinquante ans s'en va à la rencontre du sort, sans compagnon, sans que personne le sache, comme un petit garçon se sauve hors de chez lui [...]. L'artiste malheureux et fatigué retourne vers la seule créature qui, après son père et sa mère, a été bonne pour lui. » Et puis sa trace se perd, les cris (un peu hypocrites !) de ses amis restent sans écho.

> « La montagne aurait-elle été généreuse cette fois encore ? Bien que cela semble infâme à dire, je me

demande si la grande paroi n'a pas été charitable en effet [...]. Qu'avions-nous à lui offrir s'il revenait ? Comme cela, il est resté intact, préservé dans sa silhouette d'archange, enlevé dans une sorte de triomphe tandis que le vent, les pierres, la neige, les glaciers jouent les symphonies qu'il aurait voulu écrire. Et je le vois encore là, œuvrer avec son piolet, terriblement dénué et seul, tout petit, un enfant, dans l'immensité mystérieuse du sanctuaire[8]. »

Mais à la réflexion, entre Zapparoli, l'archange déchu, et Drogo le pur, la différence est-elle si considérable ? Tous deux ont connu l'immobile vertige d'un appel silencieux. Tous deux s'y sont abandonnés avec la même joie déraisonnable, la même enfantine confiance, la même peur émerveillée...

Quelle coupable folie ! Quelle navrante immaturité. N'écouter d'autre voix que « ce néant plein de mystérieuses résonances[9] » qui environne les vivants... Prendre au pied de la lettre le trop fameux *pari* envenimé du vieux tentateur géomètre... Que répondre à cela ?

« Les satisfactions que l'on tire d'une existence laborieuse, aisée, tranquille, sont grandes, certes, mais l'attraction de l'abîme est encore supérieure[10]. »

« Comme une espèce de prière »

L'attraction de l'abîme... Voilà bien le suprême aveu ! La vie, l'expérience ne nous apprennent rien : tout au plus de vagues présages, des intuitions plus ou moins fallacieuses :

« Ce n'est rien, c'est moi qui m'imagine entendre quelque chose, c'est cela la vérité. Il n'y a rien, jamais rien dans ces maisons humides et nues, pas même le souvenir des morts[11]. »

8. *"Zapparoli", in* En ce moment précis, op. cit., *pp. 228-233.*
9. *"Sic transit", in* L'Ecroulement de la Baliverna, op. cit., *p. 102.*
10. *"Petites histoires du soir" , in* Le K., op. cit., *p. 115.*
11. *"Bruit", in* En ce moment précis, op. cit., *p. 215.*

Et sur ces infimes indices, ces illusions, il nous serait demandé de desserrer notre dernière prise, de nous abandonner à l'horrible plongeon dans le noir !... Quel acte de foi peut autant ressembler à un acte de désespoir ? ou de folie ?

Pour le croyant, cette métaphysique de l'échec peut apparaître admissible (à l'extrême rigueur !). La dépossession forcenée du *moi* n'est qu'un passage douloureux mais nécessaire, la mue indispensable à la désincarnation de l'âme... La leçon est connue... Mais pour cet insomniaque agnostique, la vérité ne saurait être au-delà du gouffre : elle est bel et bien en son fond, en son cœur. Et elle serait donnée — peut-être ! — à qui s'abandonne, à qui accepte ? Elle n'existerait qu'à ce prix ? Peut-être !... Injustifiable postulat.

Ainsi d'un misérable tâcheron de journaliste, Giovanni, qui, tout au long d'une épuisante journée, cherche en vain la trace de cette avalanche dont il a été informé, et qui, le soir venu, harassé, entend soudain derrière lui « le commencement d'un immense écroulement qui semblait secouer la terre entière. Et son cœur s'embrasa, pris par une étrange sensation qui ressemblait à de la joie[12]. »

Mais pour ceux à qui a été refusée cette mystérieuse *réponse*, que reste-t-il alors ? Le désespoir ? Ou bien cet autre *risque à courir*, sans conviction, sans illumination ni révélation d'aucune sorte, chacun dans son espace étroit, enfermé dans la tâche qui est la sienne, obstinément. « Ecrire comme forme de la prière », notait déjà Kafka en son *Journal*. Faire ce qui se doit d'être fait :

> « Certaines choses [...] peuvent être écrites, probablement, même s'il n'y a personne pour les lire... comme une espèce de prière. Car la poésie lyrique se rapproche de la prière. Si tout seul, dans le désert, on sait qu'on ne sera jamais lu par personne, on peut

12. *"L'avalanche", in* L'Ecroulement de la Baliverna, op. cit., *p. 308.*

> écrire une prière, pour s'exprimer soi-même, et par cette prière appeler à l'aide les forces de la nature, de Dieu[13]. »

Attente au désert. Attente pareille à un sillon creusé dans le sable, à un canal tracé de main d'homme dans l'argile d'un pays sans pluie ni sources. Attente aride, stérile, obstinée de cet instant auquel on a, depuis longtemps, cessé de croire, et que l'on persiste malgré tout à espérer : celui où le jaillissement des eaux vives fera enfin de ce sentier de sécheresse un ruisseau.

13. Mes déserts, op. cit., *p. 344*.

« La chose la plus belle... »

« Comme la mort, à la bien considérer, est le vrai but de notre vie, je me suis depuis plusieurs années tellement familiarisé avec ce véritable ami de l'homme que son image, loin d'être effrayante pour moi, n'a rien que de doux et de consolant[1]. »

Au cours de l'été 1971, dans les derniers mois de sa vie, Dino Buzzati, très conscient de l'échéance prochaine, se replie en sa maison natale de San Pellegrino. Il y redécouvre une sorte de paix. Depuis qu'il *sait*, lui est accordée rémission de la vieille angoisse que fut constamment, chez lui, le versant noir de la « torture par l'espérance ».
Les pièces du puzzle vertigineusement brouillées et dispersées s'assemblent, se correspondent. Tout ce qui était inintelligible s'apaise, sans s'éclairer encore. Le dessin n'est pas complet, pourtant. Il y manque un minuscule fragment, pas plus grand qu'un caillou ou une feuille. Cette parcelle terminale, il faut la chercher ailleurs que dans les chemins et les montagnes, ailleurs que dans les livres, au ras du sol, dans l'odeur fraîche de la terre, parmi les herbes et les graviers, à la lueur de la lune amie qui se lève.

Très souvent, au cours de ces crépusculaires *dernières vacances*, ses pas le portent vers la chapelle où repose sa mère ; il note alors en ses carnets :

1. Mozart, lettre à son père du 4 avril 1787, in Correspondance, *Douniol, 1857, p. 313.*

« Dans les moments difficiles, je vais chez maman. Elle me comprend tout de suite. Elle m'attend au seuil de la vieille maison. Elle n'est plus là, n'est plus là, dans sa chambre il y a le vide, le néant[2]. »

Désormais, le rapport de forces est inversé : du côté du visible, dans la chambre désertée, il n'y a rien d'autre que « le vide, le néant ». La vérité, la vie peut-être, ont changé de camp. L'issue, dès lors, est tracée ; la porte de la vieille maison s'est entrebâillée sur la lueur d'une lampe...

« Celle que l'on désire le plus... »

Dans la thématique buzzatienne, la mort ne saurait être l'accomplissement de l'œuvre destructrice du temps — son *coup de grâce*. La mort relève d'un autre ordre, d'une autre nature. Elle est un continent inexploré, une réalité indéchiffrée qui commence là où finit l'empire mensonger du temps. Mais elle ne se situe ni dans son prolongement, ni dans sa *ligne*.

On peut évoquer ici cette parole terrible de Mauriac, à propos d'un de ses amis de jeunesse tué à vingt-huit ans, en 1914, Jean de la Ville de Mirmont : « La mort détruit, mais la vie dégrade. » Or, par un singulier paradoxe, c'est chez l'écrivain en proie au doute métaphysique que l'enjeu mortel finira par se transformer en une espérance rayonnante, presque consolatrice, une justification de notre tâtonnante route, et dont le plus fidèle écho demeure le vers célèbre de Baudelaire : « C'est la mort qui console, hélas, et qui fait vivre. »

Le temps n'est rien d'autre qu'un spadassin, un voleur, un agresseur sournois dont le seul dessein est d'envahir, de miner notre conscience, de saper notre force vitale. La mort, elle, est une souveraine voilée, une indéchiffrable alliée dont l'approche silencieuse, le muet compagnonnage apportent à l'aventure humaine son sceau de dignité, mais aussi sa saveur, sa poignante beauté, sa fragile splendeur. Elle est, pour reprendre le terme de Malraux, une « métamorphose de la vie en destin ».

2. Cité par Antonella Montenovesi.

Le miracle, c'est que nulle nécrophilie, pas la moindre exaltation morbide ne fassent écho, chez Buzzati, à sa réflexion — mais bien plutôt une sorte de confiance, une sérénité sans éclat. On peut considérer, en effet, comme dépouillée de tout effet « littéraire » cette confidence de l'écrivain malade, recueillie dans *Mes déserts* :

> « J'ai cherché à dire que dans l'au-delà la chose la plus belle est la mort. La chose que l'on craint le plus est celle que l'on désire le plus là-bas. Là-bas, on comprend que c'est la mort qui donne du goût aux choses de la vie. Autrement, la vie serait la chose la plus épouvantable et la plus idiote qui soit. Quand l'homme rêve à l'immortalité, il rêve à sa propre infélicité, totale et idiote. Que serait la course en automobile si derrière il n'y avait pas la mort ? L'alpinisme, que serait-ce ? L'exploration, que serait-ce ? Quel sens cela aurait-il eu d'aller au pôle Nord s'il n'y avait pas le danger d'y laisser sa peau ? C'eût été la chose la plus idiote de cette terre. Il n'y a aucun doute. Et même dans l'amour il y a fondamentalement l'idée de la mort. Pris à son sens le plus simple, c'est-à-dire en tant qu'acte destiné à mettre au monde une créature qui devra mourir, il débouche sur la mort[3]. »

Et Buzzati cite quelques vers de *Poème-Bulles*, où ce thème est déjà enclos :

> « Vous en souvenez-vous, mes amis
> de ce bien suprême
> jamais joyeux
> parce qu'il ne serait rien
> si au fond cette idée manquait
> qu'un jour tout finira. »

Thanatopraxis

Ainsi, ce qui justifie la vie peut tout autant légitimer la mort, la libérer de son effroyable image. Il est permis de

3. Mes déserts, op. cit., *p. 348.*

discerner là, selon ses tendances propres, une manière d'acte de foi ou l'expression d'un stoïcisme, d'une résignation empreinte de dignité. Les propos tenus à Yves Panafieu par l'écrivain en juillet 1971 — donc à six mois d'une mort qu'il savait imminente — laissent cette interrogation en suspens, mais prennent dans leur nudité, leur lucide sobriété, une émouvante dimension testamentaire :

> « Oui. La maladie me fait peur. — Pourquoi ? — Parce qu'elle est l'humiliation. » (La maladie étant ici démasquée comme l'accélération du processus temporel de destruction.) « Et la mort ? — Je te l'avoue : elle m'a toujours fait peur. Mais l'idée de mourir — considérée froidement — m'épouvante moins maintenant qu'autrefois. A présent, ce qui me fait peur, c'est la douleur et l'humiliation[4]. »

Aveu révélateur de ce recours à la fois désespéré et chargé d'une indicible espérance que l'agnostique Buzzati (l'agnostique déclaré...) place en cela même qui, aux yeux d'un écrivain athée, serait le signe éclatant de la condition absurde de l'homme. Yves Panafieu (dans une étude principalement consacrée au théâtre buzzatien) n'hésite d'ailleurs pas à parler, à ce propos, d'une véritable « thanatopraxis » affleurant tout au long de l'œuvre :

> « Rôle cathartique, valeur curative, volonté affirmée [...] de faire de la mort une espèce d'antidote à opposer aux puissances maléfiques, pour que le bien retrouve droit de cité parmi les hommes[5] ».

Il est d'ailleurs à souligner que, dans sa réflexion, Buzzati récuse dans l'acte de mourir, ainsi qu'il est naturel à toute créature vivante, l'abominable passage où se conjuguent la douleur, la dégradation, la déchirure — ce qu'il nomme, avec pudeur, « l'humiliation ». En revanche, il est parvenu à apprivoiser « l'idée de mourir » — non pas le concept moral ou philosophique de mort, puisque, sans la lumière de la foi, un tel état est, à la lettre, inconcevable,

4. Ibid., *p. 351.*
5. Cahier D.B., op. cit., *n°1, p. 75.*

et que, chez le croyant lui-même, la mort n'est envisageable que dans la mesure où elle n'existe pas, où elle s'autodétruit par la métamorphose radicale du temps mortel en cette antimatière du temps qu'est l'éternité.

« La grande loi »

Pourquoi la mort est-elle pour l'homme tellement plus effrayante que le temps ? C'est que le temps, bien qu'il soit par essence invisible, impondérable (une *vue de l'esprit*), peut aisément revêtir une figuration familière : celle du vieillissement, de l'usure, de l'érosion (le vieillard à la faux). Il est également traditionnel de le « visualiser » en termes d'espace — qu'il s'agisse de mouvement (le voyage) ou, au contraire, de corrosion, de stagnation dévoratrice.

La mort, en revanche, ne saurait être comparée à rien d'autre qu'à elle seule, c'est-à-dire à l'inconnaissable absolu. Chacun a l'expérience du temps. Aucun de nous celle de la mort. Ce que nous pressentons d'elle, c'est ce que nous avons éprouvé de la mort des autres, de cette part de notre propre mort enclose en la mort de ceux que nous aimons.

Notre seule « expérience vécue » de la mort est négative, accusatrice : cette part mortelle, c'est, au cœur de nos vies, ce que nous n'avons pas vécu, le *temps mort*, l'étoupe de nos abandons, les branches sèches de nos renoncements. Le temps réel de notre vie — ce sur quoi la mort elle-même reste sans pouvoir —, c'est la dureté sans faille de ce que nous avons accompli, si mince, si peu glorieux, si insignifiant que cela paraisse : l'inaltérable d'une parole dite en temps voulu, d'une main saisie, d'une aide apportée alors que c'était possible.

Voilà l'inexorable : le poids impondérable et accablant des *journées perdues*, des occasions manquées, des promesses trahies, des rencontres différées. Non pas la faible étendue du temps accordé, mais tout ce que nous y avons laissé en friche — ce fatras de caisses vides qu'emporte le déménageur, et qui vont être tout juste bonnes à jeter :

« Tes journées perdues. Les journées que tu as perdues. Tu les attendais, n'est-ce pas ? Elles sont venues. Qu'en as-tu fait ? Regarde-les, intactes, encore pleines, et maintenant[6]... »

En sa farouche nudité, la mort reste rebelle à toute imagerie autre que grossière. Mais, par cela même, elle est offerte à mille possibles. (« C'est le portique ouvert sur des cieux inconnus » chanté par Baudelaire.) Elle est la page vierge où nous écrivons notre réponse, ou notre désir — ou notre peur. Elle peut tout aussi bien signifier la fin, la négation ou, à l'opposé, l'éternité, la rédemption, le retour à « ce qui était perdu ». Elle peut enfin n'avoir, en elle-même, aucune espèce de signification, n'être que l'illusion suprême.

Seulement, pour le savoir, pour en détenir la preuve, il ne suffit pas de célébrer la sombre splendeur du mystère ; il faut acquitter son droit de passage. La mort ne se paie pas de mots, ni de chants, pour sublimes qu'ils puissent être. Elle est nudité, dépouillement. C'est pourquoi Eura (Eurydice) refuse de suivre Orphy (Orphée) dans son retour vers la lumière : parce qu'il repousse « la grande loi », parce qu'il met en doute la part d'amour qui existe en son nouveau royaume — parce qu'il s'est refusé à tout donner de lui-même, qu'il n'est pas encore prêt, pas encore digne :

« Orphy, cher Orphy, trésor, il y a des puissances devant lesquelles même des hommes comme toi ne sont que poussière, fourmis égarées. Mais un jour nous nous retrouverons peut-être[7]. »

Nous pressentons toutefois que la mort représente le récif où se rompt la temporalité, qu'elle constitue le terme de l'épuisant affrontement entre l'angoisse et l'espérance —

6. *"Solitudes" ("Les journées perdues"), in* Les Nuits difficiles, op. cit., *p. 25.*

7. Poème-Bulles, op. cit., *p. 205. Il est à noter qu'Orphy, en son voyage pour l'au-delà, a gardé au poignet son bracelet-montre — symbole pulsatile du temps —, viatique dont il refuse de se dépouiller en échange de la bague que lui tend Eura.*

ou leur fusion en une nouvelle réalité dont la nature nous est davantage étrangère que la substance des plus lointaines étoiles. Nul ne saurait détenir, si sage ou instruit qu'il soit, le moindre atome de cette science fondamentale, celle qui effacerait toutes les autres. Seuls les élans de la foi permettent de jeter hardiment sur l'abîme d'incertaines passerelles.

Le grand scandale, c'est que toute l'énorme masse de souffrances accumulées au long de l'aventure humaine, le dur passage tant de milliards de fois répété n'aient rien apporté à notre interrogation anxieuse. C'est de son inconnaissable que la mort tire l'essentiel de sa puissance pernicieuse, cette peur qui crée autour d'elle un no man's land maudit, fait des morts eux-mêmes de dangereux étrangers, attise le malentendu, transforme l'interdit en irrémédiable, brise la communauté humaine — comme si la mort n'appartenait pas à l'essence même de l'humain. C'est donc la peur, et non la mort en elle-même, qui représente la véritable ennemie, c'est elle seule qui s'acharne à dresser les murailles entre les vivants et les morts, entre la conscience et son devenir :

> « Ta peur, celle que tu portes en toi. Et pour t'en délivrer, tu la nies. C'est à cause de cette peur que tu refuses de voir, d'entendre, de comprendre. Et tu te fâches contre ceux qui cherchent à te faire ouvrir les yeux. Et tu la hais[8]. »

« Le noir »

La mort est peut-être la lumière suprême, mais une très antique terreur, transmise d'âge en âge, charriée par les eaux souterraines du sang, l'a rejetée du côté de la nuit. Elle devient ainsi l'ennemie à l'affût, la menace latente guettant la petite flamme vacillante de la conscience, rôdant autour de l'île éclairée suspendue au centre des ténèbres. Qui sait si elle n'est pas aux aguets dans le corps

8. *"La colonne infâme", in* Cahier D.B., op. cit., *n°4, p. 112.*

lui-même, tapie dans les profondeurs inconnues de la chair, pareille à l'ombre qui envahit une demeure où ne veille plus qu'une seule lampe ? Qui sait si tel organe ne va pas trahir, passer à l'adversaire ? Qui peut affirmer qu'elle n'a pas, dès à présent, d'actifs complices dans la place ? C'est à ce terrifiant *check-up* en forme de verdict (condamnation, acquittement également arbitraires) que, pour les besoins d'un reportage, Buzzati se soumet en août 1965, sous l'œil perforant de Madame Pasqualina, thaumaturge de campagne, dont le regard bonasse a l'effrayant pouvoir de distinguer à travers le corps humain, « aussi bien que dans ces atlas anatomiques à feuillets superposés qu'on utilise parfois dans les écoles ».

> « Elle pénètre automatiquement, d'un simple regard, par-delà la peau et les faisceaux musculaires, jusqu'aux veines, aux artères, aux ventricules et oreillettes, au côlon ascendant et descendant, qui se présentent chemin faisant à elle dans toute leur vérité charnelle, et s'il s'y trouve la moindre imperfection, une malformation ou n'importe quoi qui n'y est pas à sa place, elle l'aperçoit aussitôt[9]. »

Oui, la menace sans nom est là peut-être, quelque part tapie dans cette jungle chaude et rougeâtre, impénétrable, où bat le tam-tam du cœur...

Peu importe, dès lors, si, pour notre infirme connaissance, la mort n'est qu'un mot, une empreinte en creux (« un mot concave et doré », écrivait Colette), la cire perdue d'une forme inconcevable. Notre angoisse de vivants est fondée sur l'inconnaissable ou, pire encore, sur notre refus obstiné de connaître.

Notre existence entière s'écoule dans l'attente d'une révélation, d'une certitude que seule la mort — cette incertitude suprême — serait capable de nous apporter. Or, la fin de l'histoire, son dernier mot, ne peuvent être écrits, dans aucune langue. Des points de suspension — ou d'interrogation — sont au bout de toute œuvre, de toute

9. Mystères à l'italienne, *Robert Laffont, p. 67.*

vie. Un primitif comme un génie se trouvent logés à la même enseigne : les *Pensées*, ce qui a été médité de plus profond sur la condition humaine, ne sont qu'un brouillon laissé en suspens, une liasse hirsute qu'il a fallu classer, reconstituer — puzzle du vertige...

Il y a une manière d'ironie du dérisoire, un grincement de néant en pareil sentiment d'inachevé (et d'inachevable), propre à toute entreprise humaine. Car, de ce fait, aucune expérience n'est transmissible, même pas la conviction du mystique. Un théologien peut *faire école*, mais pas un saint. Et, en sa fulgurance, la « nuit de feu » n'a ébloui qu'un seul cœur.

L'espoir lui-même est capable de devenir un instrument de supplice bien pire que le doute. Car, tout au bout du doute, il doit bien finir par exister une sorte d'anesthésie, d'atonie spirituelle — un repos ou du moins un répit. Ou une fatigue. L'espoir, lui, est inépuisable. Sans relâche, il creuse au vif de notre chair. Il est la soif sans la source, l'insomnie sans l'aube. Il est la promesse déraisonnable, l'enfant qui vous tire par la main. Il est celui qui ne renonce jamais — ce sentiment que, quelque part, *quelqu'un t'attend* :

> « Tu gagnes durement ta vie ici, tu t'habilles en gris, tu perds déjà tes cheveux, dès la moitié du mois tes comptes sont pénibles. Tu es un parmi tant d'autres [...]. Mais là-bas, dans la cité dont tu ignores le nom, un puissant seigneur t'attend pour te soulager de toute peine : pour te libérer de la fatigue, de la haine, des épouvantes de la nuit [...]. Mais c'est peut-être beaucoup plus près, à deux pas, dans les murs mêmes de ta propre maison[10]. »

Nous sommes restés, si vieux que nous soyons, pareils à des enfants qui connaissent passionnément leur peur mais non l'objet de leur peur, des enfants qui s'endorment toujours avant la fin de l'histoire qui pourrait les apaiser. C'est encore et toujours en cette peur déraisonnable du

10. "Quelqu'un t'attend", in En ce moment précis, *op. cit., pp. 73-74.*

« noir » que réside la pernicieuse emprise (l'imposture, peut-être) de ce que nous nommons « la mort », ce venin qui corrompt, dès sa source, le flux vital, la radieuse lumière du jour intact, le goût des joies simples :

> « S'il pensait à sa condamnation inexorable, plus rien, absolument plus rien ne lui importerait. C'est vrai, il ne se ferait plus tellement de souci pour l'argent, mais même tout le reste n'aurait plus de goût, même la nourriture, même les belles filles, même la musique, l'admiration pour les chefs-d'œuvre, même les montagnes, les plages désertes de l'océan, même la philosophie. Tout ne serait plus que fange aride, où il s'abîmerait en vain. Dieu seul, peut-être ? La foi... Mais lui, il ne l'avait pas[11]. »

C'est donc la foi — elle seule — qui fait la différence. Elle est infime (« gros comme un grain de sénevé »), et cependant radicale. Mais entre ceux qui la possèdent et ceux auxquels elle a été refusée, la différence, pour finir, n'est pas si grande. Il y a, au bout, la même « porte étroite », et derrière, la même issue ou le même gouffre. Il est logique, naturel, pour un croyant, de considérer que le monde est une illusion et que « nous ne voyons rien qu'en apparence et comme à travers un miroir » (Epître de saint Paul). Mais si, pour l'incroyant, seul le « rien que la terre » du credo matérialiste reste dans l'ordre logique des choses, quelle ombre de justification peut avancer celui qui, n'ayant pas la foi, s'acharne à mettre en doute les assises de ce qui l'environne, à fissurer les flancs de sa barque de sauvetage ?

« Notre plus profond souvenir »

Il se pourrait aussi que l'espoir existe, sinon de désarmer la mort, de l'élucider et de lui ôter ainsi sa puissance, du moins de l'aborder avec suffisamment d'abandon, de confiance, un peu comme un enfant se confie au sommeil. La mort, c'est le blanc de la page après la dernière ligne,

11. *"L'ultime amante", in* Cahier D.B., op. cit., *n°1, p. 148.*

ou la suprême rature. Cet *explicit* immaculé, il doit bien exister une possibilité de le regarder bien en face, sans défi ni dégoût, avec *naturel*. C'est ainsi que, dans l'un des passages les plus beaux du *Désert des Tartares*, Buzzati environne d'une sorte d'aura magique la fin du petit lieutenant Angustina, recouvert, effacé peu à peu par la neige. Mais que lire sur cette blancheur ?

> « Que voulais-tu dire, Angustina ? Tu t'en es allé sans achever ta phrase ; peut-être n'était-ce qu'une chose idiote et banale, peut-être un espoir absurde, peut-être aussi n'était-ce rien[12]. »

Et si, pour chaque être, toute fin représentait le *juste dû*, l'exacte mesure de son attente ou de sa confiance, de son exigence ou de son sacrifice ? La mort est peut-être ce que nous la faisons, ce que nous la voulons, ce que nous l'avons *vécue*. Elle est peut-être le seul visage du « temps retrouvé », notre plus fidèle miroir, une mémoire plus ancienne, plus profonde que notre oublieuse et mortelle mémoire... Il y a ce mot si troublant d'Ernst Jünger : « La mort est notre plus profond souvenir »...

Il est possible que, par peur ou par défi, nous la placions trop haut ou trop loin, que nous la voulions trop difficile, semblable à un fait d'armes héroïque, à une grandiose prouesse, un drapé de statue, alors qu'elle n'est qu'un acte parmi les actes. Si nous l'acceptions, si nous ne la repoussions pas avec tant d'horreur et de dégoût, en ennemie, elle pourrait nous donner, en un instant, cette justification, cette preuve que nous cherchons en vain dans le dépassement, la conquête, la bataille...

Tel est le sens de la conversation entre Ortiz et Drogo, à quelques semaines de la mort de leur jeune camarade :

> « Parfois, remarqua Ortiz, je me dis : nous désirons la guerre, nous attendons l'occasion favorable, nous crions à la malchance parce qu'il n'arrive jamais rien. Et pourtant, vous avez vu ? Angustina [...]. Comme nous, il n'a pas affronté l'ennemi, pour lui non plus

12. Le Désert des Tartares, op. cit., *p. 160.*

> il n'y a pas eu la guerre. Et pourtant, il est mort comme dans une bataille [...]. Il a su mourir au bon moment. Comme s'il avait reçu une balle. Un héros, il n'y a pas d'autre mot. Et pourtant, personne ne tirait. Les probabilités étaient identiques pour tous les autres qui étaient avec lui ce jour-là, il n'avait vraiment aucun avantage sur eux, sinon peut-être celui de pouvoir mourir plus facilement [...]. Après tout, on a toujours ce qu'on mérite. Angustina, par exemple, était disposé à payer cher ; nous, par contre, nous ne le sommes pas, peut-être que toute la question est là. Peut-être nous autres demandons-nous trop. En réalité, on a toujours ce qu'on mérite[13]. »

Le secret d'Angustina, son *mérite* tiennent assurément en ceci : il a su regarder la mort sans dégoût ni horreur, avec des yeux d'enfant. Il a su la voir telle qu'elle était, telle qu'elle lui renvoyait son intacte image. Alors, il s'est confié à elle. Et elle ne l'a pas trahi. Elle ne l'a pas abandonné.

« Le temps immobile »

Au regard de Buzzati, nul doute que l'enfance et la mort, ces deux *extrêmes* de l'expérience humaine, ces deux terres vierges (ce que nous avons oublié et ce que nous ignorons) ne se trouvent ainsi réunies par une nature commune, une manière d'obscure gémellarité. L'une et l'autre échappent, en deçà et au-delà de ce rêve agité qu'a été l'existence, à l'emprise corruptrice et corrosive du Temps. Elles sont secrètes, intransigeantes, intactes : dans la scène que nous venons d'évoquer, par un double jeu d'images, nous assistons à la fois à la transfiguration du petit lieutenant, peu à peu recouvert par la neige, revêtu par elle d'un manteau aux « nobles plis » de chevalier immaculé, et aussi au rêve consolateur qui le berce : il est redevenu, à la fenêtre d'un « merveilleux palais illuminé », ce qu'il a été, ce qu'il n'a cessé d'être dans la pureté de son cœur :

13. Ibid., *pp. 161-162.*

« lui, Angustina enfant, d'une pâleur impressionnante, vêtu d'un élégant costume de velours, avec un col de dentelle blanche », guettant, ainsi qu'à la veille de quelque Noël radieux, le flottant, le translucide cortège des esprits et des elfes qui va l'emporter à travers le ciel nocturne dans un arachnéen palanquin ailé.

Les années, les actes, les errements intermédiaires se sont effacés aussi simplement qu'un peu de buée contre une vitre. Cet adoubement, ce ravissement, l'extraordinaire tendresse qui les baigne évoquent de tout près la définition donnée par Cocteau de la mort : « une naissance à l'envers » — autrement dit un passage. Alors même que le temps, tout jalonné qu'il soit d'événements extérieurs, de resplendissants reflets, de sombres ou éclatantes images, n'aura jamais été, selon l'expression de Max-Pol Fouchet, qu'une « vaste matrice absorbante, dévorante et quasiment immobile[14] ».

« La patrie »

Alors, si, depuis des siècles, des millénaires — depuis l'origine, qui sait ? —, les hommes s'étaient trompés, n'avaient pas déchiffré ou avaient refusé le message ? Si la nuit ne nous voulait aucun mal ? Si son désir était de nous bercer et non de nous ensevelir, de nous consoler et non de nous effrayer ? Si nous l'avions mal comprise, mal jugée ? Si son silence n'était si absolu qu'afin qu'une voix s'en élève, si ses ténèbres n'étaient si épaisses que pour y mûrir les lampes des hommes, ainsi que les graines dans la terre ? Non point les grandes balises glacées qui fourmillent au noir de l'éther, mais ces étoiles terrestres, clignotantes, périssables, au ras du sol :

> « O étoiles infiniment petites, plus minuscules encore que le lumignon qui brûle au carrefour, devant le tabernacle, plus petites que l'allumette enflammée, plus insignifiantes que l'étincelle provoquée par la

14. *Max-Pol Fouchet, "Le sens de l'irrémédiable dans l'œuvre de Dino Buzzati", in* Cahier D.B., op. cit., *n°5, p. 223.*

chaussure du braconnier lorsqu'elle heurte les pierres, combien plus belles, mystérieuses et plus nobles sont les lumières de la nuit humaine : le feu dans la cheminée, par exemple, les torches, les fanaux des trains, les phares, les lueurs des hauts fourneaux, la bougie au fond de la mansarde[15]... »

La nuit, c'est davantage que notre mémoire. C'est notre manteau, notre demeure — celle de notre enfance. Même délabrée, même défigurée, nous la reconnaissons. Même les yeux fermés nous la reconnaîtrions. Là est notre terre natale. Notre patrie — oui, c'est le mot juste, notre patrie reniée, notre inacceptable, notre invivable patrie — « notre vieille maison, notre antique tombe[16] ».

« Et voilà qu'apparaît, après le détour du pont, notre misérable bicoque. A contre-lune, elle ne serait pas si laide que cela, avec ses statues, là-haut, sur la corniche, et ses deux tourelles à dôme, et les plantes grimpantes qui ressemblent à des chevelures en désordre. Mais à l'intérieur, nous le savons bien, ce sont toujours les mêmes choses, une lumière parcimonieuse donnée par des lampes fumeuses, et jamais un jour de gaieté. Seule resplendit, sous l'à-pic du toit, la fenêtre éclairée de maman [...]. C'est nous qu'elle attend. Maman n'est pas capable de trouver le sommeil si nous ne sommes pas rentrés à la maison. Lorsque la porte du rez-de-chaussée grince, là-haut elle tend l'oreille et elle reconnaît chacun de nous à son pas[17]. »

Mauriac, en ses souvenirs, évoque « la lueur d'une lampe éteinte » qui n'a cessé de briller au fond de lui, en sa nuit intérieure : celle de la chambre où sa mère, pour la prière d'avant le sommeil, réunissait ses enfants. C'est, entre toutes les étoiles de la terre, cette même lampe qui s'allume et tremble pour Dino Buzzati lorsque, aux derniers mois de sa vie, il retourne vers la demeure d'enfance de San

15. "Les étoiles !", in Nous sommes au regret de..., op. cit., *p. 101.*
16. Poème-Bulles, op. cit., *p. 125.*
17. "La patrie", in En ce moment précis, op. cit., *pp. 193-194.*

Pellegrino. Ce n'est ni un pèlerinage nostalgique, ni le repliement d'un homme blessé. C'est un retour vers l'essentiel, la suprême tentative d'élucidation, comme au temps où, pour son « reportage », il se blottissait sous l'escalier du grenier, dans l'ombre chaude, pour surprendre les pas de chat du vieux fantôme.

L'enfance est cette eau noire et fraîche, cette nuit enclose entre des pierres usées, et l'homme se penche à la margelle du puits pour tenter de deviner, très loin, de l'autre côté de la terre, là-bas, tout au fond, cet autre visage qui, à des années-lumière, l'interroge, incliné lui aussi vers un avenir révolu.

C'est elle, l'antique maison nocturne, le grand arbre touffu, un peu vermoulu, avec le *berceau* de ses branches, les boiseries craquantes, le mystérieux « fond du lit », les dessins prodigieux de la tapisserie, les îles rousses dérivant au plafond, la caverne aux chimères qu'il a bien fallu abandonner pour courir le monde et la fortune. Et comment croire encore à ses sortilèges embués de poussière et de moisissure, à ses miroirs éteints ? Pourquoi revenir à l'ancestrale tanière, et non vers les cimes, la lumière, l'éblouissement ?

> « Tandis que je me dirige vers ma chambre, la lampe que je tiens à la main éclaire les pièces où s'est passée ma vie. Les meubles, les rideaux, les vases projettent de longues ombres qui, alors que j'avance, courent sur les murs, comme si elles voulaient me fuir [...]. Partir ? Comment fait-on pour partir ? Oh ! je ne peux pas... Mon doux taudis, ma baraque bénie... notre patrie, pardonne-moi[18]. »

La frontière

Voilà le terme, et voilà le secret. La vie n'est que l'adolescence de la mort. Nous ne sommes riches d'aucune expérience. Heureux encore si nous avons su purifier notre

18. Ibid., *p. 195.*

regard. « Il existe dans toute vie, et particulièrement à son aurore, un instant qui décide de tout », a écrit Jean Grenier. Oui, ce « moment précis » *existe*, il n'est pas perdu. Il est demeuré quelque part, oublié, égaré, intact. Non pas égaré, peut-être, ni réellement caché, mais là, évident. Nous le verrions tout de suite si nous étions demeurés intacts. La reconnaîtrons-nous, la mort, notre enfance retrouvée — notre enfance défigurée ?

On ne peut pas redevenir pur, c'est vrai, mais il est possible de redevenir pauvre. Même abandonnés, même désenchantés, certains lieux nous y aident. Il est ainsi, au cœur de la nuit, une sorte de cristal limpide, une transparente clairière. Jamais comme au fond du jardin de San Pellegrino, à travers le clair de lune qui la transfigure ou, peut-être, lave son visage insulté, Dino Buzzati n'a autant pressenti combien la nuit avait quelque chose à lui dire — non le secret d'une enfance immortelle, mais celui d'un perpétuel enfantement :

> « Encore une fois — et le phénomène se répète chaque été depuis toujours — je me suis demandé : pourquoi ? Pourquoi cette beauté sans remède, déchirante, transfiguration du monde, poésie à l'état pur ? Pourquoi ? D'où vient-elle ? Du silence ? De l'immobilité sépulcrale des choses ? [...] Comme durant tant d'autres nuits, j'aurais aimé rester là, à la contempler, pendant des heures et des heures, et, en même temps, je sentais un étrange besoin de fuite, comme s'il y avait eu pour moi quelque chose de trop difficile, un risque, un obscur tourment [...]. Ai-je enfin compris ? Au clair de lune qui transforme les pauvres apparences du jour en un paradis où il serait bon de naufrager à jamais, les choses du premier âge restées intactes, tandis que nous nous précipitons au fond du puits de la vie, elles aussi, cherchent à me parler. Mais que veulent-elles dire ? Seulement remémorer les lointains jours heureux ? Révéler les énigmes de cette terre que je n'ai jamais réussi à comprendre ? M'expliquer la stupidité de notre vie et de nos peurs ?

M'enseigner le remède — sans doute très simple — pour trouver la paix de l'esprit ? [...] Elles n'y réussissent pas encore. Et elles ne peuvent faire davantage. Et moi non plus je ne peux rien faire pour franchir la frontière qui nous sépare[19]. »

Qu'ajouter à cela ? Beaucoup d'œuvres importantes — la plupart des œuvres qui *comptent* — sont une tentative pour traverser la nuit, pour atteindre l'autre rive. La singularité, la grandeur, le tragique aussi de la démarche buzzatienne, c'est d'avoir élu (non par renoncement, mais au prix d'une étrange espérance) le cœur même de la nuit comme destination et comme havre. Mais ce n'est pas une navigation au récif. Seulement, dans l'inextricable labyrinthe de signes et de miroirs, Buzzati a, jusqu'à la limite de ses forces, déroulé son fil d'encre. Nous le suivons, nous, jusqu'à cet endroit, ce « moment précis » où le fil s'interrompt. Nous n'avons rien à imaginer au-delà : il n'appartient à personne de décrire l'aube du jour prochain.

« Mais qu'il est beau ce mot "demain" ! pensait Prestinari à qui il n'était plus donné de pouvoir le prononcer[20]. »

Un poème de Buzzati se termine par ce vers qui pose la question dernière — la seule question possible :

« Eternité de nuit ou de lumière[21] ? »

Quelle œuvre, quelle vie ne se trouvent résumées dans cette interrogation ?

Une boule de papier

« L'avertissement parvient à tout le monde, plus ou moins en avance, parfois de quelques heures, ou de jours, parfois de mois ou même d'années ; il n'existe pas d'exceptions »,

19. "Clair de lune", in Le Rêve de l'escalier, op. cit., *pp. 216 à 220.*
20. "Bataille à la Biennale de Venise", in Les Sept Messagers, op. cit., *p. 184.*
21. Poème-Bulles, op. cit., *p. 214.*

écrit Dino Buzzati le 19 décembre 1971, à la dernière page de son journal.

C'est du cœur de la nuit que, rapporte un de ses biographes[22], lui parviendra l'ultime message, selon un de ces épisodes insignifiants et primordiaux qu'il aurait pu lui-même imaginer pour l'un de ses personnages : un soir, vers la fin de sa vie, au retour d'un dîner chez des amis, Dino Buzzati demande à Almerina, sa jeune épouse, de freiner et d'arrêter la voiture. « Il est déjà au bord de la route où il observe avec une extrême intensité une boule de papier qui, à la lueur des phares, semble venir vers lui, se dandinant comme un chien fidèle qui reconnaît son maître. »

Que contient-il, ce message chiffonné, ce rebut de papier sans doute poussé par le vent ? Une tache d'encre ? Une phrase raturée ? Un graffiti ? Une parole capitale ? Ou alors, rien — une simple feuille blanche roulée en boule...

Il la reconnaît aussi. Nul besoin de la ramasser, de la déployer pour chercher à savoir, à comprendre. Cette histoire, il l'a déjà imaginée dans une de ses nouvelles, au détail près ; il l'avait aussi vécue et notée dans son *Journal*, le 16 juin 1954. Alors, oui, il se posait la question... Tant de questions... Mais, à présent, ce n'est plus ce qui est écrit qui compte. C'est — enfin — ce qui est.

Qui donc a dit : *La mort est la première nuit paisible* ?

22. Antonella Montenovesi.

En haut. De gauche à droite : Dino (à 4 ans), Alba, sa mère, Augusto, son frère aîné, Giulio-Cesare, son père, et Nina, sa sœur, dans les jardins de la villa San Pellegrino.

En bas. Dino (8 ans), Nina, Augusto et Adriano, le frère cadet.

En haut. La villa San Pellegrino (Belluno, Vénétie). Le bâtiment central date du XVIe siècle. En 1820, lui furent adjointes deux ailes latérales. Ses murs extérieurs sont décorés de fresques de Pompeo Montelti.

En bas. Le « grenier » hanté du fantôme débonnaire, cher à l'enfance. Au fond, la chapelle familiale où Dino fut baptisé et où reposent aujourd'hui ses cendres.

Dino Buzzati à 15 ans.

Dino Buzzati à 18 ans.

Dino Buzzati en 1927, pendant son service militaire. Déjà la silhouette de Drogo du Désert des Tartares...

A Venise, en 1928, l'année de son entrée au Corriere della Sera.

A Milan, en 1929.

En 1930, l'année où il commence à écrire Bàrnabo des montagnes.

Séjour en Ethiopie, en 1939.

Convalescence à San Pellegrino en 1940.

A bord du croiseur Fiume, *en 1941.*

En excursion dans les Dolomites en 1945.

En 1958, devant son tableau La Piazza del Duomo di Milano.

En 1966, devant le portrait d'Almerina, lors d'une exposition à la galerie Gian Ferrari, à Milan.

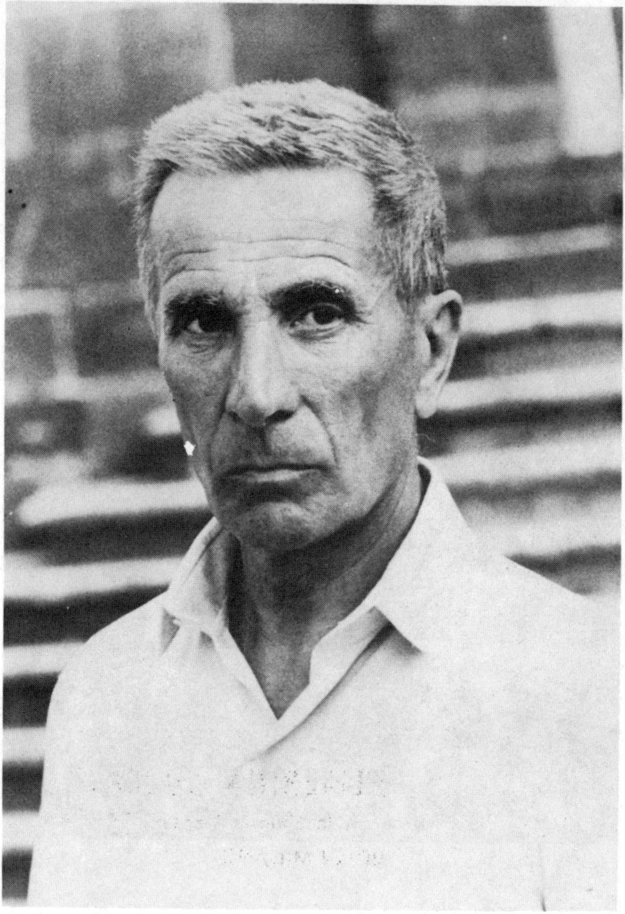

En 1967.

En 1969, devant son tableau Le Grand Chien
(« Il cagnone di Almerina »).

Le Grand Chien, *acrylique sur toile, 1969.*

1969. Dans son appartement, Viale Vittorio Veneto, à Milan (au fond, une toile de Paul Delvaux).

Dino et Almerina Buzzati en 1969 (photo inédite).

En 1971. De gauche à droite : Eppe et Nina Ramazzotti, Dino et Adriano.

Le laboratoire secret

Entretiens
Dino Buzzati-Yves Panafieu

Ces entretiens sont extraits d'un ouvrage d'entretiens publié en 1973 (éd. R. Laffont), intitulé *Mes déserts*.

I

L'alchimie des idées

> *D.B.* Il y a eu des périodes, même dans le passé, au cours desquelles des mois se sont écoulés sans que j'eusse une idée. Alors, je devenais fou. Et alors, parfois, je cherchais à les élaborer, ces idées, et j'allais jusqu'à faire des récits qui, ensuite, étaient dépourvus de vie...
>
> *Y.P.* Tu as dit que le fait de ne pas avoir d'idées te faisait devenir fou... Pourquoi *voulais*-tu avoir des idées ?
>
> *D.B.* Parce que c'est ça, ma vie. Non ?... C'est comme si un maître nageur ne savait plus nager !
>
> *Y.P.* Mais pour quelle raison était-ce *ta* vie, comme tu viens de le dire ?
>
> *D.B.* Ah, je ne le sais pas, pourquoi c'est ma vie !... Pourquoi est-ce ma vie ?... Que veux-tu que je te dise ?... Si un jour je ne suis plus capable de rien faire, vraiment, il vaut mieux que je meure !...
>
> (Conversation d'Y.P. avec D. Buzzati.)

Yves Panafieu : Tu m'as dit que tu n'écrivais pas si tu n'avais pas l'inspiration. Qu'est-ce que c'est, pour toi, l'inspiration ?

Dino Buzzati : C'est l'idée. L'idée précise.

Y.P. Et quel est pour toi le moment le plus favorable à l'éclosion des idées ?

D.B. Vois-tu, certains disent que les idées viennent en marchant... Pour moi, ce n'est absolument pas vrai, car lorsque je marche je ne pense à rien, vraiment, je ne réussis à penser à rien. Dans mon cas, le calme qui fait germer les idées, c'est, depuis quelques années, la tranquillité dans le lit, dès que je me réveille. Et c'est une chose qui ne m'arrivait pas lorsque j'étais jeune. Mais à présent, si je reste au lit une demi-heure, dans cette demi-heure une quantité de problèmes sont résolus. En ce sens on peut dire que le proverbe italien — auquel je ne croyais pas —

qui dit : « Le matin a de l'or dans la bouche » a sa raison d'être… Dans ce cas, il a de l'or dans la tête.

Y.P. Tu as dit que tu vivais à Milan. Quand tu t'y trouves, que fais-tu dans la journée ? Travailles-tu ?… A quel moment ?

D.B. Cela dépend… Je t'avouerai qu'au cours de ces dernières années mon énergie a diminué. Il m'arrive d'avoir des journées où je ne fais absolument rien, vraiment rien. Et je travaille quand l'occasion s'en présente. Le *Poème-Bulles*, cependant, m'a permis de faire un travail assez régulier, car j'y travaillais presque tous les jours. Il y avait deux cents dessins à faire.

Y.P. Et à d'autres périodes, avais-tu un rythme de vie bien défini ?

D.B. Non. Je ne l'ai jamais eu.

Y.P. Tu travaillais seulement lorsque te venait l'envie d'écrire ou de peindre ?

D.B. Oui. Mais c'était en général l'après-midi. A moins que je n'eusse à faire un travail de journaliste. Et c'était plutôt en fin d'après-midi. De toute façon, je n'ai jamais été un de ces types capables, comme l'est Montanelli, et comme on dit que l'est Moravia, de se mettre devant une machine à écrire le matin, lorsqu'ils se réveillent, et d'écrire pendant trois heures. Puis ils s'arrêtent et ne font plus rien de toute la journée. Moi, je les envie. Ce sont des mystères, pour moi. Je ne serais pas capable de faire la même chose. Je ne le ferais que si je devais faire pendant deux ou trois heures un travail de caractère technique et journalistique ; si j'étais vraiment obligé de le faire, je le ferais. Mais écrire pour moi, un récit ou un roman, me mettre là trois heures par jour, non. D'autant plus que je n'ai jamais essayé de me soumettre à une discipline de ce type-là.

Y.P. Et quand, ayant les idées claires, tu te mets à écrire, écris-tu très rapidement ?

D.B. Non. Pas très rapidement. Car lorsque j'écris les choses auxquelles je tiens le plus, j'écris à la main plutôt qu'à la machine. Cependant, je ne peux pas établir de règles. *Un amour*, par exemple, je l'ai écrit, pour une moitié, à la main, et pour l'autre, à la machine. Mais il est certain qu'il est préférable d'écrire à la main, car on contrôle avec plus de précision et de régularité chaque mot.

Y.P. Et d'où te viennent les idées ?

D.B. Pour la plupart de mes récits, je ne saurais le dire. Cela a toujours été un problème pour moi-même. Je me suis souvent demandé : « Comment se fait-il que cette idée me soit venue ? » Et je n'ai pas pu y répondre. Une des choses caractéristiques du peu que j'ai fait, c'est même de ne savoir absolument pas comment me viennent les idées. Cela ne veut évidemment pas dire que dans tous les cas je sois incapable d'en retrouver l'origine, mais il en a été ainsi pour de nombreux récits.

Y.P. Tu dois bien avoir fait, toutefois, quelques observations ?

D.B. Parfois mes récits sont dictés par les circonstances de l'époque. Exemple : *Panique à la Scala*, qui est dû à Arrigo Benedetti. Il dirigeait alors *L'Europeo*. Un jour il m'a dit : « Pourquoi ne m'écris-tu pas un récit sur la situation actuelle ? » Il me semble qu'on était alors en 1948, or, tu sais qu'en 1948 il y eut l'attentat contre Togliatti, qui était le leader du parti communiste... Il y eut un crétin — j'ignore de quel parti — qui lui tira dessus un coup de feu et le blessa assez gravement. Attentat absurde, qui ne signifiait rien. Or, le jour où il y eut cet attentat contre Togliatti, se produisit une mobilisation quasi spontanée de toutes les forces, je ne dis pas subversives, mais communistes, de Milan. Pour bien comprendre la situation, il faut savoir qu'en 1948, lorsque eurent lieu les premières élections et que la démocratie chrétienne l'emporta avec une écrasante majorité, toute l'Italie fut stupéfiée car tout le monde était convaincu que le parti communiste l'emporterait. Oui ! Il ne faut pas croire ce qu'on lit maintenant... Ce sont des mensonges. Tout le monde, vraiment, était convaincu que le parti communiste l'emporterait. C'est au contraire la démocratie chrétienne qui a gagné. Surtout parce que ses membres ont organisé et utilisé avec beaucoup d'astuce une grande panique. Et je me rappelle parfaitement la surprise des gens sur la place Cavour, où se trouvaient les enseignes lumineuses qui annonçaient les résultats du vote. Ils étaient stupéfaits. Comme était abasourdi, aussi, un de mes vieux collègues, qui avait été fasciste — mais un fasciste *bien* —, et qui répétait : « Eh bien ! Ce sont eux qui ont vaincu ! » en restant là, immobile, comme s'il avait vu apparaître la lune, devenue trois fois plus grosse qu'elle ne l'est normalement. Il y avait donc à cette époque-là, et même après les élections, qui se sont déroulées en avril, le sentiment d'une très forte menace. Aujourd'hui, peut-être est-elle potentiellement plus forte, mais à l'époque, psychologiquement, elle était encore plus grande. Et c'est pour cela que Benedetti, qui, je crois, était un homme de tendance radicale, et, de toute manière, un antifasciste, un homme vraiment éclairé, m'a suggéré cette idée d'un récit où fût décrite la situation milanaise à ce moment-là. Finalement, l'idée m'est venue — à moins que ce ne soit lui qui me l'ait suggérée — de le situer à la Scala. En tant que ressort narratif, c'était assez bon, car la Scala représentait la citadelle non pas tellement de la ploutocratie que de la vieille bourgeoisie milanaise, traditionaliste. Et quand je parle de citadelle, je l'interprète aussi au bon sens du mot. J'ai donc imaginé cette soirée où l'on entendait vaguement, dehors, l'avance de ces communistes, que j'ai appelés les « Morzi », un nom dont j'ignore d'où il m'est venu, et qui est assez efficace. Et à vrai dire, comme cela se produisit alors dans la réalité, ce cauchemar ne déboucha sur rien.

Y. P. L'exemple de *Panique à la Scala*, où se croisent et se confondent si bien la chronique et l'invention fantastique, me remet en mémoire ce que me disait récemment Gaetano Afeltra, qui a insisté longuement sur l'interférence constante entre le travail de journaliste et le travail de nouvelliste ou de romancier, et m'a déclaré que cette interférence était selon lui une caractéristique qui t'est bien spécifique. Cela me remet en mémoire, aussi, l'avertissement de Domenico Porzio lorsqu'il me déclara : « Faites bien attention : dans le cas de Buzzati, on ne peut pas séparer la vie et l'œuvre ; elles sont étroitement liées. » Lui aussi, probablement, faisait allusion implicitement à ta profession de journaliste.

D.B. Il y a effectivement toute une catégorie de récits que j'ai faits, qui sont liés à la chronique. Dans mes livres, j'ai cherché à rassembler les meilleurs, mais j'en ai écrit de nombreux autres, probablement presque autant... Ceux-là, moi, je ne les ai pas publiés ; et je n'aurais même pas envie de les publier. Quand il y avait un fait important dans la chronique, quinze jours après, peut-être, je le reprenais, et j'en faisais un récit fantastique. Parmi ceux qui ont été publiés dans les recueils de nouvelles, il y a par exemple cette histoire d'un vieillard qui avait une bonne, et qui l'avait fait mourir d'inanition dans sa cave, où il la gardait comme une espèce de poupée. Le fait s'était produit à Milan. Et je l'ai repris, dans un récit où intervenait, certes l'imagination, mais *a latere*, en somme...

Y.P. Et dans les cas où n'intervient pas vraiment la chronique, comment naissent les idées ?

D.B. Il suffit parfois que je voie passer un chien dans la rue. Alors peut se former une lueur. Naturellement, ensuite, je travaille à partir d'elle. Mais tout est là. Tout est dans ce chien que j'ai vu passer dans la rue... Parfois, c'est une phrase que j'entends...

Y.P. Par conséquent, tu ne construis pas immédiatement un ensemble ?

D.B. Non. Moi, je pars de ce que l'on appelle vulgairement inspiration, et qui est un je-ne-sais-quoi qui me vient à l'esprit, une espèce de petite flamme qui s'allume en moi. Mais parfois j'ai aussi tenté de le reproduire artificiellement. Il y a eu des périodes, même dans le passé, où des mois s'écoulaient sans que me vînt une idée. Alors je devenais soucieux, et je me disais : « Eh, mon Dieu ! S'il ne me vient plus d'idées, moi, je suis un homme fini ! C'est comme si l'acier ne parvenait plus au fabricant de canons ! Que ferait-il ?... » Alors, je cherchais à reproduire artificiellement ce qui, auparavant, était naturel. Je voyais passer un nuage, et je me disais : « Que pourrais-je trouver, sur ce nuage ? » Et si je voyais un homme, un garçon, une fille qui se querellaient dans la rue, je pensais : « Que pourrais-je dire ? » Comprends-tu ? Et certains de mes récits, je les ai tirés, aussi, de choses de ce genre. C'étaient toujours, fatalement, des choses médiocres. Vois-tu, quand on parle de « la muse », ou de « l'inspiration divine », moi, j'y crois. C'est-à-dire que sans une intervention étrangère, qui ne dépend pas de nous, sans la grâce, je dis bien : *la grâce*, on ne fait rien. Moi, particulièrement, je ne fais rien. Certes, je peux faire mon métier. Si demain on me dit : « Einstein est mort, fais un papier », je fais un papier. Mais ça, c'est une tout autre chose. C'est du journalisme. Pour le reste, c'est très différent.

Y.P. Je voudrais feuilleter avec toi le volume intitulé *Le K.* et avoir des indications plus précises, sous forme d'exemples. Si tu pouvais me dire de quelle façon t'ont été inspirés certains de ces récits, l'alchimie secrète des idées et, par conséquent, le cheminement de la création, deviendraient plus faciles à comprendre.

D.B. Week-end, je l'ai écrit parce que je m'étais mis à penser au cimetière monumental de Milan, qui est une des choses les plus étranges d'Italie. J'ai imaginé ces grands industriels, ces puissants, les Pirelli, les Campari, les Borletti, etc., qui étaient morts et se trouvaient là, enfermés dans ces tombes solitaires où étaient célébrés les fastes de l'industrie, tandis que tous leurs enfants et petits-enfants parcouraient le monde, célébrant grâce à leur argent et à leur puissance les plus prestigieuses fêtes mondaines... Eux, au contraire, ils étaient complètement seuls, car qui peut bien aller au cimetière un quinze août ? Personne. C'est l'idée qui m'est venue alors. Mais comment m'est-elle venue ? Je ne le sais pas. Probablement en passant devant le cimetière un jour du mois d'août... *Le K.*, qui à mon avis est un de mes meilleurs récits, est né d'un nom : « Il Colombre[1] ». Et voici comment ce nom m'est venu à l'esprit : une de mes amies, qui s'appelle Stefania Armanino, me racontait qu'un de ses amis américains, au lieu de dire : « How many kilometers ? » disait : « How many colombers ? »... Elle disait que les Américains déformaient le mot. Ce « colombers » m'a plu. Alors, j'ai imaginé une bête, un monstre, et c'est ainsi qu'est née cette histoire, qui est pratiquement une allégorie du thème classique de l'homme qui s'est complètement fourvoyé dans l'existence. Dans *Le K.* il y a, pour ainsi dire, *Le Désert des Tartares* en pilule... Et j'ai imaginé que cet homme croyait que cet animal-là était la chose qu'il fallait fuir, alors qu'au contraire c'était exactement la chose qui lui convenait. Et ainsi il fut malheureux toute sa vie... En général les idées viennent d'un mot, d'un son. Mais je crois que ceci arrive à tous les écrivains... Elles viennent d'un souvenir qui se mêle à un autre souvenir, d'un angle de pièce baignant dans une lumière particulière, d'un bruit, etc. *La leçon de 1980*, qui fait allusion à de Gaulle, m'a été inspirée par une pensée qui vient à tout le monde : si tous ces puissants étaient systématiquement éliminés, on créerait une démocratie merveilleuse. Personne ne commanderait plus, personne ne serait un tyran... Je pourrais aussi te parler du dernier récit que j'ai écrit, et qui est né d'une variation sur le thème du livre que je suis en train de faire, consacré à la mort. J'ai raconté la fin d'un de mes amis, un homme génial, touche-à-tout, play-boy, crétin et vaniteux, qui a commencé par être musicien et s'est ensuite consacré au théâtre, et à l'aviation, accomplissant des raids qui firent beaucoup de bruit ; ensuite il a mis sur pied un théâtre, à Milan, un de ces théâtres à scène centrale, où, entre autres, il a repré-

1. Il Colombre *est le titre de la nouvelle (et, du même coup, du recueil correspondant) qui en français a été intitulée "Le K."*

senté trois de mes comédies... Et il est mort dans la misère, abandonné presque par tout le monde, d'une manière extrêmement triste. Voici, vois-tu, une autre occasion typique, appartenant presque à la chronique. A présent, pour revenir au volume intitulé *Le K.*, je pourrais évoquer aussi *L'autel*, qui est dû à un voyage à New York, et à un soir de brouillard merveilleux, spectaculaire, et même absolument divin, que j'ai vu dans Park Avenue. Et en ce qui concerne la dernière nouvelle, c'est-à-dire le *Voyage aux Enfers du siècle*, bien que je ne sois pas en mesure de me rappeler exactement d'où me sont venues les idées, une à une, pour chacune des parties, je me souviens de l'origine de celle qui est intitulée *L'Entrümpelung*. Elle provient d'un récit que m'a fait une de mes amies autrichiennes. Tu sais, c'est cet épisode où l'on jette tout par la fenêtre, y compris les vieux... En Autriche, on a coutume — je ne sais plus si c'est pendant un, ou deux jours par an — de jeter hors des maisons, sur le trottoir, toutes les choses dont on veut se défaire. Et, en effet, le lendemain matin, il y a un service spécial pour ramasser tous ces objets...

Y.P. Tu m'as dit, aussi, qu'un grand nombre d'idées t'étaient venues à Belluno...

D.B. Oui. *Les tentations de saint Antoine*, par exemple, sont nées un après-midi, ici, à San Pellegrino, tandis que je regardais les nuages merveilleux qui, au mois de septembre, se forment vers l'ouest, au-dessus du col Visentin. Moi, les plus beaux nuages que j'aie jamais vus dans ma vie, je les ai vus autrefois, en montagne, au cours d'une journée grise où il y avait un défilé de nuées qui, dessous, semblaient avoir été toutes coupées horizontalement, par une lame, au point d'en être parfaites. Et une autre fois, dans le désert du Sahara. Là, c'étaient des nuages encore plus beaux, très baroques, très riches, très somptueux ; qui, cependant, cette fois-là aussi, semblaient avoir été coupés dessus et dessous, horizontalement, par un couteau. Chose unique au monde. Je n'ai jamais vu une chose de ce genre, même pas en photographie. J'en ai vu par conséquent deux fois : une dans le désert du Sahara, et une ici, exactement à cet endroit. En montagne, ils ne sont pas aussi beaux qu'ici, au-dessus du col Visentin, certains soirs, surtout en septembre, et probablement aussi en octobre, quand se forment des nuées qui ont des formes extraordinairement suggestives. Et moi, en partant de ces nuages qui pouvaient avoir des formes presque sexuelles, j'ai songé à l'homme le plus mal défendu contre ces images, c'est-à-dire à un prêtre, et j'ai écrit cette histoire sur les tentations de saint Antoine... *Lapins sous la lune*, aussi, m'est venu à l'esprit ici, à San Pellegrino. Ici devant, sur le pré. Il y avait des lapins qui sautaient, je ne sais pas s'ils étaient sauvages ou domestiques... Et j'ai pensé alors à cette petite histoire, qui est assez bonne.

Y.P. Douce nuit, aussi, a été inventé ici...

D.B. Oui. Et, exactement, ce fut mon beau-frère, qui est naturaliste, qui commença, en me racontant tout ce qui pouvait se dérouler durant une belle soirée éclairée par la lune. Car la soirée était extrêmement belle. Une grande paix régnait. Aucune automobile ne passait. Il m'a dit : « Songe que dans cette merveilleuse nuit, qu'éclaire la lune, et avec cette paix absolue, où l'on a coutume de parler de la béatitude de la nature, se produisent en vérité des choses terribles. Exactement quand survient l'obscurité, se déchaînent toute l'avidité, toute la méchanceté, toute la gloutonnerie des bêtes, qui se dévorent entre elles et s'entre-tuent férocement... » Et alors, il m'a cité certaines choses. Naturellement, cette idée, moi, je l'ai développée ; j'ai cherché auprès de lui d'autres exemples, et j'ai fait ce récit, qui au fond ressemble à une page d'histoire naturelle, *plus ou moins* véridique, car je ne me suis pas préoccupé de faire une description scientifique... Cependant, les exemples, il me les a contrôlés lui-même.

Y.P. Douce nuit me remet en mémoire cet autre récit, intitulé *Les gladiateurs*...

D.B. En effet, ce récit provient aussi d'une expérience que j'ai faite ici, dans cette haie de charmes que tu vois là-bas. A l'intérieur, il y a des fenêtres faites dans la verdure, parmi les branches, là où se tiennent toujours les araignées. Même demain matin, même maintenant, si on allait jusqu'à la haie avec une lumière, on trouverait quelques-unes de ces araignées, de ces épeires. Ce jour-là, j'ai fait preuve de méchanceté, comme cela se produit parfois. Je me suis amusé à prendre une araignée sur une baguette et à la jeter dans la toile d'une autre araignée, afin de voir ce qui arriverait. Et c'est la lutte entre les deux araignées que j'ai décrite.

Y.P. As-tu décrit ces faits de manière très réaliste et exacte ?

D.B. Oui. Oui. De manière réaliste, avec les implications que cela ne peut pas ne pas avoir pour l'esprit. En cela, cependant, il est possible — mais je ne m'en suis pas rendu compte — qu'il y ait eu le souvenir de ce merveilleux récit de Katherine Mansfield intitulé *La mouche*. Ce récit est, à mon avis, l'un des plus beaux de la littérature moderne. C'est une des choses les plus terrifiantes et les plus parfaites qui aient jamais été écrites, car dans l'histoire tragique d'un insecte, l'homme voit le reflet de son propre destin. Dans *Les gladiateurs*, il n'en est pas vraiment ainsi, cependant on reste à la limite du malaise, car, dans ce cas, c'est le prêtre qui a déclenché les faits en s'amusant, apparemment avec innocence, à provoquer ces atrocités. Puis, à un certain moment, il entend progresser derrière lui la brume (qui représente pratiquement la vie), et ensuite, cette brume s'accumule et le menace. Car telles étaient mes intentions lorsque j'ai fait intervenir la brume.

Y.P. Ces récits ont déjà une certaine valeur autobiographique. Aussi voudrais-je maintenant que tu reprennes en main *Le K.* et m'indiques quels sont les récits qui t'ont été directement inspirés par des événements autobiographiques.

D.B. Et si ? en tant que problème psychologique, est un peu autobiographique. *Dix-huitième trou*, aussi. Ce récit provient du souvenir d'un crapaud agonisant que j'ai vu précisément au dix-huitième trou d'un golf, ici, en Italie. Mais je ne me souviens plus de quel golf il s'agit. *Le chien vide* est un autre fait autobiographique. Il en est de même pour *Douce nuit*, ainsi que je te l'ai dit. *Le petit ballon* l'est dans la mesure où c'est une histoire qui m'a été racontée par une fille. *Esclave* et *La boîte de conserves* sont liés à cette malheureuse expérience que j'ai faite, et que j'ai racontée dans *Un amour*. En ce qui concerne *Les bosses dans le jardin*, l'autobiographie est manifeste... Car le thème qui y est développé est l'un des leitmotive de ma vie, une des choses auxquelles je suis le plus sensible. Et c'est précisément un motif qui intervient dans le nouveau livre que je suis en train de faire. Il y a ici ces noms d'amis ou de collègues morts, dont j'ai, par là, une liste effrayante... — J'ai soixante-cinq ans, moi... — Et j'ai fait une liste des noms de ceux avec lesquels j'ai eu des relations de profonde amitié, de ceux avec lesquels j'ai travaillé, de ceux que j'ai connus durant des années et des années de correspondance, d'habitudes de travail ou autre, et la liste de ceux qui sont déjà partis est vraiment effrayante !

Y.P. Je crois que tu m'as dit que même *Le cafard* est un récit autobiographique ?

D.B. Oui. C'est une expérience personnelle faite tout de suite après la guerre, lorsque je vivais, avec la fille avec laquelle j'étais alors, dans une petite chambre meublée, crasseuse, dans la rue Nino Bixio, à Milan. La pièce était remplie de punaises. C'était terrible. Il y avait aussi de nombreux cafards. Une chose épouvantable, non ? Or moi, en entrant, j'avais écrasé un cafard, et quand je suis sorti de la pièce pour aller aux cabinets, qui étaient aussi un endroit crasseux, j'ai vu que le cafard bougeait encore. Et alors j'ai écrit ce récit, dont on pourra dire : « C'est une idiotie », mais qui du point de vue humain est, pour moi, absolument indiscutable. Même si le monde entier me disait que c'est une idiotie, moi, je serais sûr que ce n'est pas une idiotie. Car ceci, c'est la vie telle qu'elle est.

Y.P. Quant au récit intitulé *Le tyran malade*, il t'a été inspiré par la maladie d'un de tes chiens, n'est-ce pas ?

D.B. Oui. C'est quand j'ai eu mon boxer, qui s'appelait Napoléon. Un jour, il est tombé malade, son état est devenu très grave, puis, de manière mystérieuse, il s'est tiré d'affaire. On lui a ouvert le ventre, il a été considéré comme perdu, il est resté une nuit moribond, chez moi, et puis, en l'espace de trois heures, il a complètement guéri. Les chiens font de ces choses-là. *Le tyran malade* est, du point de vue stylistique et fantastique, un des récits que j'aime le plus. Je trouve que toute la dernière partie est très bien trouvée, est très heureuse.

Y.P. Et si à présent nous considérions un peu les œuvres majeures, et entre autres le livre auquel tu dois la renommée, *Le Désert des Tartares* ?

D.B. L'idée m'est venue alors que j'étais à la rédaction du *Corriere della Sera*. Pendant une certaine période, entre 1933 et 1938, j'y ai travaillé de nuit, à un travail de routine. A côté de moi, il y avait des collègues qui avaient le même âge que moi, mais la plupart étaient plus vieux. Quelques-uns même avaient déjà beaucoup d'ancienneté. Tous, évidemment, dans leur jeunesse, avaient espéré pouvoir faire quelque chose de plus brillant ; ils avaient espéré devenir envoyés spéciaux, par exemple, c'est-à-dire faire de grands reportages, voyager à travers le monde, etc. Et puis, peu à peu, ils s'étaient fossilisés là, dans la rédaction, renonçant progressivement à leurs espoirs. Et cette grande occasion, que probablement chacun d'entre eux avait espérée, peut-être sans s'en rendre compte, était devenue de plus en plus lointaine et improbable, et s'était complètement évanouie. Cette monotonie du travail — bien que j'eusse près de moi des camarades très sympathiques et intelligents — m'a fait penser à écrire une histoire où serait résumé le destin de l'homme moyen, de l'homme qui espère en cette grande occasion, qui fait tout pour la faire venir... Et cette occasion apparaît, il semble qu'elle soit sur le point de se concrétiser, et puis elle disparaît et s'éloigne. Ou bien, quand elle arrive, il est trop tard pour lui. Et, vois-tu, il y avait un de mes amis, plus âgé que moi, et qui est mort maintenant, qui disait : « Tout arrive, dans la vie. Cependant, mal, tard, et en partie. » Il s'appelait Anselmo Bucci. Il était peintre et il vivait aussi beaucoup à Paris. Ce qu'il disait, cependant, était peut-être d'un pessimisme exagéré. Car moi, par exemple, dans ma vie, je ne peux pas me plaindre. Du moins jusqu'à présent.

Y.P. Je voudrais, à propos du *Désert des Tartares*, reprendre un passage de l'interview que tu as accordée à Alberico Sala, et où tu expliques pourquoi tu as choisi de transfigurer les faits sous forme d'un épisode de la vie militaire. Voici le fragment auquel je fais allusion :

> « *A. Sala.* Alors, pourquoi n'as-tu pas été fidèle à la vérité, en situant l'histoire de Drogo dans la rédaction d'un journal ?
>
> « *Buzzati.* Probablement la chose était-elle possible. Mais le milieu militaire, et en particulier celui d'une forteresse située à la frontière, présentait deux grands avantages. D'abord, celui d'illustrer par un exemple le thème de l'espoir et de la vie qui s'écoule inutilement avec une plus grande évidence, car la discipline et les règles militaires étaient beaucoup plus linéaires, rigides et inexorables que celles qui sévissent dans la rédaction d'un journal. Je pensais, en somme, que dans un milieu militaire, mon histoire aurait pu aller jusqu'à acquérir la force d'une allégorie concernant tous les hommes. Deuxième motif : le fait que la vie militaire correspondait à ma nature. Il m'avait suffi d'effectuer mon service normal d'élève-officier et de sous-lieutenant de réserve (je ne me souviens pas exactement, à présent, mais cela n'a pas dû représenter plus de seize mois) pour que je me sente profondément attiré, et pour que j'assimile — totalement, je

crois — l'esprit de cet univers qui aujourd'hui semble tellement discrédité... »

Y.P. Et je dois dire que l'histoire du titre est aussi intéressante, quant à l'intervention de ces circonstances du moment auxquelles tu as déjà fait allusion à propos de *Panique à la Scala*. Je citerai encore un passage de cette interview accordée à Alberico Sala :

> « Lorsque je fus à Addis-Abeba, je reçus une lettre de Longanesi, qui acceptait le livre, et disait qu'il était beau ; seulement, il me conseillait de changer le titre, qui était *La Forteresse*. La guerre avait éclaté en Europe ; probablement l'Italie, tôt ou tard, y serait entrée. Ce titre pouvait donner au public l'impression que le roman parlait de guerre, sujet qui ne plaisait pas à l'ensemble du public italien. Alors, moi, j'ai proposé trois autres titres, parmi lesquels se trouvait justement *Le Désert des Tartares*. Je ne me souviens plus des deux autres... »

D.B. Oui, mais vois-tu, je reviendrai à cette histoire d'autobiographie pour te dire que les faits humains, en général, sont inventés. Excepté dans *Un amour*, où il y a des faits précis. Pour les autres récits, en général, il en va différemment : il m'est difficile de mettre dans un récit un fait humain vécu. Je dois dire cependant que je l'ai fait à diverses reprises. Mais je ne voudrais pas faire comme ces écrivains qui ne font rien d'autre qu'écrire ce qu'ils ont connu dans l'univers des autres. Et il y en a beaucoup de ce type...

Y.P. Il me semble que l'on ne peut pas laisser de côté deux autres titres essentiels, dans la mesure où ils servent à élargir l'éventail des circonstances qui ont donné naissance à tes récits. Je fais allusion à *L'Image de pierre* et à *La Fameuse Invasion des ours en Sicile*.

D.B. Je t'ai parlé de *L'Image de pierre* quand tu m'as posé des questions au sujet de la fidélité, en me demandant si moi, dans ma vie, j'avais été fidèle à moi-même. Je t'avais répondu que je l'avais été, effectivement, au point d'avoir fait aussi certaines choses par parti pris.

C'est-à-dire des choses qui n'étaient pas sorties de mes viscères. Et je t'avais donné en guise d'exemple *L'Image de pierre*, parce que ce n'était pas vraiment une chose sans laquelle je n'aurais pas pu vivre. Je crois t'avoir dit que lorsque je m'apprêtais à écrire ce roman, avait été annoncé un concours de la revue *Oggi*, avec un prix de cinq millions — ou plus, même... je ne me souviens plus — pour un roman qui aurait une femme comme protagoniste... J'ai pensé alors que c'était une occasion extraordinaire, et j'ai envoyé ce manuscrit à la revue — naturellement sans rien dire à Radius, qui dirigeait la revue, par correction. Mais il a été écarté parce que, m'a-t-on dit, ce n'était pas une femme mais un robot... Puis, en ce qui concerne l'histoire de *La Fameuse Invasion des ours en Sicile*, la manière de procéder fut vraiment différente : à cette époque-là, les filles de mon beau-frère venaient manger chez nous le mercredi ; après le repas, un jour, j'ai commencé à faire des dessins. L'œuvre est née ensuite, des dessins. Le texte n'est pas né directement. Il a été écrit après, seulement. C'était pendant la guerre. Et les derniers dessins, je les ai faits immédiatement après la guerre.

II

La leçon du journalisme

> « Le journalisme n'a pas été pour moi un second métier, mais un aspect de mon métier. L'optimum du journalisme coïncide avec l'optimum de la littérature. Et je ne vois pas comment la pratique du journalisme, s'il s'agit de bon journalisme, peut nuire à un écrivain. Certaines expériences concernant la chronique sont même, à mon avis, nettement avantageuses quant aux effets artistiques... »
>
> (Dino Buzzati.)

Yves Panafieu : Si un jeune écrivain, qui vient juste de débuter, venait te demander : « Vous qui avez une belle expérience, soit comme romancier et nouvelliste, soit comme journaliste, quel type de conseils ou, du moins, de suggestions, voudriez-vous donner à un jeune auteur désireux d'écrire un roman ? » que répondrais-tu ?

Dino Buzzati : Je lui dirais : d'abord, souviens-toi que tu ne seras jamais assez simple. Ça, c'est une chose fondamentale. Même s'il y a eu de grands écrivains qui n'étaient pas simples, comme par exemple Joseph Conrad, dont la force résidait précisément dans un fatras d'images, de mots, de vagues et de vagues, de reflux qui venaient se télescoper. Ou comme Faulkner ou Henry James. Puis, je lui dirais : si tu le peux, raconte des choses qui me fassent pleurer. Après quoi suis tranquillement ton chemin. Mais fais aussi en sorte que, parvenu à la seconde page, on ait envie de poursuivre. Quoi qu'il puisse y avoir dans les premières pages. Même une description. Comme dans *Le Voyeur*, de Robbe-Grillet, qui à mon sens est un chef-d'œuvre, et qui commence d'une façon que je qualifierais de « boueuse ». Tu sais, quand il y a cette description du banc où l'eau va et vient, avec les barques qui arrivent...

Y.P. Il me semble que tu crains surtout l'ennui ?

D.B. Oui. C'est vrai. Quand je commence à lire des essais, par exemple, en général je meurs d'ennui après la deuxième page. Ils ne m'intéressent pas. Peut-être suis-je un crétin, mais, vraiment, ils ne m'intéressent pas du tout. Entendons-nous bien, cependant : je suis peut-être un crétin, mais je te fais remarquer, non sans méchanceté, qu'ils écrivent bien mal, ces gens-là... Je parle non seulement des essayistes italiens, mais aussi des étrangers. A mon avis, ce sont tous des médiocres, car la caractéristique des grands hommes est d'écrire de manière très claire et très simple. Freud dit probablement des bêtises, mais c'est un grand écrivain. En ce domaine, je peux indubitablement le citer en exemple...

Y.P. A diverses reprises, déjà, au cours de nos conversations, tu as insisté sur le fait que ce qui te plaisait, c'était, justement, un style limpide et simple.

D.B. Mais ce n'est pas seulement parce que cela me plaît. C'est parce qu'un style clair est immanquablement la caractéristique des personnes de grand talent. Quand le style n'est pas clair, il n'y a pas l'ombre d'un doute : il s'agit de quelqu'un de médiocre. J'en suis profondément convaincu. Je pourrais te citer Kierkegaard, par exemple. Je suis convaincu que c'est un médiocre. De même pour Jaspers. Sans aucun doute, ce ne sont pas de grands talents. Ils n'en font pas partie. Ils sont probablement intéressants, ils ont probablement trouvé des choses qui sont même géniales, mais ce ne sont pas de grands hommes...

Y.P. De quoi provient ta conviction ?

D.B. De l'expérience.

Y.P. Peux-tu préciser quel type d'expérience ?

D.B. De l'expérience de la lecture. En lisant certains textes, on perçoit immédiatement le grand talent, ou le génie. Immédiatement. Prends un homme comme Pascal : c'est pour moi le plus grand exemple. Si tu lis Pascal, et même des passages qui ne t'intéressent pas, tu restes abasourdi ! Ce sont des évidences éclatantes ! Et cette simplicité, cette humilité avec lesquelles il dit tout cela !

Y.P. Je me souviens aussi de ce que tu disais à propos de Moravia, dont tu avoues cependant ne pas aimer le personnage, car tu prétends qu'il se prend trop au sérieux...

D.B. Oui. C'est vraiment un homme qui connaît son métier... Je dirai même que c'est un journaliste sans le vouloir : vraiment, un journaliste-né... La preuve en est que lorsqu'il fait des voyages et écrit ses correspondances, il est parfois un peu énervant à cause du ton qu'il emploie, mais il est d'une clarté et d'une évidence descriptive qui sont absolument de premier ordre. Et en effet, certains disent que ce sont les plus belles choses qu'il ait écrites. C'est indiscutable. C'est un homme très intelligent.

Y.P. La référence à l'expérience journalistique me paraît importante. D'abord parce que tu es, toi aussi, journaliste, et parce que tu as dans ce domaine les habitudes d'une quarantaine d'années de travail au *Corriere della Sera*, ce qui ne peut pas ne pas interférer avec ta façon de concevoir l'écriture, sur d'autres plans. Puis dans la mesure où tu sembles — ton œuvre autorise à le penser — plus à ton aise dans le fragment, dans le récit bref. Après trois romans, écrits au cours des premières années, tu n'en as plus écrit que deux en trente ans, l'un fut imaginé par parti pris, tu l'as dit toi-même, l'autre écrit avec l'urgence des confessions douloureuses, sur le ton des épanchements cathartiques. Je me souviens d'autre part de ce que, en diverses circonstances, tu as pu dire du journalisme, et qui est une espèce de slogan personnel : « Le plafond du journalisme correspond au plafond de la littérature. » Je suis très intéressé par ce souci de la brièveté, que tu m'as déjà avoué, et dont nous retrouvons tant de traces, conscientes ou non, volontaires ou non, dans tes récits...

D.B. Un journal quotidien très épais ne me convient pas, ne me plaît pas. Mais dans le monde de l'édition on est convaincu que cela fait plaisir au public d'avoir un journal épais. Moi, je voudrais un journal dans lequel on trouverait tout en peu d'espace. Pour moi, le vice épouvantable que nous avons tous, nous, Italiens, c'est d'être prolixes. Pour dire une chose pour laquelle dix mots suffiraient, nous en utilisons quatre cents. Si tu regardes tous les articles, dans notre presse, tu remarques qu'ils sont tous trop longs. Tous. S'il y a un commentaire, il suffirait d'une colonne, d'une colonne et demie... Vous, Français, vous n'êtes pas aussi synthétiques que peut l'être, demain, le *Times*, cependant, dans vos journaux, il n'y a pas de commentaires aussi longs... Dans *Le Figaro*, il y a même, carrément, un journaliste — je ne sais plus quel est son nom — qui fait un commentaire de vingt lignes... Que par ailleurs il puisse y avoir un article de critique, extrêmement long, c'est normal, mais cet article, le lecteur n'est pas obligé de le lire. Moi, je parle des nouvelles que le lecteur, pour se tenir informé, est obligé de lire. Elles devraient être toutes aussi synthétiques que possible. Cela éviterait au journal de s'appesantir terriblement. Moi, je ferais vraiment des journaux beaucoup plus rapides.

Y.P. Cependant, n'as-tu pas l'impression qu'il y a un péril à donner des informations systématiquement synthétiques ? Faire une synthèse implique qu'il y a interprétation personnelle. Or, ne te semble-t-il pas que l'analyse des faits est une garantie de plus grande objectivité, et n'empêche pas pour autant le lecteur d'élaborer ensuite une interprétation qui sera la sienne ?

D.B. Mais, vois-tu, lorsque je dis cela, je ne pense pas au nombre des nouvelles, ou à leur contenu... J'en fais une question de style. Je parle du style dans lequel on rapporte ces nouvelles... Fais un essai avec nos journaux. Prends-en un. Et regarde ces longs articles. Ceux de la troisième page, par exemple. Regarde bien chaque alinéa, c'est-à-dire chaque début de paragraphe. Si tu prends la première phrase, et si tu sautes le reste, en allant jusqu'au début du paragraphe suivant, tu t'aperçois que cela suffit.

En procédant ainsi, tu liras un huitième de tout le contenu de l'article, mais quand tu arriveras à la fin tu verras que non seulement tu auras une idée claire de l'ensemble, mais encore que tu sauras tout. Nous autres, nous continuons à nous répéter, à nous répéter... Et puis, il y a tout cet étalage de considérations personnelles, et bien entendu, moi aussi, je tombe dans ce piège... Il devrait y avoir une école pour enseigner comment il faut faire un article. On dirait à celui qui le fait : « Bien... Quelle longueur a-t-il ? — Une colonne. — Maintenant, tu le réduis à trois quarts de colonne. En disant les mêmes choses, cependant !... » Car il faut que tout y soit... Il faudrait vraiment faire une école de ce genre. Ensuite, on lui dirait : « Maintenant, après l'avoir réduit à trois quarts de colonne, réduis-le-moi à une demi-colonne. En disant tout... » Vois-tu, la langue italienne, pour cela aussi, est une langue laide. Car elle ne permet pas ce que permet l'anglais, qui en une ligne place cinq, six ou sept éléments descriptifs, puisque ce sont tous des monosyllabes. Mais même avec une langue comme la nôtre, on peut faire beaucoup de choses. Evidemment, il est difficile d'être — je ne dirai pas synthétique, mais concis. Il est difficile d'écrire comme Tacite...

Y.P. Et cette attitude, as-tu cherché à l'adopter systématiquement dans ton travail de journaliste ?

D.B. Moi ?... Non. Je dois dire que non. Je n'ai jamais fait ce travail.

Y.P. Cependant, il y a chez toi cette exigence ?

D.B. Oui. Puisque je te fais ces remarques...

Y.P. Certains disent que tu as fait un effort très méritoire en ce sens au cours de toutes les années que tu as passées au *Corriere della Sera*...

D.B. Bien entendu... J'ai cherché à être simple et concis, mais je ne me suis jamais imposé la discipline qu'il faudrait...

Y.P. De toute façon, tu penses que le journalisme peut être une excellente école ?

D.B. Certes. Qu'il soit bien clair que je ne méprise nullement le journalisme, même si j'ai exprimé quelques réserves sur la manière dont on le pratique en Italie. Et même, ce que tu disais à propos du « plafond » du journalisme, qui coïncide avec le « plafond » de la littérature, correspond parfaitement à mes convictions. Je fais évidemment allusion à la littérature narrative. Non à la poésie, car la poésie est tout autre chose. Je mets sur le même plan journalisme et littérature narrative parce qu'ils sont une seule et même chose. Et je pense effectivement que du point de vue de la technique littéraire, le journalisme est une école exemplaire. Si tu me dis que l'on conçoit et que l'on écrit un chef-d'œuvre sans penser au public, je suis d'accord avec toi. Mais n'oublie pas que le journalisme enseigne jour après jour le respect du lecteur, au point que cela entre dans le sang... Et un livre écrit par un bon journaliste n'est pas ennuyeux. Or, comme disait Voltaire, si je ne fais pas erreur, tous les genres sont admissibles en littérature, excepté le genre ennuyeux. Moi, je parie qu'un bon nombre de mes illustres collègues écriraient des livres beaucoup plus lisibles que ceux qu'ils écrivent s'ils avaient vraiment fait un apprentissage journalistique. Mais pas seulement trois mois, des années et des années, comme moi. Car la tare de la littérature narrative moderne, la tare principale, c'est cet ennui terrible ; à cause de lui on n'arrive pas à poursuivre la lecture de livres qui peuvent être extrêmement intelligents... Et ceci arrive parce que ces livres sont écrits par des gens qui ne connaissent pas ce qu'est vraiment le métier de l'écrivain : il coïncide exactement avec le métier du journaliste, et consiste à raconter les choses aussi simplement que possible, avec autant d'évidence que possible, et aussi dramatiquement ou poétiquement que possible. Car même dans le journalisme il arrive qu'il y ait des épisodes très beaux...

Y.P. L'insistance sur l'aspect dramatique des faits à raconter me remet en mémoire ce que tu as dit en réponse à ma question sur les suggestions à faire à un jeune écrivain à ses débuts. « Raconte des choses qui me fassent pleurer », as-tu déclaré, ce qui me rappelle une des conversations que j'ai eues avec Gaetano Afeltra, au cours de laquelle il me parla de ce fameux article sur la tragédie d'Albenga. Je crois que quarante enfants étaient morts ?

D.B. Oui. Mais cela, ce fut une « performance » journalistique, due aussi à la chance. D'abord, pour faire ces choses-là, il faut être en forme... C'était après la guerre. Un jour, à minuit, j'ai rencontré par hasard Afeltra, près du *Corriere*. Et il m'a dit : « Maintenant, rentre chez toi immédiatement, et dans une demi-heure je t'envoie une voiture. Il faut que tu ailles à Albenga. Quarante-deux enfants sont morts noyés. » Je suis parti en voiture vers deux heures du matin, mais c'est long, pour aller à Albenga, car c'est sur la Riviera, et très loin. C'était pendant l'été. Je suis arrivé à l'aube. Et j'ai eu l'idée — ce n'était pas une trouvaille, c'était seulement du bon sens — de commencer par demander où étaient ces enfants, à quelle institution ils appartenaient, et je suis allé d'abord jusqu'à l'institution. Là, je me suis fait donner toute la liste des morts. Car la première chose à avoir, c'étaient les noms. En ayant les noms, je me sentais déjà plus sûr de moi. Quand je suis arrivé sur la place d'Albenga — il devait être alors cinq heures et demie du matin, ou six heures... — j'ai découvert un endroit plutôt morne, désert, où l'on voyait, au fond, un pavillon éclairé. Sur les côtés de la place se trouvaient de nombreuses voitures, dans lesquelles j'ai reconnu immédiatement certains de mes collègues, et parmi eux, Vittorini. Tous tapaient à la machine. Tac tac tac tac tac. C'était leur article. C'était une sale histoire, pour moi, car je devais envoyer un long reportage pour huit heures et demie ou neuf heures... Et, au fond, il y avait ce pavillon éclairé où ne se trouvait personne, excepté les quarante-deux enfants, étendus là... Chose épouvantable. Terrifiante. Alors, j'y suis allé. Pour écrire mon article. Ce fut un reportage peut-être un peu rhétorique, car je me suis laissé un peu trop émouvoir, mais pour les journaux et les lecteurs italiens, cela allait bien. C'était là le premier reportage, celui du matin, pour les informations. Puis, le soir, j'ai fait le grand reportage, pour le *Corriere della Sera*, en disant combien avait été horrible cette histoire. En effet, on avait fait venir de Milan toutes les mères, et toutes les scènes de reconnaissance avaient eu lieu. Comprends-tu ?... Les mères des enfants, là, au milieu... Cela te déchirait l'âme, et en même temps, c'était nauséabond. Car il y avait aussi une part de comédie, chose qu'on ne pouvait pas dire, naturellement, dans un journal italien !... Il y avait compétition : c'était à qui hurlait le plus. Et dans mon article, à un certain moment, j'ai laissé passer la phrase suivante : « Il semblait que dans ces hurlements s'était synthétisée toute la douleur du monde. » Je m'étais laissé entraîner par l'atmosphère. Et puis le *Times* a repris cette histoire, car au *Corriere* ils avaient mis cela dans le titre. Ce n'était pas moi qui l'avais mis... Et le *Times*, malicieusement, je ne dis pas avec méchanceté, a repris la formule « Toute la douleur du monde dans les pleurs des mères à Albenga », dans un article un peu moqueur où il était dit en substance : « Eh ! les Italiens !... Toute la douleur du monde !... Ce ne sont que quarante-deux enfants morts... Ce n'est pas toute la douleur du monde ! »... Tout cela, je te l'ai dit pour montrer à quel point des épisodes de ce genre peuvent enseigner la manière dont on émeut le lecteur. En cela, le journalisme est précieux.

Y.P. Et le journalisme est parfois présent dans tes œuvres, de façon évidente. Je citerai, par exemple, la dernière nouvelle du *K.*, où, employant le cadre formel de l'autobiographie, tu deviens toi-même le protagoniste de l'histoire, en tant que journaliste chargé d'une enquête dans ces Enfers du siècle qui ne sont rien d'autre que la copie exacte de notre univers citadin actuel...

D.B. Oui. Je l'ai employé, ce principe, parce que du point de vue narratif la première personne simplifie énormément les choses. Et dans ce cas-là je devais d'abord, pour être efficace, donner la sensation que j'étais moi-même allé voir ce qui se trouvait à l'extrémité de ce passage souterrain, dans le métro. La première personne ainsi que l'aspect d'un témoignage journalistique ne pouvaient pas ne pas renforcer l'efficacité du récit. Et puis, ce thème était précisément celui qui est le plus proche de l'enquête à partir d'un fait divers. Il était donc normal de penser à la solution du journaliste qui, en chroniqueur, va sur place et enregistre les choses parmi lesquelles il passe, un peu comme un explorateur.

III

Variations sur le fantastique

Y.P. Penses-tu que l'homme conserve une part de son ingénuité juvénile jusqu'à l'instant de sa mort ?
D.B. Oui. Un peu. Cela dépend des tempéraments.
Y.P. Et ton ingénuité juvénile, est-ce que tu l'as conservée, toi ?
D.B. Oh, probablement l'ai-je perdue en grande partie. Mais je crois avoir conservé une certaine crédulité, qui s'apparente à l'ingénuité, et en fait même partie...
(Conversation d'Y.P. avec D. Buzzati.)

Yves Panafieu : Nous avons vu comment il t'est arrivé, parfois, d'appliquer une technique journalistique à une trame fantastique afin de lui donner une plus grande efficacité. Je voudrais que tu expliques mieux cette exigence de vraisemblance à l'égard du fantastique.

Dino Buzzati : C'est effectivement la vieille règle. Moi, lorsque je raconte une chose de caractère fantastique, je dois chercher au maximum à la rendre plausible et évidente. Et quand je dis « moi », en réalité j'implique n'importe quel autre écrivain de type fantastique. C'est pour cela qu'à mon avis la chose fantastique doit être vraiment rendue aussi proche que possible de la chronique. Le mot juste n'est pas « banaliser », mais, en somme, c'est un peu cela. Ce que je veux dire, c'est que, pour qu'une histoire fantastique soit efficace, il faut qu'elle soit racontée avec les mots les plus simples et pratiques. Et même, je dirais presque *bureaucratiques*. Voici pourquoi, pour raconter une chose telle que le *Voyage aux Enfers du siècle*, il était préférable d'adopter la formule du reportage dont le directeur du journal m'aurait chargé. Cela se rapprochait davantage de la plus grande vraisemblance.

Regarde Dante : quand il est allé en enfer, il n'a pas du tout rencontré des âmes abstraitement inventées, il a rencontré son voisin, le gars Durand ou le gars Dupont, tous gens qui faisaient partie de sa vie ; il a présenté le fruit de sa folle imagination sous l'aspect d'une chronique. Je suis convaincu, car cela est manifeste, que la spécification du milieu ambiant sert à l'évidence. Et en effet, même dans les récits fantastiques, j'ai essayé — à l'intérieur de certaines limites — d'être aussi précis que possible. Et il se peut que j'aie parfois péché, justement, en ne situant pas certains récits fantastiques en un lieu existant bien précis ; sur la place de Cortina d'Ampezzo, par exemple... Il est possible que je me sois trompé. Mais j'ai utilisé ce système dans un certain nombre de récits.

Y.P. Tu le fais aussi dans tes dessins et peintures... Je pense entre autres à *Poème-Bulles*, où, à la page 17, tu fais un plan d'un quartier de Milan, où tout est authentique, à l'exception d'une rue, la rue Saterna, inventée par toi pour la circonstance éminemment fantastique de *Poème-Bulles*...

D.B. Oui. A l'exception de cette rue Saterna, ce sont tous des noms vrais. Vois-tu, je crois que, plus le thème est fantastique, plus le langage doit être précis. Ceci me paraît même être une loi littéraire qui n'admet pas de dérogation.

Y.P. Cela te semble vraiment si important, de donner de la crédibilité au fantastique ?

D.B. Oui. Autrement, je ne m'en préoccuperais pas.

Y.P. Un autre pourrait faire du fantastique un simple jeu, sans faire aucunement attention à ces exigences... Tes réactions, au contraire, semblent révéler un engagement plus sérieux, plus profond.

D.B. Eh, c'est clair ! Si j'écris ces choses-là, c'est parce que j'espère qu'elles sont évidentes, si ce n'est crédibles...

Y.P. Pour quelles raisons espères-tu qu'elles sont évidentes ? A quel besoin en toi correspond ce désir ?

D.B. J'espère qu'elles sont évidentes pour la simple raison que, lorsqu'on écrit, on cherche à communiquer avec le public !

Y.P. Vraisemblance, crédibilité, évidence, trois mots qui me poussent à te poser une question au sujet de la crédulité. Pour toi, est-elle un défaut, ou une qualité ?

D.B. Dans la vie, pratiquement, c'est un défaut. Mais, après tout, je ne sais pas... Car si tu me racontes une histoire en me mentant et si j'y crois, celui qui est roulé, ce n'est pas moi, c'est toi...

Y.P. Et par rapport à une œuvre telle que la tienne, la crédulité te semble-t-elle être une qualité ?

D.B. C'est possible. Moi, du moins, je crois en général ce que l'on me dit.

Y.P. Et dans ta vie, est-ce qu'il y a eu des phases au cours desquelles tu as été particulièrement crédule ?

D.B. Non ; pas particulièrement[1].

Y.P. Quels sont pour toi les exemples de crédulité humaine les plus ridicules ?

D.B. En général, il me semble que les exemples de crédulité les plus ridicules se situent dans le domaine politique. Car dans le domaine de la foi, ils ne sont pas ridicules. Et puis, il y a toujours quelque chose à gagner lorsque l'on croit, même si l'on croit à des choses folles...

Y.P. Pour toi, est-ce qu'il existe des liens naturels entre crédulité et poésie ?

D.B. Grosso modo, oui. Mais c'est un problème que je n'ai jamais examiné. Cependant, je dirais que oui.

Y.P. Et les rapports entre crédulité et fantastique ? Penses-tu que pour recevoir le fantastique on doive obligatoirement être dans cet état de crédulité ?

D.B. Je ne crois pas que cela soit strictement nécessaire. Mais probablement est-ce plus facile si l'on est porté à la crédulité et à la rêverie.

1. Eppe Ramazzotti : « En réalité, Dino fut toujours un des hommes les plus crédules qui aient été. »

Y.P. Tu penses donc que le fantastique peut être apprécié aussi, simplement au niveau intellectuel ?

D.B. Je pense que oui.

Y.P. Crois-tu que le fantastique existe dans la vie quotidienne, ou bien que pour le susciter il soit nécessaire de faire intervenir l'esprit actif de l'homme ? Et ici, je pense à la façon dont l'autre jour tu évoquais les bruits des vieilles maisons...

D.B. Effectivement, dans les vieilles maisons, les meubles, les murs et les portes possèdent des voix extraordinaires. Il faudrait par exemple être ici au printemps. Car au printemps les bois qui ont peut-être des siècles — c'est-à-dire, qui ont été *coupés* depuis des siècles — ont un léger sursaut de vie. Evidemment, avec les meubles faits de bois jeune, la chose est on ne peut plus connue. Si tu coupes un sapin et si, un an après, tu en fais un meuble, ensuite, pendant quelques années, au printemps, je ne dis pas qu'il lui pousse de petites branches, mais enfin, presque !... Eh !

Y.P. Tu vois ! C'est un simple et banal phénomène physique, mais toi, avec ta façon de l'évoquer, tu le transfigures et tu en fais un phénomène fantastique lorsque tu dis qu'il lui pousse presque de petites branches...

D.B. Tu m'as demandé si je vois du fantastique dans la vie quotidienne ?... Je dois répondre qu'en effet, dans certains cas, quoique rarement, des choses très étranges et inexplicables se produisent. Mais peut-être n'est-ce plus du fantastique, ceci, puisque cela se produit dans la vie quotidienne ?...

Y.P. As-tu des exemples ?

D.B. Oui. J'en ai un. Absolument idiot, que je n'ai cependant jamais réussi à m'expliquer. Autrefois, je suis allé au sommet du pic Fiammes, qui est une des cimes dolomitiques au-dessus de Cortina d'Ampezzo. Ce n'était pas une arête. Ce devait être une paroi. Or, j'avais un petit appareil photographique, très rudimentaire, du type *west pocket* (on les appelait ainsi autrefois), c'est-à-dire un de ces appareils qui furent un peu comme la première Ford. Il suffisait d'appuyer sur le déclencheur et on faisait des photographies très fidèles. Et il y avait là une arête rocheuse qui ne pouvait être photographiée qu'à l'aide de deux photos — on était trop près, et je ne pouvais pas du tout reculer, car il y avait l'abîme. J'ai pris la première partie, puis j'ai tourné la pellicule. Et j'ai appuyé une autre fois sur le déclencheur, m'imaginant qu'ensuite, une fois développées, les photos pourraient être coupées et coïncideraient. Sais-tu qu'il n'y a eu qu'une seule photo ? La première partie de la photo s'est partiellement superposée à l'autre. C'est une chose que je ne parviens absolument pas à expliquer. Sans doute me dira-t-on que cela peut s'expliquer et que c'est dû au fait qu'en tournant la pellicule je me suis replacé dans la position initiale, mais c'est une coïncidence extraordinaire ! Peut-être une chance sur un million, peut-être même une sur quatre cents milliards ! C'est pour cela que cette histoire est toujours restée gravée en moi... Puis, si nous cherchons encore d'autres cas de fantastique dans la vie quotidienne, nous pourrions parler des esprits... Mais laissons tomber les esprits, car pour nous ce sont des choses fantastiques qui, en réalité, sont des phénomènes physiques. C'est mon avis.

Y.P. Moi, au contraire, je voudrais que tu me parles un peu de ces phénomènes, car ils ont quelque chose à voir avec le fantastique en tant que genre littéraire. J'ai en outre été très intéressé par la réaction que tu as eue l'autre jour, quand tu étais avec moi dans la voiture et que tu m'as parlé de cet esprit que vous avez ici, à San Pellegrino.

D.B. Ce que je peux te dire, c'est qu'il s'agit de phénomènes extrêmement naturels, désormais classés parmi les phénomènes métapsychiques...

Y.P. Es-tu sûr que ce n'est pas du tout une projection mentale ?

D.B. Non. C'est un phénomène physique qui existe réellement, mais ce n'est pas un phénomène physique causé par l'intervention d'une esprit venant de l'au-delà... Cela dépend des résidus que beaucoup d'hommes — je ne dis pas tous, car je ne le sais pas, mais il est possible qu'il en soit de la sorte pour tout le monde — laissent dans un milieu où ils ont vécu. Et c'est une espèce de trace, de je-ne-sais-quoi, qui reste fixé aux murs et que les médiums parviennent à extraire... Car les murs l'exsudent. Et, naturellement, avec les années, ces phénomènes se dissipent peu à peu, diminuant de plus en plus comme l'empreinte dans le sable, même s'il n'y a pas de vent. Peu à peu ils disparaissent.

Y.P. Peux-tu me raconter l'histoire de votre esprit ?

D.B. Mais moi, je ne l'ai jamais entendu ! J'aurais aimé l'entendre ! Cet esprit se trouvait dans le grenier, et un soir, il y a très longtemps, mon beau-frère Eppe Ramazzotti, que tu connais, et mon frère Adriano, qui est l'homme le plus antispirite qu'il y ait — il dit que ce ne sont que mensonges, même à présent —, l'ont entendu[2]. Oui, vraiment, ils témoignent s'être trouvés en présence d'un esprit[3]. Il y a, là, un escalier de pierre et un palier, et c'est sur ce palier que se trouve cette porte du grenier. C'est l'unique entrée, puisque toutes les fenêtres ont des grilles de fer. Et à l'intérieur, n'y eût-il qu'un rat, on le verrait immédiatement, car dans cette grande pièce complètement vide, il n'y a que des tas de maïs. Et alors, eux (dans la maison il n'y avait pas encore la lumière électrique), ils sont allés là avec une chandelle, et se sont assis.

2. Nous avons ici un exemple de la manière dont le fantastique a agi sur Buzzati ; en effet, cette version de l'« esprit » du grenier entendu par Adriano Buzzati et par Eppe Ramazzotti est la version exacte, tandis que, dans un article paru dans le Corriere della Sera *du 27 juillet 1965, il écrivit que les pas avaient été entendus par lui et son beau-frère Ramazzotti, et, dans une autre circonstance, il affirma que les témoins étaient son frère Adriano et lui-même.*
3. En réalité, le frère et le beau-frère de Buzzati n'ont jamais affirmé qu'ils s'étaient trouvés en présence d'un « esprit », mais plutôt d'un phénomène hors du commun...

Ils ont attendu. La porte n'était pas fermée à clef, mais le battant était poussé. Peu après minuit, du fond du grenier, où il ne pouvait y avoir absolument personne — certitude mathématique —, ils ont entendu avancer un pas lourd, semblable à celui d'un homme qui marcherait sur du bois avec des chaussures cloutées. Il faisait ce bruit : troun, troun, troun... Et ce pas, lentement, venait en direction de la porte contre laquelle ils se tenaient. Et à un moment donné, alors que l'on pouvait penser que cet être — ou cet homme ? — était à trois ou quatre mètres, l'un des deux — je ne sais si ce fut mon beau-frère ou mon frère — a dit : « Regardons ! » Et alors ils se sont levés, avec la chandelle, et ils ont ouvert la porte. L'autre ne devait pas être à plus de deux mètres. Il n'y avait personne. Et le bruit s'était interrompu. Il n'y a à cela aucune explication. D'aucune sorte. Et si mon frère Adriano le dit, lui qui est si sceptique et nie toutes ces choses-là, on peut y croire. Il me semble. Puis, lorsque, pas mal d'années après, j'ai commencé à faire un périple, en quête des mystères d'Italie, je suis tout d'abord venu ici avec Almerina, au cours d'une nuit pluvieuse. Nous nous sommes postés là et nous avons attendu deux ou trois heures. Mais il ne s'est rien produit. Et nous sommes partis[4].

Y.P. A un autre moment, je ne me souviens pas exactement quand, tu as fait une allusion aux tables tournantes... Pourrais-tu reprendre aussi ce que tu disais et le préciser ?

D.B. Je disais qu'il y avait, dans le milieu scientifique, une chose tout à fait absurde : je remarquais que lorsque les savants ne connaissent pas quelque chose, ils le nient. C'est idiot. Et beaucoup, précisément, nient l'existence du phénomène de la lévitation des tables.

Y.P. Est-ce que tu l'as expérimentée ?

D.B. Je l'ai même vue !

Y.P. En quelle circonstance ?

4. Eppe Ramazzotti : « Moi aussi, par la suite, je me suis posté là d'innombrables fois sans que le phénomène se répète... »

D.B. Avec un médium qui s'appelle Lava, et qui est de Trévise. Il te soulevait une table qui pesait au moins quarante kilos. Non. Je fais erreur. Elle devait bien peser un quintal et demi !... Et lui, il te la soulevait comme s'il s'était agi d'une petite brindille...

Y.P. As-tu cherché à voir ce qu'il y avait dessous ?

D.B. Mais il n'y avait rien, dessous ! Et cela n'intéressait personne de savoir ce qu'il pouvait y avoir dessous ! De toute façon, ce sont là des choses qui sont désormais codifiées par l'expérience. Cependant, certains les nient. Pourquoi ? Parce qu'elles ne correspondent pas aux lois qu'ils connaissent. Parce qu'ils n'ont pas réussi à comprendre d'où vient cette force... Mais il apparaît clairement que dans vingt ou trente ans, cette force sera cataloguée et codifiée de manière scientifique... En attendant, ceux qui la nient parce qu'ils ne la connaissent pas me font enrager !

Y.P. Y a-t-il d'autres expériences qui peuvent être reliées, dans un sens ou dans un autre, au genre fantastique ?

D.B. Je dois dire que ce que j'appelle fantastique, en réalité, ne l'est pas vraiment. Le premier exemple, celui de la photographie, est fantastique au sens de coïncidence exceptionnelle, mais il n'y a rien de mystérieux. Entendons-nous bien ! il n'y a rien de mystérieux, là !... Et pour citer d'autres choses, je dois reconnaître qu'il ne m'est jamais arrivé ce qui est arrivé à presque tous ceux que je connais, c'est-à-dire, par exemple, d'aller à l'étranger, ou dans une ville que l'on n'a jamais connue, que l'on n'a jamais visitée, et de se dire : « Mais ici, j'y ai déjà été ! Là, après l'angle de la rue, il y a une pharmacie, puis il y a une librairie, puis un café ! »... Et puis on va voir, et il y a exactement ce que l'on attendait. Or, ça, ça ne m'est jamais arrivé. Et c'est étrange, surtout avec tout ce que je rêve ! Il ne m'est jamais arrivé de rêver une chose qui devait advenir, même le jour suivant. Jamais. Et il ne m'est arrivé aucun cas de télépathie. Même pas cela.

Y.P. En somme, on pourrait conclure que pour toi le fantastique est un jeu ?

D.B. Ce n'est pas un jeu !... Si. Si tu veux. Appelons-le aussi jeu... Je dirais plutôt : c'est un sport, c'est un goût. Je ne me propose pas d'être fantastique, je ne me dis pas : « A présent je veux faire du fantastique. » Au fond, il s'est trouvé que j'étais ainsi...

Y.P. C'est un engagement, de toute façon ?

D.B. Non. Je ne dirais pas que c'est un engagement. Tu le disais toi-même : un jeu. Oui. Le fantastique sert aussi à jouer, à plaisanter, à prendre un peu de l'extérieur, et de haut, beaucoup de choses de la vie pratique.

Y.P. Et si je te demandais maintenant une définition du fantastique, ou, plus exactement, ta propre définition, que me dirais-tu ?

D.B. Je dirais que le fantastique est ce qui n'existe pas. Cependant, il y en a, des choses qui n'existent pas, et qui ne sont pas fantastiques !... Par conséquent, j'ajouterais que ce sont les choses qui n'existent pas et qui sont imaginées par l'homme. Et, si nous considérons la littérature, alors, ce sont les choses qui n'existent pas, imaginées par l'homme dans un but poétique. Voilà. C'est la définition que je donnerais...

Y.P. En quelles occasions, particulièrement, as-tu découvert le fantastique ?

D.B. Probablement avec les premières histoires que l'on me racontait ou que je lisais lorsque j'étais enfant.

Y.P. Est-ce qu'une de ces histoires a laissé en toi un souvenir particulier ?

D.B. Oui, peut-être : une, que j'ai lue dans cette encyclopédie pour enfants dont je t'ai parlé. Une histoire de Ruskin, intitulée *La Vallée du fleuve d'or*, je crois. C'était une chose très ténébreuse, et même, tragique...

Y.P. Et quels sont les auteurs fantastiques que tu préfères ?

D.B. Poe. Hoffmann (moins cependant...), Conrad, car au fond, lui aussi est fantastique ; Melville, qui est résolument fantastique... Qui encore ? Peut-être pourrait-on dire, pour certains aspects, Shakespeare lui-même ?... Dans la littérature italienne, il n'y a rien de fantastique.

Y.P. Et quels sont les auteurs fantastiques et les œuvres fantastiques dont, selon toi, on peut le plus clairement retrouver l'influence dans ton œuvre ?

D.B. Je dirais Poe. Oscar Wilde. Mais Oscar Wilde n'est pas un écrivain fantastique. Et puis on parle de Kafka... Moi, sur ce point, je ne me prononce pas.

Y.P. Et parmi les différents types de fantastique, lequel te semble correspondre le mieux à ton caractère ? Lequel au contraire t'est le plus étranger ?

D.B. Celui qui se rapproche le plus de la chronique. Mais moi, je ne vois pas différents types de fantastique !

Y.P. Même cette réponse, de ta part, m'intéresse... En effet, ma question était aussi une manière indirecte de savoir si, pour toi, il y avait différents types de fantastique.

D.B. En définitive, j'aime en général ceux qui représentent ces choses imaginées de la manière la plus précise et réaliste, oserai-je dire. Type Stevenson, par exemple. Mais Stevenson n'est pas typiquement un écrivain fantastique.

Y.P. Tu insistes donc sur les liens entre fantastique et réalité ?

D.B. Oui. Le fantastique doit déboucher sur une forme de réalité. Sinon, il perd de la consistance. Le fantastique qui, du point de vue artistique, est efficace, est celui qui est représenté sous une forme aussi réelle que possible.

Y.P. Et à l'opposé — car parfois tu t'es vraiment laissé entraîner par l'imagination —, t'est-il arrivé d'avoir des scrupules à l'égard de l'usage gratuit du fantastique en tant qu'évasion hors des limites de la réalité commune, ou bien y a-t-il toujours eu en toi une parfaite sérénité ?

D.B. Il ne me semble pas avoir jamais eu de scrupules ni dans un sens ni dans l'autre, pour ces choses-là. Parfois je me suis aperçu que j'exagérais, que je finissais par faire des choses insensées, mais cela n'a pas été pour moi un problème particulier.

Y.P. Une des caractéristiques majeures de ta forme de fantastique est le fait d'éviter une entière gratuité au profit d'une signification ultérieure, de valeur souvent morale. A ton avis, qu'est-ce que la représentation fantastique peut apporter de positif à l'illustration symbolique ?

D.B. Le fait d'intensifier, de rendre plus forte l'expression de certaines idées.

Y.P. Je pensais, entre autres, aux animaux, qui interviennent souvent, dans ton œuvre...

D.B. Oui. Les animaux se prêtent souvent à l'incarnation de certaines idées, de certaines forces spirituelles de la nature. La vengeance, la persécution, le siège, etc. Et cela remonte à l'époque de la Grèce antique...

Y.P. Cela m'intéresserait de savoir dans quelle mesure tu as tout de suite perçu ainsi le phénomène de l'animalité, ou si sur ce point tu as été influencé par des concepts culturels...

D.B. Comment puis-je savoir ? C'est difficile. Non. Je ne saurais répondre.

Y.P. Et le rapport entre animal et mystère, qu'est-il pour toi ?

D.B. Souvent, l'animal se prête à l'incarnation du mystère, étant donné qu'il est déjà pour nous mystère. Car nous ne savons pas ce qu'il y a à l'intérieur. Et puis, dans des histoires fabuleuses, il est facile d'imaginer ces bêtes étranges, telles que le dragon, le serpent, l'« uccelroc »... Et on retrouve ici tous les contes de l'Antiquité, qui sont pleins de ces bêtes-là... Ce n'est pas nouveau.

Y.P. Qu'est-ce qui, pour toi, incarne le mieux le mystère ?

D.B. Selon la convention romantique, cela devrait être le diable. Certains, peut-être, pourraient le voir dans le prêtre, qui lui aussi incarne le mystère, puisqu'il est le représentant de Dieu. Car Dieu est mystère...

Y.P. Pourquoi, selon toi, le diable représente-t-il le mystère ?

D.B. Parce qu'il incarne l'abîme.

Y.P. Quoi d'autre ?

D.B. La chauve-souris. Cela peut être le vampire, cela peut être autre chose encore.

Y.P. Le mystère te semble-t-il indispensable à l'homme ?

D.B. Je dirais : non.

Y.P. Et les rapports entre mystère et poésie, comment les vois-tu ?

D.B. Ils sont très étroits, précisément. Dans mon univers, le mystère coïncide toujours avec la poésie. Mon genre de poésie est fait en grande partie de mystère.

Y.P. Explique-toi.

D.B. Que veux-tu que je te dise ? Je suis attiré par ce que l'on ne connaît pas, or, ce qui est inconnu détermine un sentiment qui est fondamentalement poétique.

Y.P. Et les rapports entre mystère et fantastique ?

D.B. Les rapports peuvent exister, mais cela ne signifie pas que le fantastique implique obligatoirement le mystère, ni que le mystère implique obligatoirement le fantastique. Le mystère implique manifestement quelque chose que l'on ne connaît pas ou que l'on ne parvient pas à connaître. Mais il est possible que cela ne soit pas de caractère fantastique. Exemple typique : les mystères dans les romans policiers. Ce ne sont pas des mystères fantastiques...

Y.P. Et les rapports entre mystère et angoisse ?

D.B. L'angoisse en général est causée par l'attente de quelque chose de négatif, de pernicieux. Parfois on attend que cela vienne, parfois on attend que cela augmente. Exemple : l'angoisse d'un malade qui doit mourir, l'angoisse de quelqu'un dans un bois, qui craint d'être assailli par les loups. En ce sens le mystère intervient dans l'angoisse.

Y.P. Revenons aux animaux. Ont-ils pour toi un rapport avec la poésie ?

D.B. Cela peut se produire. Selon les cas. Je n'en ferais pas une règle précise.

Y.P. Quelques exemples ?

D.B. Je me rappelle — car c'est un livre extrêmement beau — *Le Livre de la jungle* de Kipling, et les livres de Thomson Seaton, dont je ne me souviens plus s'il est Anglais ou Australien. Lui aussi a écrit de très beaux livres sur les animaux. Et puis, il y en a eu tant, ensuite ! Jack London, entre autres. Mais je n'ai jamais beaucoup aimé Jack London. Et je l'ai peu lu, aussi. En fait de bêtes célèbres, et émouvantes, je dirais qu'il y a eu surtout celles de Kipling et de Thomson Seaton.

Y.P. Et si nous évoquions maintenant les rapports entre fantastique et poésie ?

D.B. Ce sont, peut-être bien, des coïncidences... Il peut y avoir un fantastique plus ou moins poétique, car il n'est pas dit que le fantastique, de par lui-même, soit poétique. Parce que, alors, toute la littérature de science-fiction devrait être de la poésie !

Y.P. Que doit être pour toi le fantastique pour être poétique ?

D.B. Ah, ces problèmes-là sont vraiment trop difficiles !

Y.P. Alors, il suffirait que tu m'indiques quels te semblent être en général, dans tes œuvres, les moments fantastiques les plus poétiques...

D.B. Peut-être, et même probablement, le début. Presque toujours. Dans les récits mystérieux et fantastiques, c'est presque toujours l'ouverture qui est la chose la plus forte ; c'est presque toujours cette porte qui s'ouvre sur une nouvelle situation. Et il en est ainsi pas seulement dans mon cas. Si l'on examine les livres et les récits de ce genre, on s'aperçoit que dans la quasi-totalité des cas, c'est précisément le premier glas qui au fond est la chose la plus belle. Exemple parfait, et de très haut niveau littéraire, le *Docteur Jekyll et M. Hyde* de Stevenson. C'est vraiment le début, si énigmatique, qui est la plus belle de toutes. En ce qui concerne mes récits, puisque tu m'avais posé une question au sujet des premières pages du *Voyage aux Enfers du siècle*, eh bien, là aussi, cette insistance, ce type de dialogue, qui somme toute est toujours un peu uniforme, avait pour but de donner justement la sensation de quelque chose qui commence à bouger, dans l'atmosphère de ce journal. Quelque chose d'insaisissable qui est en train de se préciser, et que moi, je ne saisis pas, et que même les autres ne saisissent pas...

IV

Le théâtre
Drogue et regrets

Yves Panafieu : L'écrivain Buzzati est connu pour *Le Désert des Tartares*, pour *Un amour*, pour quelques recueils de nouvelles et, depuis peu, pour ce *Poème-Bulles*, qui reprend de façon moderne, en couleurs et sous une forme très personnelle, le thème d'Orphée aux Enfers. Mais, excepté pour *Un cas intéressant*, il n'est pas tellement connu en tant qu'auteur de théâtre. Et pourtant, il a écrit plus d'une douzaine de textes pour le théâtre. Le premier, *Piccola Passeggiata*[1], fut représenté à Milan en 1942, le dernier, *La Fine del Borghese*[2], fut représenté en 1966, toujours à Milan. Entre l'un et l'autre, il y eut successivement *La Rivolta contro i poveri*[3] (1946), *Un caso clinico*[4] (1953), *Drammatica Fine di un musicista*[5] (1955), *Sola in casa*[6] (1958), *Un verme al ministero*[7] (1960), *Il Mantello*[8] (1960), *L'uomo che andrà in Ame-*

Note : Les titres ont été laissés dans la langue originale puisque, à trois exceptions près, ces œuvres théâtrales n'avaient pas, en 1971, été traduites en français. Voici néanmoins la traduction de chacun d'eux : *1.* Petite Promenade *; 2.* La Fin du bourgeois *; 3.* La Révolte contre les pauvres *; 4.* Un cas intéressant *; 5.* Fin dramatique d'un musicien *; 6.* Seule à la maison *; 7.* Un ver au ministère *; 8.* Le Manteau *;*

rica[9] (1962), *La Colonna infame*[10] (1962), *L'Orologio*[11] (1962), et *La Famosa Invasione degli orsi in Sicilia*[12] (1965). Certains de ces textes sont des actes uniques. Et j'oubliais, précisément, un de ces actes uniques, *I Suggeritori*[13], représenté en 1960... Ce goût pour le théâtre, qui t'a poussé à écrire pour la scène, à quelle époque t'est-il venu ?

Dino Buzzati : Il m'est venu après que je me suis mis à écrire. Surtout durant la guerre. A l'époque de mon enfance ou de ma jeunesse, le théâtre n'avait pas pour moi une grande importance.

Y.P. Et qu'est-ce qui a déterminé ce goût particulier, qui te fait dire : « Je regrette vraiment de ne pas être parvenu à faire ce que je voulais en ce domaine » ?

D.B. Moi, je crois qu'en premier lieu, c'est surtout le rapport immédiat et direct avec le public, puis il y a le fait que le théâtre soit pour moi la plus grande des épreuves littéraires. Car au théâtre, un grand nombre — je ne dirai pas d'expédients, mais de moyens littéraires, ne sont pas permis. La description n'est pas permise. Certes, on peut l'utiliser, mais seulement durant un court moment ; gare si l'on insiste ! Les considérations personnelles ne sont pas permises. Les divagations ne le sont pas. Tout doit être illustré sous forme d'exemples et exprimé dans l'action. Les dialogues eux-mêmes doivent constituer une action. C'est une autre chose, et une autre difficulté... Dans un roman, ainsi que le montre l'expérience, l'écrivain peut s'accorder des moments de faiblesse ou des moments d'ennui. Dans beaucoup de romans, il y a un chapitre qui devient un peu ennuyeux, et où la tension narrative diminue. Au théâtre, ceci n'est pas permis. Car immédiatement l'ennui pénètre dans la salle, et envoie tout en l'air. Cependant, entendons-nous bien : il y a des pièces ennuyeuses, absolument insoutenables et insupportables, qui sont aussi applaudies, parce qu'un mythe litté-

9. L'homme qui ira en Amérique *; 10.* La Colonne infâme *; 11.* La Montre *; 12.* La Fameuse Invasion des ours en Sicile *; 13.* Les Souffleurs.

raire se crée. Les exemples en sont même infiniment nombreux...

Y.P. J'ai l'impression que dans ta façon de voir le théâtre, tu es en train de prolonger une attitude que tu as avec les montagnes ; c'est-à-dire une espèce de défi, un goût du jeu et du danger...

D.B. Ce n'est pas cela. C'est seulement que le théâtre représente une chose difficile, et tu sais ce que c'est, avec les choses difficiles... La difficulté stimule beaucoup. Mais ce n'est pas du danger. Parce qu'il n'y a pas danger de mort. Il y a aussi une autre chose qui attire vers le théâtre, et que j'oubliais de dire : c'est qu'en cas de succès, de vrai succès, on gagne beaucoup d'argent... Car le premier soir, l'auteur reçoit trente pour cent de la recette, et puis, tous les autres soirs, dix pour cent... Ce n'est pas mal !... Mais l'élément négatif, au théâtre, c'est que le succès est conditionné en grande partie par l'interprétation des acteurs. Une pièce jouée d'une certaine manière peut être un four complet, tandis que, jouée d'une autre façon, elle devient, sinon un chef-d'œuvre, du moins une chose extrêmement belle. Et il est difficile de trouver l'occasion de faire représenter vraiment bien une pièce. Surtout en Italie, où il n'y a pas la passion du théâtre... Les compagnies sont relativement peu nombreuses. Et par ailleurs, on a compris, maintenant, que pour réaliser convenablement une pièce, il faut beaucoup y travailler, dépenser beaucoup, et c'est pour cela que toutes les compagnies, dans l'année, réalisent seulement une ou deux pièces. Même les théâtres fixes, comme le Piccolo Teatro di Milano, donnent trois ou quatre pièces dans l'année. Par conséquent, les occasions de placer une pièce sont rares. Moi, désormais, je me suis résigné. Je ne m'obstine plus. J'ai renoncé. J'ai dû renoncer à ce mirage.

Y.P. Tu parles du théâtre en général, et de la gestion artistique des compagnies ou des théâtres fixes, telle qu'on la pratique en Italie, et tu soulignes ce qui fait obstacle à la création. Nous avons aussi, en France, des problèmes de ce genre. On parle même, depuis quelques années, de crise. Et cette crise semble être particulièrement grave à Paris. Du reste, tous les milieux artistiques l'évoquent. L'émission de télévision à laquelle tu as participé au cours de l'automne dernier, et qui était intitulée *L'Invité du dimanche*, a elle-même souvent abordé, cette année, la question du théâtre, en essayant d'aider celui-ci à sortir de cet état de crise. J'estime par conséquent devoir te demander s'il y a aussi en Italie, actuellement, une crise du théâtre...

D.B. Ah, je ne suis pas en mesure de le dire ! Je ne suis pas au courant.

Y.P. Je laisse tomber. Mais je voudrais que tu précises quels ont été tes propres rapports avec le public.

D.B. A l'égard du public, je te dirai que je suis un peu perplexe. Vois-tu, moi, je crois que lorsqu'on a écrit quelque chose, on sait tout de suite si ça marche ou si ça ne marche pas. Moi, j'estime que je sais exactement si une chose fait mouche. Sûr ! Il n'y a aucun doute, d'aucune sorte. Cette intuition, je l'ai lorsque j'écris des récits ou des romans. Mais au théâtre, je ne l'ai pas. Au théâtre, j'ai eu souvent l'impression que les choses feraient mouche. Et rien n'arrivait. Le public restait là, impavide. Je me souviens entre autres de ma dernière comédie, intitulée *La Fine del Borghese*, comédie grotesque, qui pourrait être plus élaborée, mais qui est poétique. De cette comédie, Maner Lualdi a extrait les parties comiques et en a fait un acte unique. Je suis allé à la répétition générale, et bien que je fusse désormais assez sceptique, et habitué aux défaites théâtrales, je croyais que dans cet acte unique il n'y avait pas une seule réplique qui ne fît mouche. Je pensais que c'était extrêmement spirituel, et que cela ne pouvait pas ne pas avoir de succès. Vraiment. Il me semblait que toutes les répliques faisaient mouche, très sèchement. Vient le soir de la première représentation. Rien. Zéro. Le public restait là, impavide. Le théâtre, pour cette raison, est une chose mystérieuse. C'est la chose que je désirerais par-dessus tout, comme du reste tous les auteurs, et c'est la chose où je n'ai pas réussi. Mais au théâtre aussi, manifestement, ce que je disais tout à l'heure est valable ; à savoir, le battage publicitaire. Car si demain on fait une opération publicitaire en disant : « C'est un chef-d'œuvre ! » cela change tout, quand même ! Ce que le public a pu avaler comme choses assommantes !...

Y.P. Tu as parlé souvent de comédies. Si je te demandais ce qu'est, pour toi, le comique, que me répondrais-tu ?

D.B. C'est une chose qui fait rire.

Y.P. Merci beaucoup. Je l'ignorais !... Evidemment, en te posant cette question, je faisais allusion aux différents genres de comique, et à celui qui te convient particulièrement...

D.B. Vois-tu, en Italie, s'il y a une scène, et si quelqu'un arrive en disant « cul », les gens se mettent à rire. Tout le comique italien, en général, n'a rien à voir avec l'humour, par exemple. Cela a à voir avec la farce, avec le plaisir de voir autrui dans une situation mortifiante. Si quelqu'un reçoit un coup de pied dans le derrière, en Italie, les gens se mettent à rire. Toute la commedia dell'arte, tellement célébrée par les historiens du théâtre, était un laisser-aller plein d'horribles vulgarités, de lazzi dégoûtants. Il suffit de voir les documents iconographiques qui restent. Prendre un clystère énorme, de quarante centimètres, et le mettre dans le derrière de quelqu'un, cela suffisait à faire crever les gens de rire... Ça, c'était la commedia dell'arte.

Y.P. Tu te sens à l'opposé, personnellement ?

D.B. Indubitablement. Mon humour est plus proche de l'humour de type anglais, qui est pour moi le plus grand exemple d'humour.

Y.P. Tu n'as pas parlé jusqu'à présent de tragédie, et pourtant, en plus de tes comédies, tu as écrit *Un cas intéressant*, œuvre qui ne peut certes pas être classée dans le genre comique. C'est même à l'opposé. Pour ma part, je te dirai que — parmi celles de tes œuvres théâtrales que j'ai eu l'occasion de lire — c'est celle que de loin je préfère. Et ce n'est pas pour rien qu'*Un cas intéressant* a été le seul de tes textes pour le théâtre — avec *Seule à la maison*, récemment interprété à la télévision française — qui ait été adapté pour la scène en France. Le fait que Camus lui-même en ait effectué l'adaptation est significatif. Pour toutes ces raisons, je voudrais m'arrêter plus longuement sur cette œuvre. Je désire savoir si le fait d'avoir repris le thème déjà développé dans le récit intitulé *Sept étages* a quelque chose à voir avec la conscience d'avoir écrit trop rapidement la nouvelle, puisque je me souviens que tu en avais jugé l'écriture trop rapide et imparfaite...

D.B. Non. *Un cas intéressant* est dû à une suggestion de Giorgio Strehler, qui avait mis en scène une de mes pièces en un acte, immédiatement après la guerre. J'ai été un peu surpris lorsqu'il m'a demandé cette adaptation, car il y avait eu entre nous une scène très désagréable lors de la générale de cette pièce en un acte à laquelle je faisais allusion. C'était à l'occasion d'un festival organisé par Maner Lualdi, et où chaque soir on jouait trois nouvelles pièces en un acte. Comprends-tu ?... Organiser en hâte une opération de ce genre est une chose épouvantable. Et je me souviens que lors de la générale de ma pièce, qui était intitulée *La Rivolta contro i poveri*, à un moment donné, moi, tel un névrosé, je me suis levé et j'ai dit : « Non. Comme cela, ce n'est pas possible ! On ne peut pas jouer cette pièce comme cela !... » Parce que personne ne savait interpréter son rôle. Et je suis sorti, en rogne. Ce qui me surprend encore, car je t'assure que d'habitude je suis très humble et je me garde bien d'interférer avec mes interprètes... De toute façon, le soir, heureusement, comme cela arrive au théâtre où il y a des miracles, tout s'est très bien passé. Maintenant, en ce qui concerne *Un cas intéressant*, après en avoir parlé avec Giorgio Strehler, j'ai rédigé le texte, qui effectivement a été représenté par lui au Piccolo Teatro di Milano. Malheureusement, la pièce fut jouée vers la fin de la saison ; il ne pouvait donc pas y avoir plus d'une quinzaine de représentations. Et à Milan, on n'a pas su si elle avait eu du succès ou non. Quant à Paris, dans l'adaptation de Camus, que j'ai connu à cette occasion-là, et qui était vraiment un homme exquis, d'une sensibilité et d'une compréhension humaine extraordinaires, *Un cas intéressant* a eu un très grand succès du point de vue de la critique, dans la mesure où celle-ci s'y est intéressée. Il y a eu le critique du *Figaro*, Jean-Jacques Gautier, qui m'a éreinté en disant : « Jamais, de toute ma vie, je n'ai assisté à une chose qui m'ait procuré autant d'angoisse et d'ennui... » Mais cet éreintement était pour moi une immense louange !... Il y eut aussi ce philosophe existentialiste, Marcel... Au fait, comment s'appelle-t-il ?

Y.P. Gabriel Marcel ?

D.B. Oui. Il m'a fait — je ne me souviens plus sur quel journal ou revue — une critique très importante, tout à fait prise au sérieux. Mais il n'y a pas eu de succès. Il ne pouvait pas y en avoir. Et il ne pourra jamais y en avoir. Car c'est une chose qui touche le spectateur et le dérange. Ce n'est pas le drame d'Hamlet, qui tue dix hommes... C'est une histoire humaine, très humaine, intelligente, très intelligente, à laquelle participe le corps du spectateur, le petit furoncle, ici, le mal au ventre, ici, la petite douleur, ici, à la rate ou à la nuque, et alors le spectateur se dit : « Mon Dieu ! Demain, qui sait ?... » Tu comprends ? Il n'y a rien à faire. En cela, selon moi, c'est un drame techniquement excellent qui, du point de vue théâtral, est erroné. Quelque chose peut résister sur le papier, mais au théâtre il en sera différemment. C'est pourquoi le théâtre a toujours été pour moi, et pour tous mes collègues, même s'ils le nient, le suprême but. Il a pour lui cette chose extrêmement forte : que si l'on peut, lorsqu'une page est écrite, dire « J'y suis arrivé ! » en réalité il faut l'épreuve de la scène pour que tout soit terminé. Le théâtre est fait pour la communication : on est assis, on reçoit la chose, directement, d'un autre homme, et cette communication peut être annihilée par un bâillement. Voici pourquoi *Un cas intéressant* est un drame théâtralement erroné. Il dérange.

Y.P. Je ne considère pas qu'il soit théâtralement erroné, parce qu'il n'a pas eu, théâtralement, de succès. Pour ma part, je pense que, théâtralement, quelque chose peut avoir une grande valeur même s'il n'y a pas de succès.

D.B. Non. Cela peut avoir une grande valeur littéraire, mais non pas théâtrale.

Y.P. En d'autres temps, peut-être aurais-tu eu du succès ?... Je voudrais revenir cependant, un instant, sur quelque chose que tu as dit lorsque nous avons évoqué le début de ta collaboration avec Giorgio Strehler : cette histoire de la colère que tu as eue alors, et que tu as qualifiée de réaction névrotique, m'intéresse. Simple curiosité concernant ton caractère, mais évidemment liée à ces faits que nous sommes en train d'évoquer à propos du théâtre...

D.B. Remarque que ce fut une exception, du point de vue statistique. Je ne suis pas de ceux qui s'abandonnent à ce genre de chose... Dans le journalisme, il m'est arrivé de m'entendre dire des choses très dures, injustes et absurdes, sans répliquer. Je répondais comme si de rien n'était. Cette fois-là, j'en fus moi-même étonné. Car cela ne correspondait pas du tout à ce que je suis. Sais-tu ce qui s'est produit ?... Je te l'explique : le théâtre est une chose infernale, le théâtre met l'homme dans une situation complètement différente de la vie normale. Et c'est pour cela qu'il est fascinant. Quand on entre dans l'univers du théâtre, on entre dans la fable, on entre dans l'imaginaire, on entre dans le mythe, on entre dans la drogue. Le théâtre est une drogue. Ça, c'est une chose importante. C'est pour cela que l'on trouve des imbéciles qui sont fascinés par le théâtre, vivent du théâtre et y gaspillent et consument leur vie, sans profit... Parce que c'est justement une drogue. Je le répète. Et pourquoi ?... Je me le suis demandé souvent, et je n'ai pas trouvé de réponse. A Paris, par exemple, j'ai parlé de tout cela avec Mme Ludmila Vlasto, qui est pratiquement la propriétaire de ce théâtre La Bruyère où Vitalie est metteur en scène. Et, en parlant avec elle, je comprenais que cette femme, qui est une Russe extrêmement intelligente, une femme d'une sensibilité diabolique, est ensorcelée par ce théâtre, et y consumera sa vie, en y dépensant tout son argent... Et le pourquoi de la chose, je ne saurais te le dire... Ça, c'est le mystère. Pour ma part, je pense que c'est parce que le théâtre est une petite machine, une petite boîte dans laquelle l'homme entre, et devient une autre personne. C'est donc une drogue. Une drogue que l'on obtient sans artifices chimiques. Et ce qui est beau, dans le théâtre, qu'est-ce que c'est ?... Ce sont les répétitions, la préparation. Ce sont là choses superbes. Car durant les répétitions, on voit s'ouvrir devant soi le paradis. Et puis, le soir de la première représentation est une chose extrêmement belle. C'est terrible, ce frémissement, qui appartient à tout le monde, même à l'accessoiriste qui transporte les chaises. Et ensuite, évidemment, cela devient une routine. En bien. Ou en mal. Si c'est en mal, tout finit, et c'est la faillite. Sinon, cela devient une routine qui peut être belle, aussi. Cependant l'acteur, le véritable acteur, tous les soirs, lorsqu'il entre en scène, a la possibilité de devenir un autre être, et donc, pendant quelques heures, de rêver et, véritablement, de devenir une autre personne. Et ça, c'est le grand charme du théâtre, que le cinéma n'autorise pas puisque l'acteur n'entre pas dans la fiction poétique. Il n'est qu'une machine, un objet.

Y.P. La façon dont tu parles de l'acteur me pousse à te demander si tu n'aurais pas aimé l'être...

D.B. Non. Je n'aurais jamais pu faire l'acteur.

Y.P. Et l'avenir du théâtre, qu'est-il, pour toi ?

D.B. Précisément, avec tout ce que je t'ai dit, on comprendra que je puisse déclarer que le théâtre ne mourra jamais... Il restera. Peut-être en tant que forme expérimentale, ou culturelle, ou en tant que pièce de musée... Car ce fut une des grandes inventions de l'homme. Ce fut sa première évasion. Et en effet, il est certain que ce ne sont pas les riches qui ont fait le théâtre. Ce furent les pauvres, qui ont imaginé qu'ils devenaient rois ou reines. Le théâtre est une des rares choses belles qu'ait faites l'humanité. C'est sûr. Il suffit d'ailleurs de penser au phénomène que fut Shakespeare : devant un tel exemple, je ne vois vraiment pas qui pourrait faire des objections. En un certain sens, c'est le plus incroyable des phénomènes de l'histoire de l'homme que je connaisse. On sait probablement beaucoup plus de choses de Dante, de Boccace et de Villon qu'on n'en sait de cet homme mystérieux qui a traversé le monde en laissant des textes écrits bien précis, pas des choses vagues, des traditions orales, et dont cependant on ne sait pratiquement rien. Ses textes, aujourd'hui encore, sont les sommets de la poésie moderne. Te rappelles-tu le passage de *Macbeth* qui commence par « To morrow, to morrow » ?... Pour moi, c'est le plus haut sommet qu'ait jamais atteint poète au monde. Car là, en vingt vers, il y a toute la vie de l'homme, avec des images extraordinairement merveilleuses et puissantes. Ça, c'est le grand poète. C'est indiscutable. Et puis, te souviens-tu, dans *Roméo et Juliette*, de la technique du dialogue — qui a ensuite été si souvent copiée —, lorsqu'il se réveille, le matin, et qu'il veut s'enfuir, et qu'elle veut le retenir ?... Alors il prend peur, et elle lui dit : « Mais oui, fuis, fuis, voici l'alouette... » Lui, cependant, il est incapable de l'abandonner. Il revient vers elle et lui dit : « Non. Non. Ce n'est rien. Ce ne sont pas encore les oiseaux du matin... » C'est une chose superbe ! A mon avis, on ne peut pas aller plus profondément dans l'âme humaine. Pour moi, Shakespeare est indubitablement le plus grand poète qui ait jamais existé. Et ce qui me stupéfie chez lui, entre autres, c'est sa foudroyante et miraculeuse intuition du monde romain, qu'il devait avoir bien peu étudié, et que, peut-être, il n'avait même pas étudié... Même chose pour le monde de la Renaissance. Réfléchis !... Comme il l'a devinée, l'Italie, et cette Juliette, et Jules César ! C'est une chose absolument prodigieuse ! Aucun poète n'en a fait autant.

V

L'énergie poétique

« L'important en poésie c'est l'élan
imprévisible et puissant
qui fait sentir la présence
et le génie, la sottise divine
qui relie les funérailles du héros
à la dent douloureuse, à l'annuaire du téléphone[1]... »

Yves Panafieu : Peu de gens savent qu'en plus de tes romans et de tes nouvelles tu as déployé une activité poétique. Seuls les spécialistes de la culture et de la littérature italiennes connaissent, du moins par leur titre, tes deux recueils de poésies édités à ce jour, *Due Poemetti*[2] et *Il Capitano Pic e altre poesie*[3]. Bien que ces deux œuvres soient un peu isolées dans l'ensemble de ta production littéraire, il convient de les évoquer. Et ceci non seulement à cause des liens qu'elles peuvent avoir avec tes œuvres en prose, mais aussi à cause de ce que j'ai appelé « l'alchimie des idées », dont nous avons eu l'occasion de parler et qui demeure à la base de la création littéraire. Si je te demandais ce qu'est pour toi la poésie, que serais-tu tenté de me répondre ?

Dino Buzzati : Comme je reste très terre à terre, je dirais que la poésie se trouve dans les œuvres d'art qui m'émeuvent. Et prends cela au bon sens du mot... Si ensuite tu

1. *Dino Buzzati, "Tre colpi alla porta" ("Trois coups à la porte"), in* Due Poemetti *(*Deux Petits Poèmes*), Neri Pozza éditeur.*
2. Op. cit.
3. Le Capitaine Pic et autres poésies, *Neri Pozza éditeur.*

me demandes en quoi consiste la poésie, je te dirai que je ne suis pas en mesure de le dire. Il faudrait faire une grande étude critique avant de pouvoir y parvenir, et je ne sais même pas combien de gens ont réussi à résoudre ce problème... De la poésie, cependant, il peut y en avoir dans quatre ou cinq mots que l'on a mis ensemble, ainsi, mystérieusement. Il peut y avoir de la poésie dans un récit qui narre une situation particulièrement pathétique, il peut y avoir de la poésie dans un grincement causé par une porte. Est-ce que je me fais comprendre ?... Selon moi, les choses poétiques sont en général des choses qui peut-être sont de *petites* choses, mais qui immédiatement évoquent de *grandes* choses. Ceci me semble être la caractéristique de la poésie.

Y.P. Pourrais-tu citer quelques exemples ?

D.B. Je pourrais te citer Leopardi, qui chez vous, en France, n'est pas connu, mais qui est le plus grand poète italien, après Dante et Pétrarque. En effet, il a apporté des nouveautés dans cet univers, si écœurant à force d'académisme, que fut le début du XIXe siècle. A ce moment-là, on n'utilisait plus aucun mot normal : ce n'étaient que mythologie et choses de ce genre...

Y.P. Fais-tu allusion à Monti et à Foscolo ?

D.B. Oui. Ils n'utilisaient que des phrases qui, dans la vie, ne sont pas employées. Est-ce que tu comprends ce que cela signifie, un pays où la langue écrite n'a rien à voir avec la langue parlée ? Cela veut dire que la langue écrite est complètement artificielle. Or, Leopardi (pas en toute chose, car lui aussi adoptait des expressions que, manifestement, il n'employait pas dans la langue parlée) a commencé à conduire la poésie, des mythes et des choses nébuleuses vers la vie pratique. Certes, il était encore un peu infecté par ces coutumes de l'époque : il disait, par exemple, « appo le siepi » au lieu de dire « vicino alla siepe », et ça, sans aucun doute, il ne le disait pas dans la vie. Mais quand il racontait comment, lorsqu'il était enfant, il écrivait dans sa petite chambre, le soir, à la lueur d'une lanterne, il disait des choses extrêmement banales, mais de telle sorte qu'elles pussent s'amplifier au point d'impliquer tout le drame de sa propre existence, mais aussi, de celle de beaucoup de gens qui lui étaient semblables... Me suis-je clairement expliqué ?

Y.P. Oui. Mais je voudrais que tu me parles de ton expérience poétique personnelle.

D.B. Mon expérience me porte à conclure que l'une des caractéristiques de la poésie, c'est, vraiment, d'être mystérieuse de par elle-même. Ça, je le crois véritablement. Il n'y a pas de raisonnement, il n'y a pas de culture, il n'y a pas d'intelligence qui puissent servir à construire la vraie poésie. Il y a en effet des écrivains qui ont tous les dons possibles et imaginables, mais qui ne sont pas touchés par la grâce de la poésie. Ceci est indiscutable. Par conséquent, lorsque les anciens parlaient de la muse, ils s'exprimaient dans une forme qui est un peu trop symboliquement mythologique, mais au fond ils disaient quelque chose de très vrai. Il y a ceux qui sont touchés par la grâce, et d'autres, qui ne sont point touchés par elle.

Y.P. Et, pour toi, comment se manifeste cette grâce ?

D.B. Ah, remarque bien que je ne dis pas que j'ai été touché, parfois, par la grâce !

Y.P. J'entendais te poser une question d'ordre général, sans te mettre en cause directement.

D.B. Je te dirai que c'est une forme de condition physique, avant tout.

Y.P. Physique ?... En quel sens ?

D.B. Oui. La poésie, avant tout, est une libération d'énergies physiques. Ce sont des énergies que la science n'a peut-être pas encore cataloguées, mais dont je suis convaincu qu'elles sont vraiment physiques. Un homme qui se sent vraiment mal ne fait rien. Je ne crois pas qu'il puisse faire quoi que ce soit. Revenons à l'exemple de Leopardi, qui était un homme très maladif, surtout au cours des dernières années de sa vie — et il n'a pas vécu longtemps, puisqu'il est mort très jeune... Moi, je suis convaincu que lorsqu'il faisait ces belles poésies, il se portait très bien. Forcément. Si on est vraiment mal, on ne peut rien tirer de soi. Tu imagines quel flux vital c'est ? C'est de la vie, la poésie !...

Y.P. Tu l'as vérifié ?... En est-il ainsi, dans ton cas ?

D.B. Dans mon humble cas personnel, le peu que j'ai fait, je l'ai vraiment fait ainsi.

Y.P. Dans tes poèmes, qu'est-ce que tu as cherché à faire ?... Et ne me réponds pas en me disant : « J'ai cherché à faire des poésies ! » Car ce serait un peu trop simple...

D.B. Tu me mets de nouveau dans l'embarras, car je n'ai pas du tout de théorie, sur tout ceci... Cependant, en y réfléchissant, je pourrais te donner des éléments de réponse. Instinctivement, lorsqu'il s'agissait de l'expression, je partais d'une idée. Je n'ai jamais pratiqué la poésie automatique des surréalistes. Je ne crois absolument pas à ce type de poésie, parce qu'il en sort des choses ennuyeuses et insupportables comme Lautréamont. Quand on a lu vingt lignes de lui, c'est le maximum que l'on puisse faire. On laisse tomber. Moi, instinctivement, j'ai cherché à exprimer une idée qui me semblait poétique, au sens propre, en tant que situation humaine. Et j'ai cherché à l'exprimer à l'aide d'images et de mots qui fissent mouche. Et ici, je reviendrai à Leopardi, qui a dit que l'étonnement est un des éléments de la poésie. Je crois qu'il y a du vrai. Je veux dire qu'elle est étonnement dans la mesure où la vraie poésie a toujours quelque chose d'imprévisible pour le lecteur. Lorsqu'on parle du *vol pindarique*, à quoi fait-on allusion ? On fait allusion à cette caractéristique des vrais poètes, qui évoquent par exemple une plante dans un jardin, et d'un coup volent à l'ami mort au combat... J'ai cité ce cas, mais c'est une comparaison idiote. Le vrai poète, cependant, parvient à extraire, d'une image, d'une situation, d'un sentiment, cet élan qui arrive à quelque chose d'absolument imprévisible pour le lecteur. Mais c'est un élan parfait en ce sens que le lecteur se rend compte par la suite que la seconde idée était liée étroitement à la première : voici la caractéristique du poète. En ce sens je donne raison à Leopardi lorsqu'il insiste sur l'étonnement. Il y a poésie quand on est en train de dire quelque chose et que, tout à coup, on fait jaillir comme un éclair une autre chose, complètement différente, profonde et douloureuse, qui est née de la première sans que l'on puisse savoir comment elle en est issue. Ceci, c'est le mystère de la poésie. Et tu as ici, selon moi, un test pour voir s'il s'agit ou non d'un grand poète. Mais remarque bien que les rapports entre ces images doivent être des rapports profonds, même si ce ne sont pas des rapports logiques et facilement perceptibles...

Y.P. Et selon toi, est-ce que la poésie peut éventuellement être l'expression du subconscient ?

D.B. Ça, je l'ignore.

Y.P. N'as-tu jamais rien tenté, en ce sens ?

D.B. Non.

Y.P. Revenons à ces élans. D'où penses-tu qu'ils viennent ?

D.B. Ceci, que l'on pourrait appeler inspiration, et qui en fait représente des idées — car ces envols lyriques sont justement des idées —, je ne sais pas d'où ça vient. Nous retrouvons toujours le même problème... J'ai toutefois la sensation que ces idées me viennent de ce qui est autour de moi, de l'atmosphère, aussi, d'un son, ou d'une voix... Puis on viendra me dire : « Tu fais erreur. Elles viennent du subconscient... » Et il est possible, effectivement, qu'elles viennent du subconscient. Mais c'est un problème que je ne me suis jamais posé.

Y.P. Et quels sont les thèmes auxquels tu as voulu donner le plus de relief dans ta poésie ?

D.B. Ma meilleure poésie — ou la moins mauvaise — est sans aucun doute *Il Capitano Pic (o Il Trionfo del regolamento).* J'ai voulu y exprimer le sentiment militaire auquel nous avons déjà fait allusion. Ce capitaine Pic est quelqu'un qui, à partir du règlement, précisément, parvient au sublime. Oui ! Il parvient au sublime, à partir de cette chose si plate et idiote que peut être le règlement. Car pour certaines choses, celui-ci est vraiment idiot. Je me suis d'ailleurs reporté au vieux règlement militaire, que je suis allé acheter exprès dans une petite boutique... Je parle du règlement de l'armée italienne tel qu'il était en vigueur au siècle dernier... Je ne sais pas si, à présent, on l'a complètement refait...

Y.P. Pourquoi dis-tu que cette poésie est la meilleure ?

D.B. Parce que, dans cette poésie, il y a une foule d'idées lyriques, justement, et parce qu'il y a aussi ces élans, ces petits traits...

Y.P. Que veux-tu dire lorsque tu parles d'*idées lyriques* ?

D.B. Non ! Je n'ai pas parlé d'idées *lyriques*...

Y.P. Tu l'as dit. Nous pouvons vérifier, si tu le désires...

D.B. Je voulais parler d'idées poétiques.

Y.P. Quelle différence y a-t-il, pour toi ?

D.B. L'expression *idées lyriques* me semble un peu ambiguë.

Y.P. Autre problème : celui des sons, de la musique du vers. Quelle part réserves-tu dans tes poèmes à cet aspect fondamental de la poésie ?

D.B. Je me suis convaincu d'une chose qui est à présent reconnue par beaucoup de gens — surtout dans la littérature anglo-saxonne : de l'immense importance magique des rimes. Les vers libres sont une très belle chose, et il est clair qu'ils ont concédé au poète une liberté qu'auparavant il ne connaissait pas, mais en même temps le poète a renoncé à un moyen dont la puissance était spectaculaire. Un mot qui rime, un mot approprié, qui vient au bon moment, qui n'est pas artificiel — car si l'on sent l'effort, tout s'écroule —, augmente son efficacité sémantique de dix ou de vingt fois... Naturellement, pour cela, il faut que le vers ne soit pas le vers des sonnets, dont on a fait des centaines, car manifestement il devient un pur et simple artifice. Cette découverte de l'importance de la rime, je l'ai faite vraiment sur le papier, en m'exerçant. Je me suis vite aperçu que cette résonance, cet écho musical, donne au mot une puissance expressive très supérieure.

Y.P. Et quelles expériences as-tu faites en ce qui concerne le rythme du vers, et même, du poème tout entier ? Quel type d'effet, en somme, as-tu cherché à obtenir ?

D.B. Ah, je n'avais pas d'idées préconçues. N'importe quel rythme peut convenir. Mais en général, j'étais attiré, je ne sais pas pourquoi, par le vers de neuf syllabes et par le décasyllabe.

Y.P. Quand tu écris une poésie, est-ce que tu la rédiges rapidement, ou bien est-ce que tu la reprends, pour la travailler ?

D.B. Je la reprends. Forcément !

Y.P. Souvent ?

D.B. Assez...

Y.P. Est-ce qu'il t'est arrivé de réussir à écrire un poème presque tout de suite ?

D.B. Je ne me souviens pas. J'allais plutôt lentement. Et puis nous retrouvons ici ces difficultés dont je parlais à propos de la langue. En poésie, elles se multiplient, même... Car la rime est une belle chose, mais les assonances, les répétitions et la longueur des mots constituent une grande difficulté. Et en poésie, encore plus qu'en prose, il est nécessaire de créer un rythme bien précis...

Y.P. Et comment le définirais-tu ?

D.B. Le rythme a une fonction identique à celle de la rime. C'est-à-dire qu'une phrase rythmée a une signification si elle est bien rythmée. Ici, on entre dans tous ces phénomènes que pour ma part j'appelle rudimentairement *magiques*, et qui appartenaient en effet à l'antique magie. Prenons les litanies : c'est une opération typique de la magie. Elles ont toutes le même rythme, et, dans beaucoup de cas, comportent la même rime, qui crée une atmosphère capable de provoquer des miracles, autre élément typique de la magie et typique de la poésie. Le plus grand exemple, c'est votre Péguy. Je veux dire que la répétition est un autre élément caractéristique, précisément parce que la clef de la magie poétique est la répétition. Péguy en a même fait un abus. Ceci, vois-tu, est un des moyens que l'on oublie très souvent. Et même en prose. Mais, s'il est employé avec intelligence, au bon moment, il provoque des effets spectaculaires. Car cet écho du même motif, peut-être à une page d'écart, et dans une situation complètement différente de la première, est vraiment *spectaculaire*. Je pourrais en dire autant de Robbe-Grillet. Lui aussi utilise cela, non pas sous forme de mots, mais d'échos sonores. Il y excelle.

Y.P. Après tout ce que tu m'as dit, je suis porté à conclure que, pour toi, un des moyens les plus appropriés pour vérifier les effets de ta poésie est la lecture de ton poème, dès que tu l'as écrit... Je veux dire, lecture à haute voix...

D.B. Pas tout de suite après. Il faut un certain temps. Plusieurs jours.

Y.P. Pourquoi ?

D.B. Tout de suite, c'est trop dangereux.

Y.P. Je serais curieux d'enregistrer la manière dont tu lis une de tes poésies...

D.B. Ah, je ne suis pas habitué à lire mes poésies !

Y.P. Cependant, tu le fais, pour vérifier les effets obtenus...

D.B. Quelquefois. Mais en général, je ne le fais pas. Donne-moi le livret intitulé *Due Poemetti*. Je verrai si je peux le faire. C'est quelque chose sur Milan. Très humoristique.

Y.P. Le titre ?

D.B. « Scusi, da che parte per piazza del Duomo[4] ? ». C'est toute une mosaïque de menus événements, d'annotations de faits divers, que j'ai empruntés aux journaux...

4. *"Excusez-moi, de quel côté est-ce, la place de la Cathédrale ?"*

Y.P. Ce que tu en dis, et d'autres choses que tu as dites ailleurs, me poussent à te demander si pour toi le moment poétique n'est pas essentiellement un moment narratif discontinu...

D.B. Qui a dit cela ?

Y.P. Personne, je crois. Mais moi, je le dis. Que réponds-tu ?

D.B. Je ne sais pas. C'est possible.

Y.P. J'ai pensé à cette forme éventuelle de définition à propos de *Poème-Bulles*, entre autres. Je fais allusion à un passage, vers la fin, où il y a une espèce d'énumération de faits, de circonstances à peine ébauchées, à peine évoquées, qui se succèdent sans qu'il y ait entre eux un lien narratif.

D.B. Excuse-moi. Je voulais te montrer ce morceau intitulé « L'ultimo panino[5] ». A mon avis, il est excellent. Je te le lis :

> Et madame Joséphine
> celle qui est si distinguée si sympathique
> que certainement vous aussi connaissez
> fait étrange aujourd'hui est allée prendre à l'école
> [Manzoni
> sa petite nièce Rosabella, et la dorlote :
> mon enfant aujourd'hui puisque c'est mon
> [anniversaire
> tu rendras heureuse ta petite tante,
> sois gentille ne minaude pas
> d'ailleurs ce ne sera pas pénible
> si ce soir ce brave monsieur
> qui viendra nous rendre visite
> ti
> ti
> ti
> tic
> tic tac
> tic tac tic tac fait la pendule

5. *"Le dernier sandwich"*.

qui jamais ne s'arrête, hélas,
mes enfants, hâtez-vous,
avant
de se suicider au gaz
dans la vieille maison en démolition
le manœuvre de Matera au chômage
est allé s'acheter un sandwich
(et il l'a mangé). Mystère mystère,
pauvres petites filles vêtues de noir[6].

Dans ce morceau, j'ai greffé l'une sur l'autre trois ou quatre histoires, avec une remarquable habileté stylistique. « Tic tac tic tac fait la pendule qui jamais ne s'arrête » provient d'une comptine des enfants de chez nous. La voici : « Tic tac tic tac fait la pendule qui n'a pas de répit, mes enfants hâtez-vous car le temps s'en va[7]. » Je l'ai transformée et elle est devenue : « Tic tac tic tac fait la pendule qui jamais ne s'arrête, hélas, mes enfants hâtez-

6. *E la signora Josephine*
quella tanto distinta e simpatica
che certamente anche voi conoscete
caso strano oggi è andata a prendere alla scuola Manzoni
la nipotina Rosabella, e la coccola :
bambina mia oggi che è il mio compleanno
farai contenta la tua zietta,
da brava non far la smorfiosa
non sarà poi gran fatica
se stasera quel bravo signore
che verrà à farci visita
ti
ti
ti
tic tac
tic tac tic tac fa il pendolo
che mai si ferma, hélas,
figlioli miei spicciatevi,
prima
di ammazzarsi col gas
nella vecchia casa in demolizione
il manovale di Matera disoccupato
è andato a comprarsi un panino
(e l'ha mangiato). Mistero mistero,
povere bimbe vestite di nero.

7. *« Tic tac tic tac fa il pendolo che posa mai non-ha, figlioli miei spicciatevi ché il tempo se ne va. »*

vous, avant de se suicider au gaz... » Et ce « gaz » s'accroche au « hélas », transférant immédiatement la chose sur un autre fait, or, cet autre fait est authentique. Il s'agit d'un manœuvre qui s'est suicidé au gaz et qui, juste avant, s'est acheté un sandwich et l'a mangé. N'est-ce pas une chose pathétique, et terrible ?... Mais, vois-tu, pour en terminer avec ces considérations sur la poésie, telle que je la conçois, je crois que la meilleure chose, c'est de te lire un passage de « Tre colpi alla porta[8] », le deuxième poème du recueil intitulé *Due Poemetti*. Là, je parle précisément de la poésie. Je te le lis, aussi.

L'important en poésie c'est l'élan
imprévisible et puissant
qui fait sentir la présence
et le génie, la sottise divine
qui relie les funérailles du héros
à la dent douloureuse, à l'annuaire du téléphone
au B là où il dit
Broggi Giannina Broggi Giovanna Broggi Giovanna
Broggi Giovanni Broggi Giovanni Broggi Giovanni
Battista
Broggi Giuditta
cataracte d'humanité inconnue
et chacun poussière ver rien monde infini
avec dedans cependant le flambeau allumé
qui va qui va et désire et demande
et a besoin, et s'égare
et tremble au souffle de la nuit
dans l'ombre du pont immortel
et pleure. Et il est petite fille, il est chat abandonné
il est oiselet, il est passereau délicat et moribond
où le lumignon légendaire
Salut salut qui sait quand, vrai ?
Envoie une carte postale, amour.
On vit l'ours à la grande fenêtre,
on voit la fumée lentement Nantucket.

8. Op. cit.

Disparaître de ce côté-là, de ce côté-là où jamais j'aurai le courage[9].

9. L'importante nella poesia è la stacco
imprevidibile e stagno
che fa sentire la presenza
e il genio, la stoltezza divina
che riallaccia i funerali dell'eroe
con il dente che duole, con l'elenco del telefono
alla B là dove dice
Broggi Giannina Broggi Giovanna Broggi Giovanna
Broggi Giovanni Broggi Giovanni Broggi Giovanni
Battista
Broggi Giuditta
cateratta di umanità sconosciuta
e ciascuno polvere verme niente mondo sterminato
con dentro però la fiaccola accesa
che va che va e desidera e chiede
e ha bisogno, ed è sperduta
e tremola al respiro della notte
nell'ombra del ponte immortale
e piange. Ed è bambina, è gatto diseredato
è uccellino, è passero delicato e morente
dove il lumino leggendario
Ciao ciao, chissà quando, vero ?
Manda una cartolina, amore.
Si vide l'orso al finestrone,
si vede il fumo lentamente Nantucket.
Sparire di là, di là dove mai
avrò il coraggio.

VI

Critique et création

> « L'auteur n'a pas le droit d'interpréter ce qu'il a écrit. Car il croit faire une chose, et il en fait toujours une autre, différente. Ceci est fondamental. Dans toutes les œuvres d'art. »
>
> (Conversation d'Y.P. avec D. Buzzati.)

Yves Panafieu : Qu'est-ce qui, à ton avis, constitue le moment le plus faible du *Désert des Tartares* ?

Dino Buzzati : La partie médiane. En fait, j'avais pensé la reconstruire pour l'enrichir de quelques épisodes et surtout, de caractères humains, c'est-à-dire de personnages. Ou tout au moins j'avais pensé donner plus de vie à ceux qui existaient déjà, grâce à des dialogues plus pénétrants. C'est cela : la partie centrale est un peu faible.

Y.P. Et quel te paraît être le moment le plus fort, poétiquement, dans *Un amour* ?

D.B. Je ne m'en souviens pas... Le début est assez bon, il est fort, sec. Je parle des trente premières pages. Elles font leur effet.

Y.P. Et *L'Image de pierre*, estimes-tu que c'est, vraiment, un moment faible dans ta production narrative ?

D.B. Oui. Plutôt faible.

Y.P. Et, pour toi, quels seraient, cependant, les moments les plus forts de ce roman ? Je fais allusion à la valeur poétique...

D.B. L'approche de ce laboratoire mystérieux.

Y.P. Et le moment le plus faible ?

D.B. A présent, je ne m'en souviens pas. Peut-être la fin ?... Oui. Peut-être la fin.

Y.P. Certaines hésitations, dans ce que tu as dit depuis le début de nos entretiens, me poussent à te demander s'il t'arrive de lire de temps à autre quelques-uns de tes livres, à quelques années de distance...

D.B. Par hasard. Pas systématiquement.

Y.P. Tu ne lis jamais un livre entier ?

D.B. Non.

Y.P. Seulement des passages ?

D.B. Oui. Je ne me souviens pas d'avoir lu un livre entier.

Y.P. As-tu relu, parfois, *Le Désert des Tartares* ?

D.B. Quelques passages.

Y.P. Pas de manière suivie ?

D.B. Non. Il faudrait le faire, peut-être ?

Y.P. C'est étrange. Une vision rétrospective de ce qui a été fait peut être utile. Ne serait-ce que pour comprendre où se situent les choses que l'on est en train de faire, et ainsi, peut-être, pouvoir mieux les contrôler et être en mesure de les améliorer...

D.B. Certes, mais ceci est un problème de caractère critique qui ne m'intéresse pas.

Y.P. Je ne dirais pas que c'est un problème de caractère critique. Je dirais simplement : un problème qui concerne la création, et qui correspond à la volonté de créer dans des conditions de plus grande conscience et liberté, même si apparemment cette conscience peut constituer un frein à l'impulsion qui te porte à créer...

D.B. Moi, je ne le fais pas, pour éviter le risque de me répéter. Mais il est certain que si je pouvais me rappeler par cœur tout ce que j'ai écrit, ce serait véritablement avantageux !...

Y.P. Et ce serait précisément la meilleure façon d'éviter de se répéter ! Encore une fois, j'observe chez toi un refus de considérer certaines choses. Et je suis surpris par ta façon de repousser des considérations abstraites, mais pas tellement d'ordre critique — il me semble que ce mot t'irrite un peu... — qui à mon avis sont indispensables à n'importe quel romancier.

D.B. Vois-tu, si demain je veux exprimer la situation d'un homme enfermé chez lui, qui se sent par exemple assiégé par de mystérieuses présences, évidemment, je me pose le problème suivant : pour exprimer avec la plus grande efficacité cette sensation, ce sentiment, cet état d'esprit, à quoi dois-je recourir ? Quels éléments dois-je utiliser ?... Mais ceci, je le fais au fur et à mesure. Les problèmes de caractère général, moi, je répugne à les affronter. Je n'ai pas de problèmes d'ordre critique. Si j'étais un critique, naturellement, je devrais me les poser. Mais même lorsque je m'occupe d'art pour le *Corriere della Sera*, je me garde bien d'entrer dans des discussions, précisément, de haute critique, c'est-à-dire de *philosophie* critique, car le public n'est absolument pas intéressé par ces discussions. Et pourtant, si je fais ce travail, c'est parce que je crois que je comprends assez bien ces choses-là... Mais je fais un travail de journaliste, c'est-à-dire que je cherche à expliquer au public certains phénomènes de l'art moderne, et je me flatte de parvenir à le faire beaucoup mieux qu'un bon nombre de professeurs d'université et d'histoire de l'art. Car moi, je sais écrire. En italien, bien entendu...

Y.P. Tu m'as pourtant dit, il y a quelques heures, que tu étais en train de faire un article de critique littéraire... Alors ?...

D.B. Dans ce cas, il s'agit d'un écrivain pour lequel la critique avait de l'estime, il y a très longtemps. Je fais allusion à Vittorio G. Rossi. C'est un homme qui doit avoir soixante-dix ans, et dont la critique, depuis de nombreuses années, ne tient plus compte. Peut-être est-ce aussi parce qu'il est déjà considéré comme classé parmi les archives... Le problème que je me suis posé à son sujet est celui du style. Comme il a un style très simple, efficace, presque *naïf*, je me suis demandé d'où venait le charme de ce style, et j'ai cherché à l'expliquer. Il me semble, effectivement, que c'est un problème de caractère critique. Mais, moi, je l'ai expliqué avec ce que j'ai pu sortir de ma tête. Je ne l'ai pas expliqué avec les moyens dont dispose un critique féru de philosophie ou autres histoires... Et d'ailleurs, rappelle-toi ce que je t'ai dit à propos de l'ennui que j'éprouve généralement à la lecture des essais... Pour ma part, je cherche à dire les choses avec clarté et simplicité.

Y.P. L'irritation qu'à plusieurs reprises j'ai pu observer chez toi au sujet des critères et du langage de la critique, et spécialement de la critique italienne, sur laquelle tu as été plus précis, sans toutefois vouloir être enregistré, m'intéresse et me laisse un peu perplexe. Lorsque tu dis que tu ignores les rapports que tu as avec la critique, lorsque tu dis que ces critères sont idiots, en Italie, est-ce que tu le dis parce que tu as eu particulièrement à souffrir de ces rapports, de ces critères ?

D.B. Non. Je ne peux même pas dire cela. Certes, la critique française est venue vers moi, beaucoup plus que ne l'a fait la critique italienne, mais je ne peux pas dire que notre critique m'ait maltraité. Les critiques ont même peut-être parlé de moi en bien...

Y.P. Alors, ces réactions qui sont les tiennes sont-elles dues aux excès *linguistiques* d'une partie de la critique littéraire et de la critique d'art, qui du reste est jugée, dans certains de tes récits, sur le ton de la satire humoristique ?

D.B. Ce ne sont pas des excès. C'est même le contraire. Ce sont des insuffisances...

Y.P. En quel sens ?

D.B. Quand ces gens-là écrivent de manière tortueuse et hermétique, comme on a souvent coutume de le faire en Italie, c'est pour une seule raison : ils ne savent pas écrire en italien. Et ils ne savent pas écrire en italien parce qu'ils n'ont pas les idées claires. S'ils avaient les idées claires, ils sauraient les exprimer clairement. Et je pense t'avoir dit qu'en cela je vois une insuffisance de métier. Selon moi, ce sont tous des gens qui connaissent médiocrement leur métier.

Y.P. Quand tu as parlé d'insuffisance, en refusant le terme excès, j'étais perplexe. Mais au fond nous nous retrouvons d'accord : je donnais au mot « excès » le même sens que tu donnes en ce domaine à « insuffisance ».

D.B. Et effectivement, ce sont aussi des excès. Je suis d'accord.

Y.P. Une autre question, d'ordre plus général : ces réactions que tu as sont-elles aussi le résultat d'un jugement pessimiste sur les aptitudes réelles de la critique à mettre en lumière mérites, imperfections et significations, jugement qui découlerait d'une conception de la critique en tant qu'opération mentale forcément *subjective* ?

D.B. Vois-tu, c'est là une réponse que je ne suis pas en mesure de donner. Je suis un écrivain. Je ne peux pas. Je te répète : la critique italienne ne m'a pas maltraité. Ce que je peux dire, c'est que je suis parfaitement d'accord avec la critique lorsqu'elle a pour but d'informer, d'expliquer. Mais je ne suis pas d'accord avec tous ces jeux, toutes ces acrobaties que l'on fait, surtout en Italie. Pour moi, ils sont complètement inutiles... Et puis, je trouve absurde ce phénomène, que l'on constate tout au moins en Italie, en vertu duquel le critique le plus influent est beaucoup plus important que le meilleur des écrivains. Ici, le critique est craint et honoré. On se traîne à ses pieds. Et le meilleur des écrivains, relativement, est une personnalité de second plan. C'est tout simplement absurde. Mais peut-être cela s'est-il toujours produit, depuis que la critique existe ?

Y.P. Je voudrais revenir à ce à quoi il a déjà été fait allusion, c'est-à-dire à ce que pour ma part j'appellerais volontiers « un certain manque d'autoconscience dans l'acte de la création ». La façon dont tu m'as dit parfois que tu ne te préoccupais pas, à l'instant même où tu écrivais tes œuvres, de savoir la nature et le nombre des interprétations que l'on pouvait en donner, me pousse à te situer dans une perspective bien précise : celle qui à l'extrême peut conduire à l'enquête psychanalytique...

D.B. Mais ce n'est pas qu'elles ne m'intéressent pas !... C'est de cette façon que me viennnent les idées !

Y.P. Cela signifie que tu as pour toi l'inconscient ! Ton inconscient, qui est en train de travailler avec toi, tandis que tu écris consciemment... Il doit y avoir dans un petit recoin caché de ton esprit un mécanisme fabuleux, une espèce de dispositif électronique automatique qui résout tout à ta place !

D.B. Mais ceci, je le crois, arrive à tous les écrivains... On écrit un récit parce qu'il semble qu'on écrive une belle chose, qui a un sens humain et poétique, et il en sort quelque chose de différent... Il arrive parfois que l'on pense raconter une randonnée dans la campagne, et qu'ensuite, en lisant son texte, on se mette à dire : « Eh, mon Dieu ! Cette randonnée dans la campagne, c'est autre chose qu'une randonnée dans la campagne ! C'est la vie entière de l'homme ! » Et le véritable phénomène de l'art réside en cela, précisément... Chez l'artiste, la conscience est toujours relative. Dans la plupart des cas, cette supersignification reste cachée pour lui. Je prends un exemple. Mais j'ai honte de devoir parler de mon cas personnel pour illustrer ce que je suis en train de dire. Car pour ma part je ne crois pas être un grand peintre. Mais je dois dire qu'un grand nombre de mes tableaux ont quelque chose, et moi, lorsque je les faisais, je ne me rendais même pas compte que cela y était. J'ai certains tableaux — je ne dis pas tous —, faits il y a peut-être bien dix ans, qui ont peut-être des défauts, surtout du point de vue des couleurs, mais qui ont un je-ne-sais-quoi, quelque chose qui accroche, et peut leur donner une signification artistique. Et quand je les faisais, probablement me proposais-je de faire quelque chose de beaucoup plus modeste... C'est aussi pour cela que, lorsqu'il s'agit d'interpréter ou de juger ce que j'ai fait, moi, sincèrement, je me retire... Je ne suis pas concerné. Quand j'ai fini, quand j'ai donné quelque chose à l'éditeur, j'estime que je dois renoncer à parler. Comprends-tu pourquoi, si tu me demandes une définition globale de mon œuvre, je te réponds que c'est un domaine où je ne me sens absolument pas en mesure de prendre la parole ?... Et, du reste, ce n'est pas que je ne m'en soucie pas. Je m'en soucie. Et c'est naturel. Car cela fait plaisir quand on lit ces interprétations, cela fait grand plaisir. Mais ce sont ici, au fond, des problèmes de caractère critique qui n'appartiennent pas à mon travail.

Y.P. Oui, mais tout ce que tu as dit équivaut à postuler l'entière liberté du critique et de l'exégète. Or, ces interprétations, quand il t'arrive de les connaître, les acceptes-tu ou bien, ne les ayant pas entrevues pendant l'écriture, es-tu tenté de les refuser ?

D.B. Je ne suis pas tenté de les rejeter. Mais il est difficile que je les fasse miennes.

Y.P. Est-ce qu'il en a toujours été ainsi ?... N'y a-t-il pas eu des exceptions ?

D.B. Il en a toujours été ainsi.

Y.P. En somme, bien que tu aies exprimé sur la critique en général, et spécialement sur la critique italienne, des jugements quelque peu sévères, tu es pour le critique l'écrivain idéal !

D.B. Cette conviction que j'ai est profondément enracinée en moi. L'auteur n'a pas le droit d'interpréter ses productions, parce qu'il croit faire une chose, et qu'il en fait toujours une autre. Excuse-moi si je le répète, mais c'est fondamental. Et il en est ainsi dans toutes les œuvres d'art. La chose, selon les cas, différera de peu, ou bien de beaucoup, mais de toute façon elle sera toujours différente. Dans le domaine de l'art, ce n'est pas comme dans le domaine de la loi, où l'interprétation authentique — ou soi-disant — est donnée par le législateur lui-même, qui dit comment on doit interpréter une norme, si celle-ci n'est pas totalement claire. En littérature, en poésie, il n'en est pas ainsi. Peu importe ce que l'auteur dit de son œuvre. Il faut seulement considérer ce qu'est la page, lorsqu'elle est écrite. Ça, c'est la chose fondamentale. D'accord, du point de vue biographique, le critique peut et doit tenir compte de ce que lui dit l'écrivain, mais pas pour le reste.

Y.P. Pour moi, au-delà du simple problème biographique, c'est en réalité toute la critique qui ne saurait être valable si l'on ne tient pas compte de ce que l'auteur a voulu, consciemment, dire et faire. Comment veux-tu juger un processus créateur ainsi que ses résultats, si tu n'as pas compris ce processus *de l'intérieur*, au moment même où il s'accomplit ? C'est absolument impensable !... Et, particulièrement avec un auteur tel que toi, qui ne s'insère pas dans la veine réaliste, mais dans la veine fantastique, symbolique, allégorique et autobiographique, il serait absurde de ne pas approfondir l'enquête psycho-existentielle préliminaire !

D.B. Oui. Cela signifie que j'ai tort, en partie. Cependant, si cela peut être intéressant, ce n'est pas déterminant pour juger la page écrite.

Y.P. Je t'accorde ce point. Mais en partie seulement. C'est-à-dire que je distingue deux plans, mais je conçois parfaitement une interférence entre eux, qui ne se produira pas pour certains auteurs, en ce sens qu'elle sera inutile, et qui pour d'autres deviendra indispensable, du moins, à certains moments... Je serai clair, ici aussi : pour moi, tu appartiens à la seconde catégorie. Ces entretiens que nous avons doivent être un instrument de médiation, c'est-à-dire de connaissance, de compréhension, mais *ipso facto* ils deviendront aussi un élément fondamental du jugement ultérieur. Même du jugement esthétique. Du moins en certains domaines.

VII

Une certaine conception de la littérature

> « Il y a deux thèmes, ou mieux, deux moyens expressifs, pour lesquels j'ai une prédilection : l'un d'eux est la progression, l'autre, que je n'ai pas utilisé beaucoup cependant, mais qui est une des choses les plus puissantes — dont Péguy a carrément abusé —, est la répétition. Nous, ces choses-là, nous les oublions ; nous restons là, parfois, tirant avec un petit fusil, et nous oublions que nous avons un canon à notre disposition. Même à présent, je continue à utiliser les progressions. Et même, l'idéal, pour moi, ce serait de pouvoir écrire un livre de mille pages qui commencerait par un murmure et qui finirait par une explosion mondiale catastrophique, ou vice versa... Quant à la répétition, c'est une chose qui ferait s'écrouler des murs comme ceux de Jéricho, et c'est une forme extrêmement simple. Difficile, cependant. Parfois j'ai assez bien réussi, parfois c'est un peu artificiel... »
>
> (Conversation d'Y.P. avec D. Buzzati.)

Yves Panafieu : A diverses reprises, déjà, tu as manifesté une violente ou, pour le moins, énergique aversion à l'égard des livres ennuyeux. Ceci m'intéresse. Qu'entends-tu par livre *ennuyeux* ?

Dino Buzzati : Un livre dont je ne parviens pas à poursuivre la lecture.

Y.P. Et quels sont les critères qui te font poursuivre la lecture d'un livre ?

D.B. Si après trente ou quarante pages — je ne dis pas : tout de suite, car ce serait idiot — je ne me demande pas : « Et à présent, qu'est-ce qu'il arrive ? » je prends le livre et je le jette. Il ne m'intéresse pas. Pour moi, il devient un livre ennuyeux. Je vais chercher à m'expliquer à l'aide d'un exemple : qu'est-ce que la littérature narrative ? La littérature narrative, c'est Homère qui se met au coin d'une rue et commence en faisant « trin trin trin » sur un instrument et en racontant une histoire. Les gens passent, ils vont au marché, ils vont aux champs. A un certain moment, quelqu'un s'arrête et l'entend. Homère fait un récit. Il dit : « Celui-ci, c'est le roi, qui est allé combattre un autre roi... » L'autre demande : « Mais qu'arrive-t-il ? Y parviendra-t-il ? Qui l'emportera ?... » Et il s'arrête là, pour écouter... Un autre jour, Homère dira : « Il y avait un vieillard. Il avait une fille malade... » Et l'autre l'interrompra pour lui demander : « Comment se fait-il que cette fille soit malade ? Une si belle fille ?... » Mais viennent des chevaliers, pour la guérir. Et alors il dit : « Réussira-t-elle à guérir ? Ou ne réussira-t-elle pas ?... » Et tout le monde s'arrête et reste là, pour entendre l'histoire. Pourquoi ?... PARCE QU'ILS VEULENT SAVOIR COMMENT ELLE VA SE TERMINER !... Mais, quelque temps après, ce chantre, ces chantres, qui pouvaient arrêter tant de gens dans la rue, se mettent à penser : « Zut alors ! Comme nous sommes doués ! Comme je suis doué, moi !... Pourquoi raconter des histoires de rois qui n'ont jamais existé ? Il vaut mieux raconter mon histoire, et ma vie !... » Alors, pendant un bref laps de temps, ça a marché ainsi. Puis les autres se sont embêtés, et s'en sont allés. Eux, ils sont restés tout seuls dans les rues, à faire leurs récits. Voilà le panorama de la littérature. Je citerai un excellent exemple : les romans policiers. Je respecte littérairement et artistiquement les auteurs de romans policiers beaucoup plus que certains auteurs qui ont obtenu le prix Goncourt, par exemple. Car ils me fendent l'âme. Et c'est pour cela que je les respecte davantage. Car c'est cela, le devoir de la littérature narrative.

Y.P. Est-ce que l'élément le plus important de la prose narrative est pour toi l'intrigue ?

D.B. Oui. Ou du moins, la situation... Sans aucun doute. Entendons-nous bien, cependant : il y a aussi le poète qui, en me décrivant ces feuilles de papier, me fait pleurer...

Mais ceci, c'est un autre problème. Si maintenant je parle de la littérature narrative contemporaine, du moins en Italie, je dois dire qu'elle distille un ennui mortel. D'abord, qu'est-ce qui s'est produit ? Ceci : personne n'a quelque chose à raconter, quelque chose d'inventé... D'accord : toute la littérature narrative est autobiographique. On ne peut pas se mettre à parler de la vie sur Vénus ! Par conséquent, on parle des choses qu'on connaît. En ce sens, tout provient de l'expérience, directe ou indirecte. Mais à présent tout le monde se met à écrire son livre, afin de raconter des expériences personnelles ! Car tout le monde, dans la vie, a eu quelque expérience personnelle un peu marquante. Mais ce sont des écrivains qui arrivent, font un livre assez bon, puis un deuxième livre, et c'est une saloperie. Ces gens-là ne sont pas des écrivains. Et, en effet, on n'en parle plus. Telle est la règle en Italie. Et puis, l'autre chose idiote qui se produit en Italie — je ne sais pas s'il en est de même en France —, c'est que, pour remporter des succès littéraires, on considère qu'il faut écrire un roman. Ça, je le trouve absolument idiot. Est-ce que Sainte-Beuve a écrit des romans ? Non. Et pourtant, il a sa place dans l'histoire de la littérature... Or, puisque tu m'as aussi demandé ce qui m'énervait, je dois dire que même dans le domaine de la littérature fantastique, il y a des choses ennuyeuses. Et pour mieux préciser ma pensée, je dirai en outre qu'il y a parfois des choses belles qui m'ennuient. Il y a de très beaux livres que je ne peux pas supporter. En voici un, par exemple, qui en Italie est considéré comme un classique : *Tre Croci*[1], de Tozzi. C'est un écrivain toscan, peu important, qui a vécu dans les années vingt. Et son livre est une chose sèche, tout à fait vériste, cruelle, méchante, pleine de talent. Mais ce type de littérature, au fond, je ne l'aime pas. Un autre exemple : *I Malavoglia*[2], de Verga. Et pourtant, j'en reconnais la puissance. Quand le fils revient, il y a de très

1. Trois Croix.
2. Les Malavoglia.

belles pages... Mais tout en parlant, il me vient un doute : en vérité, ce que je disais au début, c'est un peu idiot. Parce que l'ennui surgit quand il n'y a pas de talent. Ça, c'est ma conviction. Car il y a des livres qui en eux-mêmes sont très ennuyeux, et qui sont tout bonnement fascinants. Pour citer un exemple, encore, il y en a un, qui a été traduit en français à grand-peine — et je ne sais même pas comment on a pu le traduire, car il est, pour une bonne moitié, écrit en dialecte romain : *Quer pasticciaccio brutto di Via Merulana*[3], de Carlo Emilio Gadda. A mon avis, c'est un chef-d'œuvre. Il a l'inconvénient d'être écrit avec des tournures qui ne peuvent pas prétendre à l'universalité, et qui constituent une façon d'écrire complètement différente de la mienne, mais moi, je l'admire. Extrêmement ennuyeux, mais pourtant fascinant. Car c'est plein de talent. Donc, ce que je disais au début, au sujet de l'intrigue, de la situation, est valable jusqu'à un certain point. Si demain le génie se manifeste, il fera tenir debout n'importe quoi. En réalité, ces livres que je dis ennuyeux sont ennuyeux non seulement parce qu'il ne se passe pas d'événements, mais aussi parce qu'il n'y a pas de talent.

Y.P. Tu as déjà parlé de talent à diverses reprises. Qu'entends-tu par là ?

D.B. Les dons. L'intelligence artistique. L'intelligence littéraire.

Y.P. Et qu'entends-tu par intelligence, dans ce cas ?

D.B. L'aptitude à écrire une chose belle.

Y.P. Et par chose belle ?

D.B. Nous voici dans la haute philosophie littéraire !... Je me le suis demandé si souvent !... Par chose belle, je veux dire : une chose artistique. Et par chose artistique, je veux dire : une chose qui sert à améliorer ma vie..

Y.P. En quel sens la chose artistique te sert-elle à améliorer ta vie ?

D.B. Elle me réjouit... Non. Le mot n'est pas exact. Elle me fait vivre dans un univers où je me trouve bien. Le

3. L'Affreux Pastis de la rue des Merles.

maximum, pour moi, c'est la littérature qui, noblement — pas avec de petits trucs ridicules —, me conduit jusqu'à l'émotion. Les écrivains que pour ma part je vénère pardessus tout sont ceux qui m'ont ému. Le but principal de la littérature narrative, c'est de procurer de la joie au lecteur.

Y.P. D'où la conception d'une littérature multiforme, chaque lecteur ayant une façon bien personnelle de trouver son plaisir et sa joie ?

D.B. En effet. Oui. Je le reconnais. Mais comme principe général, cependant, elle doit, selon moi, *divertir et, si possible, émouvoir.* Divertir au sens classique, au sens étymologique, qui est celui du mot latin *divertere*, qui signifie « transporter hors de », « distraire », faire en sorte que l'homme, lorsqu'il lit, oublie ses préoccupations, les soucis de l'existence, et soit transporté dans un univers fantastique ou, du moins, dans un univers différent du sien. Et, dans la meilleure des hypothèses, cette chose l'émeut profondément, et parvient à le transférer dans le monde qu'a représenté l'écrivain. Moi, cette sensation, je l'ai éprouvée au plus haut point, naturellement, lorsque j'étais enfant. A la maison traînait un livre — dans une de ces éditions françaises, jaunes, dont je ne me rappelle plus le nom, mais qui de toute façon datait du début du siècle — avec un titre qui m'énervait : *Crime et châtiment*. Ce n'était pas un titre attirant... Le « crime », passe encore... Mais ensuite, ce « châtiment » était vraiment un vilain mot. Toutes les langues ont des mots heureux et malheureux. « Crime » est un beau mot, « châtiment » est un vilain mot. Pour moi. Je ne sais pas pourquoi. Et ce livre me poursuivait toujours, et m'énervait !... Un jour (c'était, je me souviens, un dimanche où je n'avais pas de devoirs à faire et où mes parents étaient sortis), je suis allé prendre ce livre presque rageusement, en me disant : « Qui sait quel navet cela peut être ? »... Et je me suis mis à le lire. Dieu ! En l'espace de quelques heures, je suis tombé dans un gouffre qui m'a tenu prisonnier pendant une dizaine de jours. Je ne vivais plus. J'étais en permanence dans ce monde extraordinaire de Raskolnikov, et des autres personnages du livre. Voici, en ce qui me concerne, le plus grand exemple de littérature. Et puis, si l'on me demande si la littérature doit avoir un but moral, moi, je réponds que dans un monde tel que le nôtre, plus ou moins chrétien, il est logique qu'un livre, pour être émouvant, pour atteindre le cœur — utilisons ce mot extrêmement vulgaire —, doive être moral. Mais à mon avis, il n'est pas exclu que dans le monde des diables, par exemple, il puisse y avoir un livre tout aussi beau, qui soit absolument le contraire, qui soit immoral. Par ailleurs, si l'on me demande si la littérature doit contenir un message social ou politique, etc., je dis : absolument, non. Aucune raison. Si elle en contient un, cela peut être un bien, et cela peut être un mal. Aujourd'hui, il y a toute une critique qui dédaigne la littérature non engagée socialement ou politiquement. Pour moi, ces gens-là sont une masse de crétins. En cela, je suis absolument de l'avis de Tchekhov — autre homme capable d'émouvoir. Et pourtant, s'il y a une littérature morale et même sociale, c'est vraiment celle de Tchekhov !

Y.P. Et la possibilité d'une littérature à valeur éducative ?

D.B. Mon Dieu !... Si par coïncidence il y a quelque chose d'instructif, c'est autant de gagné ! Cependant, il est certain que ceci ne doit pas être la règle d'un bon écrivain... Mais il peut y avoir, oui, un enseignement moral... Toute la poésie, en un certain sens — c'est-à-dire la belle poésie —, par le simple fait qu'elle élève l'âme — expression très vulgaire elle aussi —, exerce une fonction morale... Si j'ôte la laideur, si je fais penser aux nuées, simplement, c'est déjà une action morale, en ce sens que c'est déjà un certain détachement... Que par ailleurs elle doive être éducative au sens d'enseigner obligatoirement quelque chose, non. Evidemment, si demain quelqu'un m'écrit un roman qui m'enseigne comment on cultive les pommes de terre et est un roman extrêmement beau, alors, c'est autant de gagné. Mais il ne sera pas forcément beau parce qu'il m'a enseigné à cultiver les pommes de terre !

Y.P. Nous avons parlé du contenu moral de la littérature. Or j'estime, comme tant d'autres, qu'il faut te définir aussi comme un moraliste. Quel genre de choses as-tu voulu mettre dans ton œuvre ?

D.B. Par exemple, dans certains de mes écrits, il m'est venu instinctivement — j'allais dire : « j'ai cherché », ce qui ne serait pas exact — de la pitié pour les animaux, de la pitié pour les vieillards. Ce sont là deux motifs qui reviennent souvent dans mes récits.

Y.P. Chasseurs de vieux, *L'Entrümpelung*, entre autres, appartiennent à cette catégorie.

D.B. Oui. Cependant, entendons-nous bien : ceci, je ne l'ai pas écrit maintenant que je suis vieux, mais il y a vingt ou trente ans, alors que je ne l'étais pas.

Y.P. D'autres thèmes importants, pour toi ?

D.B. Eh bien, plus d'une fois, celui de l'héroïsme, qui est au fond le dépassement de soi-même, la victoire que l'on remporte sur soi-même...

Y.P. Tu parlais aussi d'émotion... Pourrais-tu citer un passage pour illustrer d'un exemple cette émotion, mais non plus celle que tu avais en tant que lecteur, celle, plutôt, que tu procurais aux lecteurs de tes récits ?

D.B. Le tyran malade, dont la dernière partie est très réussie, très heureuse.

Y.P. Qu'entends-tu par « très réussie » ?

D.B. Je veux dire que c'est quelque chose qui touche l'esprit humain avec sécheresse et précision. Il y a des récits qui, dans le domaine de l'imaginaire, peuvent être plus spirituels, plus heureux, et même, géniaux, mais qui en réalité peuvent sembler un exercice. Il y a des choses qui peut-être sont plus humbles du point de vue de la présomption, et qui touchent le cœur de l'homme. Et ceci, c'est la chose à laquelle je tiens le plus. Et c'est aussi la chose la plus difficile qui soit. Car si tu regardes les écrivains qui, consciemment ou inconsciemment, tendaient vers cela, comme Dickens ou Tolstoï, tu t'aperçois qu'ils y réussissent parfois, et que parfois ils échouent. Surtout Dickens. Et même, quelquefois, en exagérant les émotions, Dickens finit dans la rhétorique.

Y.P. Dans cette nouvelle, la capacité d'émotion provient du fait qu'au-delà de la narration de la simple histoire du chien malade, on aperçoit de façon manifeste un autre plan d'interprétation, qui met directement en cause l'homme. Le symbole est évident.

D.B. Oui. Il est clair.

Y.P. Mais l'as-tu voulu ainsi, lorsque tu écrivais ?

D.B. Je ne l'ai pas voulu. Généralement, lorsqu'il m'est arrivé d'écrire quelque chose qui agit de cette manière-là, c'est-à-dire, qui touche le cœur de mon prochain, ce n'était pas parce que je m'étais proposé de le faire... C'est ça, le problème ! Si on se propose de le faire, on fera toujours des choses fausses. Or, qu'est-ce qui permet d'accomplir cela ? C'est cette combinaison incompréhensible, c'est-à-dire imprévisible, que les Anciens appelaient la Muse. Autrement dit, *l'inspiration*. Lorsqu'on en entend parler, cela donne envie de vomir. Mais il en est ainsi. A un certain moment, quelque chose vient à l'esprit de celui qui la possède : il le comprend — car il s'agit de le comprendre —, et ce quelque chose lui appartient, lui appartient tellement, qu'il appartient à tous. C'est là que se situe la difficulté : être sincère au point de toucher, chez soi, ce je-ne-sais-quoi qui est commun à tous les hommes. C'est le grand problème de l'art. Il est là, tout entier. Naturellement, j'ai des thèmes qui sont plus faciles : par exemple, lorsque j'ai écrit *Les deux chauffeurs*, qui est l'évocation de la mort de ma mère. C'est quelque chose d'humain, extrêmement exact ; cependant, là, j'abordais un thème facile, en un certain sens... Si au contraire, demain, quelqu'un parvient à te toucher, à t'émouvoir au sujet du destin d'une chose qui ne lui est pas particulière, alors, c'est un plus grand succès, puisque le plus petit dénominateur commun devient le plus grand dénominateur commun.

Y.P. Mais l'inconvénient de ce système de création, tu l'as dit toi-même, peut consister à écrire des choses froides et artificielles, par manque d'inspiration...

D.B. Oui.

Y.P. Avec les dernières questions, nous nous sommes rapprochés de cette idée de la littérature que tu t'es faite en pratiquant quotidiennement ton métier d'écrivain. En ce domaine, j'aurais d'autres questions à te poser, et je voudrais élargir les perspectives de la discussion. En premier lieu, je me réfère à ce que me disait Emilio Radius, il y a quelques jours : « Moi, je n'ai jamais compris son ambition, et même, une certaine vanité. Où ont-elles leurs racines ? Je crois qu'elles ont des racines superficielles. A le voir, il semble un homme vaniteux, dans un certain sens... C'est-à-dire que c'est un homme de lettres normal, qui se complaît volontiers dans les interviews, dans les présentations de livres, dans tout ce que l'on écrit sur lui, dans les photographies, etc. Cependant, c'est un homme tellement détaché de tout cela, intérieurement, que je me demande : "Cette ambition littéraire, de quoi provient-elle ?" Selon moi, elle a des racines superficielles. Ce n'est pas le vrai Buzzati. Il remplit sa vie avec ces choses-là... » C'est en ces termes que m'a parlé Emilio Radius. A présent, qu'en penses-tu, toi ? Ici, en effet, est posé le problème fondamental des raisons pour lesquelles on écrit...

D.B. Si j'ai bien compris, il fait allusion à ces manifestations qui sont l'environnement de l'activité littéraire : ces présentations de livres, justement, ces interviews, et des choses de ce genre ? Alors, entendons-nous bien : ce sont des choses qui en principe me gênent. Mais on doit tenir compte de deux faits : en premier lieu, que je suis toujours reconnaissant envers ceux qui s'intéressent à ce que je fais. Deuxièmement — et en cela peut-être peut-on dire que je suis un fat et un faible —, tout le monde me dit que ces manifestations servent à la diffusion des livres.

Si j'étais un homme plus sérieux, peut-être devrais-je m'en passer et m'en ficher... D'accord. Mais lorsqu'on vit dans une ville, lorsqu'on vit et travaille dans un journal, on ne peut pas s'éloigner. A un certain moment, on devient un personnage, principalement à Milan... Et puis, il semble que l'on se donne des airs, lorsque l'on agit ainsi. Et c'est la chose que moi, je cherche surtout à éviter. Car il est absolument idiot de se donner des airs. Personne n'a le droit de se donner des airs, même un génie. Quel mérite en aurait-il ? Par conséquent, si Radius me dit que moi, au fond, je les ai, ces vanités, je ne le crois pas. Je ne suis pas assoiffé d'interviews, ni de ces choses-là. Je te le répète, si je regarde autour de moi, je m'aperçois que je le suis beaucoup moins que mes collègues. Beaucoup moins. Et, vois-tu, ce qui, dans les circonstances actuelles, me met le plus mal à l'aise, avec cet intérêt que tu me portes, c'est le sentiment de honte que me donne le fait de parler de moi comme si j'étais quelque chose d'important. Je n'aime pas me considérer comme important. Que ceci soit bien clair. Et je ne crois pas avoir jamais rien écrit en ce domaine. Je ne fais pas comme celui-là — je tairai son nom ; du reste, c'est un de mes collègues, et même un ami qui m'est cher — qui hier a écrit sur le *Corriere della Sera*, en parlant de lui-même, comme ne pourrait même pas le faire Goethe ! Il y a de quoi rire. Il n'y a rien de pire que de se prendre au sérieux ! En ce sens, vraiment, il n'y a pas en Italie le sens de l'humour, de la plaisanterie. Maintenant, quant à dire, comme Radius, que je remplis ma vie avec ces choses, non. Non, absolument. Ça, vraiment, ce n'est pas vrai.

Y.P. Alors, dans quelle mesure intervient le besoin de communication dans ton goût pour l'écriture ?

D.B. Je ne le sais pas. Ceci, je pense que c'est mon métier. Autrement, il n'existerait pas de littérature. Il n'existerait pas de peinture. Il est certain, cependant, que l'art est expression de notre propre monde, et qu'exprimer veut dire « sortir », ce qui signifie évidemment « le montrer à quelqu'un »....

Y.P. Tu ressens donc l'art de l'écriture comme un fait de communication ?

D.B. En partie, oui. Et en partie comme un fait de...

Y.P. ... de recherche personnelle ?

D.B. Non. Pas de recherche. De besoin. Un peu comme quelqu'un qui se met à chanter...

Y.P. Et si nous émettions l'hypothèse de l'île déserte ?

D.B. Je ne suis pas parvenu à résoudre ce problème. Et il est très important. Je crois cependant que cela ne marche pas. Que l'on ne peut pas écrire ainsi. Mais je n'en suis pas sûr. Il est même possible que pour certaines choses bien précises, le fait d'écrire pour soi ait un sens. Je te cite un exemple très curieux : autrefois — il y a de nombreuses années —, j'ai essayé d'écrire des choses pornographiques, obscènes. En cherchant, justement, à écrire ce qui me plaisait beaucoup du point de vue sexuel, je me suis rendu compte que je serais terriblement doué, si je me mettais à écrire de ces choses-là ! Car les livres que j'ai lus jusqu'à présent me font crever de rire !... Or, ces choses, que par la suite j'ai détruites, évidemment, je ne les écrivais pour personne, je ne les ai pas fait lire. Mais le fait de les écrire me procurait un grand plaisir, un plaisir de caractère sexuel, une excitation, comme si j'assistais à une véritable scène... Parallèlement, certaines choses, surtout de caractère lyrique, peuvent aussi être écrites (probablement, même s'il n'y a personne qui puisse les lire), comme une espèce de prière. Car la poésie lyrique se rapproche de la prière. Si, tout seul, dans le désert, on sait qu'on ne sera jamais lu par personne, on peut écrire une prière, pour s'exprimer soi-même, et, par cette prière, appeler à l'aide les forces de la nature ou Dieu... Mais que, tout seul et dans l'impossibilité d'avoir un public, on se mette à écrire *Guerre et Paix*, non... Ceci, je l'exclus. Un long récit n'a pas de sens.

Y.P. Lorsque, tout à l'heure, je t'ai proposé une conception de la littérature en tant que recherche personnelle, tu l'as écartée. L'acte consistant à écrire ou à peindre n'est pas pour toi une façon de te connaître ?

D.B. Une chose automatique ? Non. Je ne me mets pas à écrire pour me connaître. Ceci, je ne me le suis jamais proposé.

Y.P. Mais même si tu ne t'es pas véritablement proposé ce but, n'as-tu pas parfois ce sentiment ?

D.B. Eh si, forcément ! Pour comprendre les choses visibles, il n'y a rien de tel que de se mettre à les dessiner...

Y.P. Et quel est pour toi le moment le plus beau quand tu écris ?

D.B. Ce qui est beau, ce n'est pas d'avoir fini, mais d'être en train de faire quelque chose avec la certitude de pouvoir le terminer. Alors, oui, c'est beau !

Y.P. Et quelles te paraissent être les conditions les meilleures pour écrire ?

D.B. La façon dont j'ai écrit mon premier livre, c'est-à-dire *Bàrnabo des montagnes*, car je l'ai vraiment écrit dans les meilleures conditions psychologiques, c'est-à-dire sans penser, ne fût-ce que de loin, à la possibilité de publier mon texte. Je cherchais à faire quelque chose qui me plût, comme un enfant qui se met à faire un petit jouet de bois... Comme ça. Ce sont là, de toute évidence, les meilleures conditions. Et ce sont les meilleures conditions pour écrire quelque chose de bon. Le souci du public est toujours fatal, et s'il n'est point fatal, il est toujours dangereux. Car il est extrêmement difficile, surtout pour quelqu'un qui désormais s'est inséré dans la vie littéraire, de parvenir à s'abstraire complètement du public, c'est-à-dire d'écrire sans se demander, fût-ce de manière inconsciente, si cela plaira ou non, si c'est efficace et approprié ou non. Devant le public, il y a toujours cela. Et la vérité, c'est que ce sentiment de nécessité intérieure, extrêmement puissant, se produit plutôt rarement. Or c'est elle qui, pratiquement, donne lieu aux choses qui ont une certaine valeur. Et il est logique, aussi, que cette impulsion tende à diminuer, comme toutes les énergies vitales, lorsque l'on vieillit... Il y a certains moments où je me propose d'écrire un livre que je souhaite pouvoir écrire, précisément, sans trop penser au public. Je ne dis pas sans penser aucunement à lui, car c'est impossible... Et ce livre est une chose qui me tient extrêmement à cœur. C'est même peut-être l'unique chose qui me tienne beaucoup à cœur dans la vie qui me reste... Mais je comprends que ce n'est pas comme lorsque j'avais trente ans. J'ai écrit autrefois que la poésie était avant tout de l'énergie physique. J'ai eu l'occasion de le répéter ces jours-ci. Qui dit énergie physique dit aussi santé. Je t'ai dit ce que je pensais de Leopardi, en ce domaine. Je ne crois pas non plus à ces histoires d'hommes qui, même en prison, ou dans un lit d'hôpital, écrivaient... Non. Sincèrement. Et dans mon cas, je ne peux pas me dissimuler — car ce serait idiot — que les années signifient quelque chose... C'est logique. Surtout pour un écrivain... Car s'il y a par exemple une activité artistique comme la peinture, qui permet, pour de nombreuses raisons, de se répéter, l'écrivain, lui, ne peut pas se répéter. Il y a des peintres qui ont peint toute leur vie le même tableau, pratiquement. Sans aller jusqu'à Morandi, qui, chez nous, a peint ces trente ou quarante bouteilles, toujours identiques, on peut parler d'Utrillo et de Braque... Utrillo changeait les rues et les places, mais au fond, n'est-ce pas toujours le même tableau ? Braque — du moins le Braque de la dernière époque — tenait lui aussi, pratiquement, le même discours... Mais un écrivain non seulement ne peut pas se répéter, mais il ne peut même pas approcher, fût-ce de loin, un thème qu'il a déjà traité. Immédiatement on dit que c'est un homme fini, qui n'a plus rien à dire, qui est gâteux, et on déclare qu'il vaudrait mieux qu'il se taise. Ainsi s'explique le fait que la parabole des écrivains ait un profil beaucoup plus bref que celle des peintres. Je ne suis pas en mesure de considérer le cas des musiciens ; cependant, là aussi, il y aurait des observations à faire. Certains disent, par exemple, qu'il y a plus de vie dans *Falstaff*, de Verdi, écrit alors qu'il avait quatre-vingts ans, que dans *Rigoletto*, dans *Aïda* ou dans *La Traviata* ; mais ce sont des thèses qui sont un peu échafaudées en l'air, comme ça...

Y.P. D'un côté, tu insistes sur le thème de l'énergie physique, de la santé, et aussi de la vieillesse en tant qu'obstacle à la ferveur dans la création artistique. De l'autre, au début de nos conversations, alors que nous parlions de Dostoïevski, tu as établi un lien entre art et douleur, à la suite d'une de mes questions, dans laquelle je te demandais s'il y avait pour toi une équivalence entre l'art et la compensation des choses désagréables de la vie. Pourrais-tu aboutir à une conclusion ?

D.B. Je crois ce qu'a dit Dostoïevski : « Il n'y a pas d'art, hormis dans la douleur. » Quelqu'un qui est heureux ne parviendra jamais à produire quelque chose de bon du point de vue artistique. C'est sûr. S'il est heureux, son intérêt pour la chose écrite disparaît. Et c'est pour cela que, si quelqu'un a des dons de ce genre-là, le métier d'artiste est pour lui, de très loin, le meilleur de tous. Car si les choses se passent bien, il est content, et il n'y a pas de problème ; et si les choses vont mal, les conditions nécessaires et suffisantes pour qu'il fasse quelque chose de beau augmentent. Comprends-tu ?

Y.P. En somme, on peut tirer, de toute cette conversation, la conclusion suivante : pour toi, l'artiste peut créer dans de bonnes conditions lorsqu'il est malheureux, et lorsqu'il a assez d'énergie physique et de santé pour rechercher dans l'art le bonheur qui lui est donné par la contemplation hédoniste de sa propre création... Je voudrais à présent préciser un point : le fait que tu aies insisté sur l'écriture pour soi-même, en dehors de toute préoccupation concernant le public, me pousse à te poser le problème de la sincérité dans l'art. J'ai remarqué que tu n'avais pas prononcé le mot, tout en employant des concepts équivalents...

D.B. Oui. L'important, c'est qu'on soit sincère. Certes, on peut se mettre à faire les acrobaties les plus folles de cette terre ! Mais alors, ça ne vaut pas la peine d'en parler. Si l'on est sincère, on exprimera toujours un certain *monde*. Utilisons encore, à défaut d'un autre, ce mot qui ne me plaît pas, car il est présomptueux. Et, dans mon cas, c'est parce que j'étais sincère que je me suis mis à écrire *Bàrnabo des montagnes*. Je l'ai fait parce qu'alors j'avais les montagnes dans le sang.

Y.P. Tu m'as dit que tu l'as écrit trois fois...

D.B. J'ai bien fait de l'écrire trois fois. Parce que la troisième fois, j'ai compris ce que signifie écrire. Et en effet, à petite échelle, dans ce livre est réalisé un style. Or, chose étrange, à cette époque-là, je n'avais pas encore lu Ramuz, écrivain suisse de langue française, qui a écrit de beaux romans sur la montagne. Parmi lesquels *La Grande Peur dans la montagne*, *La Séparation des races*. Et, précisément, après avoir écrit ce premier petit livre, *La Grande Peur dans la montagne* m'est tombé entre les mains. Et j'ai dit : « Mon Dieu ! Ici, on dira que je l'ai entièrement copié ! » En effet, aussi bien chez lui que chez moi, en raison, justement, de ce sentiment du temps qu'il y a en montagne, il y avait ce système que j'oublie si souvent d'utiliser, maintenant, et qui est très souvent extrêmement efficace : cela consiste à changer brutalement de plan temporel. Exemple : « Il *entra* dans la pièce, il *voit* dans l'angle un mouchoir, il *s'est penché*, il l'*a ramassé*... Il *sortira* au pas de course... » Ce système temporel donne une extrême vibration au récit. Car il donne la sensation, comme au cinéma lorsque l'on saute d'un plan à l'autre, de sauter d'une vision à l'autre, sèchement. Et ceci, que j'ai utilisé dans ce livre, je l'avais trouvé tout seul. Absolument. Cela ne m'avait été suggéré par personne. J'étais abasourdi en voyant que Ramuz l'avait utilisé lui aussi. Car étant donné qu'il était plus âgé que moi, j'ai pensé que tout le monde dirait ensuite que je l'avais copié, entièrement.

Y.P. Autre chose à dire, au sujet de cette expérience linguistique ?

D.B. Oui. En écrivant *Bàrnabo des montagnes*, j'ai compris et cherché pour la première fois à résoudre une des grandes difficultés de la langue italienne, que l'on dit extrêmement belle, et qui selon moi ne l'est absolument pas. Je m'explique encore mieux que l'autre jour, sur ce point. (Cependant, j'ai déjà dit pas mal de choses à ce propos...) Je répète tout d'abord ce que j'ai relevé précédemment : une langue redondante, de nombreuses assonances, de nombreuses rimes, des mots trop longs, en somme, une langue qui n'est pas moderne. A opposer, précisément, à l'anglais et à ses monosyllabes, comme je l'ai fait l'autre soir. Et c'est évidemment vrai, surtout, dans la langue littéraire, et non dans la langue scientifique. Par conséquent, en écrivant, tu te rends compte que le rythme fait défaut, qu'il n'y a pas ce que l'on appelle, exactement, le *cursus*, en d'autres termes, une musicalité juste. Il y a ensuite la difficulté des assonances et des répétitions. A moins qu'on ne les fasse entendre exprès, la langue italienne ne supporte pas les répétitions. De ce point de vue, elle est terrible. Même, parfois, à une page d'intervalle. Cela provoque l'ennui. Il en est de même avec les rimes, qui pourtant sont un problème élémentaire, si on le veut bien. Et c'est précisément là, dans ce petit livre, que j'ai compris combien il est difficile de savoir écrire. Cependant, entendons-nous bien : si je sais écrire décemment, c'est parce que j'avais très bien appris le grec et le latin, avec un professeur (Luigi Castiglione) qui, sans être pédant, a su me donner, ainsi qu'à mes camarades qui le comprenaient et le suivaient, le sens de la langue. Il nous faisait lire une ode d'Horace, un passage de Tite-Live, un morceau de Thucydide, et il nous faisait comprendre pourquoi ils étaient beaux. C'est cela qui est important. Et, entre autres, il nous a donné le goût de la simplicité.

Y.P. Y a-t-il, dans le livre, un passage particulier dans lequel tu as tenu à résoudre, avec acharnement, le problème du style ?

D.B. Oui. Quand j'ai voulu décrire la sensation que donne une pièce fermée, dans un refuge de montagne, pendant une journée de soleil. Avec le soleil qui entre, avec ce sentiment de désert, parce qu'il n'y a personne. Voilà : cette sensation. Car dans la vie en montagne, il y a beaucoup de sensations de ce genre, liées surtout au temps qui passe... Et là, je me suis flatté d'être parvenu à les exprimer, toutes ces choses...

VIII

L'imagination en couleurs

> « Si son art figuratif est étroitement lié à l'écriture, au point qu'on ne peut séparer ses tableaux de leurs titres et de leurs légendes, il n'en est pas moins vrai qu'une place originale revient à Buzzati dans la peinture italienne contemporaine, ne serait-ce que pour cette conjonction qui, sur le plan esthétique, fait du signe pictural et du mot deux éléments complémentaires, et non pas pléonastiques[1]... »

Yves Panafieu : Quand nous avons feuilleté ensemble les recueils de reproductions photographiques de tes tableaux et de tes dessins, j'ai remarqué chez toi une réaction d'authentique jouissance, lorsque tu revoyais certaines trouvailles qui te paraissaient particulièrement réussies. Du reste, je t'avais moi-même demandé une revue des tableaux et des dessins qui, plus que d'autres, te plaisaient. La joie que j'ai vue chez toi impliquait un incontestable plaisir à peindre et à avoir peint. Et en effet, quand à un autre moment je t'ai demandé quelle était selon toi la nouveauté de ton œuvre, tu m'as déclaré que cela avait été surtout le fait d'avoir su dessiner, en plus du fait d'avoir su écrire, ce qui n'est pas commun chez un écrivain. Surtout quand il s'agit de le faire systématiquement, en s'engageant dans un travail de longue haleine comme le *Poème-Bulles*. Tu dis que ta peinture est narrative, et c'est évident, mais en plus de ce jugement, j'aimerais que tu te livres à d'autres considérations sur ta peinture. Entre autres, sur le plan de la forme.

1. Fausto Gianfranceschi, Dino Buzzati, *"Scrittori del secolo", Borla éditeur.*

Dino Buzzati : Professionnellement, du point de vue formel, je suis très médiocre. Car je ne possède pas le métier que je possède dans le domaine de l'écriture. Je ne suis pas sûr de moi. Cependant, je me flatte — naturellement, ceci peut être une présomption — d'être parvenu à ce que mes tableaux (du moins ceux qui me semblent réussis) possèdent un je-ne-sais-quoi difficilement définissable, que les autres n'ont pas.

Y.P. Est-ce que, de manière générale, les travaux manuels te plaisent ?

D.B. Non. Pas particulièrement. Je n'ai jamais eu de penchant pour eux.

Y.P. Et quand tu es contraint de faire quelque chose avec les mains, te considères-tu comme habile ?

D.B. Non. Je ne suis absolument pas habile. Non...

Y.P. Néanmoins, tu m'as dit que tu pensais avoir un égal talent, une égale exigence et une perception également instantanée en littérature et en peinture...

D.B. Oui. Je l'ai dit. Cependant, je te le répète : je peux me tromper. Quand on parle de ses propres productions, il est extrêmement facile de commettre une erreur.

Y.P. Considérons de plus près la peinture, telle que tu la pratiques, toi... Je me souviens d'une allusion que tu as faite à la facilité avec laquelle tu dessinais ou peignais. Le fait d'écrire, par contre, te semblait plus délicat, et en même temps, te paraissait une opération beaucoup plus absorbante. Pourrais-tu dire pourquoi ?

D.B. C'est parce que, dans le fait de dessiner et de peindre, il y a un élément jeu très important, quoi que puissent dire à ce sujet les professeurs d'histoire de l'art. En voici une excellente preuve : celle que nous administrent les enfants, qui s'amusent à dessiner et à peindre, mais pas à écrire. Ça, c'est la plus belle preuve.

Y.P. De quoi peut provenir ce plaisir ?

D.B. De l'élément manuel. Et surtout, des couleurs, qui sont une chose divertissante.

Y.P. Donc, pour toi, l'organisation de l'espace, la disposition des couleurs, tout ce qui dans la peinture est dimension visuelle, constituent vraiment un jeu ?

D.B. Pas seulement pour moi ! Pour tous les peintres !

Y.P. Et ce goût pour la forme, pour les lignes, pour les couleurs, t'a-t-il fait parfois désirer pratiquer d'autres formes artistiques, telles que la sculpture, par exemple ?

D.B. Non. Absolument jamais.

Y.P. Tu n'as fait aucune expérience ?

D.B. Non. Et je n'aurais même pas envie d'en faire. Ça ne m'attire pas du tout.

Y.P. Pourquoi ?

D.B. Qui le sait ?... Il y a probablement un motif, cependant : comme ma peinture est, par excellence, une peinture narrative, il est évident qu'avec une structure de ce type il est difficile de faire des récits en utilisant des formes telles que la sculpture.

Y.P. Quand tu fais un dessin ou un tableau, est-ce que tu te contentes de la première ébauche, ou est-ce que tu reviens dessus afin de les perfectionner ?

D.B. Je précise que mon métier n'est pas la peinture. Je n'ai pas la possibilité d'accorder beaucoup de temps à la peinture. Souvent, je fais des tableaux qui pourraient être mieux faits, et perfectionnés, et même refaits. Mais je les laisse ainsi, justement, pour cette raison. Je me contente du premier jet. D'autre part, il me semble qu'en peinture les choses sont très différentes de ce qu'elles sont dans le domaine de l'écriture : si j'écris un récit, et si j'ai le courage de le réécrire cent fois, la centième, sans l'ombre d'un doute, il est supérieur à ce qu'il était à la quatre-vingt-dix-neuvième. Lorsqu'on dessine et lorsqu'on peint, il n'en est pas ainsi. Il m'est arrivé, à moi, de faire un tableau, puis de le reprendre afin de l'améliorer. Et il ne s'est pas amélioré... Voici qu'apparaît l'élément jeu, précisément... Car en peinture il y a une inspiration formelle qui est très importante. Parfois un dessin qu'on a fait ainsi, rapidement, est à première vue plein de vie, mais si je reste là, à le continuer, à le reproduire, je m'aperçois que la vie disparaît. Or, ceci, lorsqu'on écrit, ne se produit jamais. Si je reste sur ma page, si je la revois, si ensuite j'ajoute, coupe et perfectionne, elle y gagnera de plus en plus de vie. Il ne pourra jamais se faire qu'elle s'appauvrisse et devienne stérile.

Y.P. Quand t'est-il arrivé de reprendre plusieurs fois la réalisation d'un tableau ?

D.B. Je n'ai pas repris la réalisation. J'ai repris l'idée. J'ai fait, par exemple, plusieurs têtes de femmes avec quatre yeux. Un jour, probablement par hasard, en dessinant, j'ai eu envie de faire deux yeux, et juste au-dessus, deux autres. Et je me suis aperçu que cela provoquait un effet de diplopie. C'est-à-dire que cela donnait l'illusion, cela donnait la sensation, à la personne qui regardait, de voir double, tandis qu'elle voyait juste. Il en découle un sentiment de malaise, presque, chez celui qui voit cela. Mais il en découle en même temps une grande vitalité de l'image. Quand j'ai fait cette petite exposition, à Paris — à la librairie La Pochade, à Saint-Germain —, au moment de la sortie d'un de mes livres publié par Robert Laffont, *L'Express* reproduisit un de ces tableaux où il y avait une femme avec quatre yeux, en le mettant à côté d'un antique dessin chinois, et en guise de commentaire fit observer que Buzzati croyait avoir inventé une chose qui en réalité avait déjà été inventée par les Chinois... Et je dois dire qu'ensuite j'ai découvert qu'il y avait, par ailleurs, un surréaliste français, dont je ne me rappelle plus le nom, qui en 1929 avait fait lui aussi une femme avec quatre yeux, sans toutefois obtenir cet effet, parce qu'il faut que les yeux de dessus et les yeux de dessous soient placés à une certaine distance. Sinon, les deux regards se détachent, et le tableau ne provoque plus aucun effet. Autre cas où j'ai repris l'idée : les tableaux avec un grand bouledogue au milieu d'une place. Puis, parmi les autres sujets que j'ai répétés, il me semble qu'il y a celui d'une femme attachée et martyrisée. Cette image, je l'avais empruntée à une bande dessinée américaine. Elle était très belle. Et je l'ai utilisée à diverses reprises. Mais en général, de par le simple fait que ma peinture est narrative, mes tableaux sont forcément très différents les uns des autres.

Y.P. Combien de temps te faut-il pour peindre ?

D.B. J'avoue que je me fais aussi aider, souvent, pour la disposition des couleurs. Je ne sais donc pas au juste combien de temps cela demande.

Y.P. Quel type de peinture utilises-tu ?

D.B. Depuis des années, pratiquement, les peintures acryliques. Car elles font à peu près le même effet que l'huile, et elles sèchent immédiatement. On peut donc les travailler plus facilement. Cependant, il est plus facile d'utiliser la peinture à l'huile, du point de vue technique. Mais la peinture à l'huile présente l'inconvénient suivant : avec une peinture comme la mienne, précise, et qui me contraint à reprendre certaines choses, je devrais attendre sept ou huit jours avant qu'elle ne sèche, et avant qu'il ne me soit possible de poursuivre mon travail. Ce désavantage n'existe pas avec les peintures acryliques, dont les couleurs sont à base de résines synthétiques, et qui, dans le commerce depuis même pas dix ans, sont désormais employées par la grande majorité des peintres, surtout dans le monde anglo-saxon.

Y.P. Et la détrempe, est-ce que tu l'emploies ?

D.B. Je l'ai employée souvent dans le passé. Au début, même, je l'employais presque toujours. Cependant, avec la détrempe, il est beaucoup plus difficile d'obtenir certains effets ; une nuance avec la peinture à l'huile est une chose extrêmement simple à obtenir, mais avec la détrempe, c'est plus difficile, et de loin.

Y.P. Oui, mais actuellement il y a des détrempes indélébiles...

D.B. C'est vrai. Cependant, elles rejoignent pratiquement les peintures acryliques. La preuve en est qu'il y a des détrempes indélébiles — ou appelées ainsi — qui sont en réalité des peintures acryliques. Je m'en suis aperçu. La détrempe a un avantage : elle est belle. Parce qu'elle est opaque. Et puis, si on l'utilise avec de l'œuf, comme je l'ai fait moi aussi pour de nombreux tableaux — on mélange alors la poudre avec le jaune de l'œuf, et même, parfois, avec un peu de glaire —, on obtient une couleur superbe, compacte, semblable à celle des anciens du XVe siècle. Et en effet ils peignaient avec la détrempe à l'œuf, qui résiste beaucoup plus à l'humidité ou à l'eau, lorsqu'elle est bien sèche.

Y.P. Quels tableaux as-tu peints ainsi ?

D.B. Avec la détrempe à l'œuf ?

Y.P. Oui.

D.B. Ceux que j'ai peints il y a un certain nombre d'années. En 1958, surtout. En 1957-1958, j'utilisais cette technique.

Y.P. Quand tu fais un tableau, commences-tu systématiquement par le dessin ?

D.B. Oui.

Y.P. Est-ce que la gomme t'est nécessaire ?

D.B. Oui. Je l'utilise, pour effacer. Mais d'habitude, je pars avec des idées assez claires.

Y.P. Tu m'as dit que tu utilisais aussi l'épiscope...

D.B. Oui. Je l'utilise beaucoup, car il permet d'agrandir sur un écran et, par conséquent, sur le papier ou sur la toile, n'importe quel document, même très petit. Et si tu le désires, il te le fait énorme...

Y.P. Dans quelle mesure emploies-tu des dessins faits par d'autres ?

D.B. Tu penses à *Poème-Bulles* ?

Y.P. Oui.

D.B. Non. Là, plus que de dessins, il s'agit de photographies. Par exemple, pour le protagoniste, qui dans la réalité était le peintre Recalcati, dont j'ai estimé devoir m'inspirer, j'ai fait plusieurs centaines de photographies. Il a posé pour moi. Mais comme c'est un vagabond, qui de temps à autre s'arrête deux jours à Milan, il ne pouvait pas venir poser pour moi de façon régulière. Et de toute façon, moi, je ne savais pas quand j'aurais eu la possibilité de travailler avec lui. Nous sommes donc allés à deux reprises dans des studios de photographe, et j'ai fait un grand nombre de photographies de lui, dans différentes poses, même si beaucoup ne devaient pas me servir... Ensuite, j'ai pu les projeter à l'aide de l'épiscope, et avoir ainsi des résultats très rapides. En ce sens, le fait d'employer des photographies n'est plus le classique travail de copie, car c'était moi qui les faisais. Elles m'appartenaient. Il me semble tout à fait licite de les utiliser ensuite, quand je peins ou dessine.

Y.P. Ce n'est pas l'unique cas où se soit manifesté un certain goût pour la photographie... Quel type d'effets recherchais-tu lorsque, en Afrique, tu faisais des photographies avec des films infrarouges ?

D.B. Ah, ces photos-là !... Eh bien, je les faisais, aussi, pour des raisons documentaires... Mais effectivement, j'aimais les films infrarouges, car avec eux j'obtenais des effets extraordinaires. Le ciel devenait noir et les arbres devenaient presque blancs. C'était éclatant...

Y.P. Est-ce que tu as utilisé la méthode employée avec Recalcati avec des femmes, dont les exemplaires sont nombreux, dans *Poème-Bulles* ?

D.B. Dans ce cas-là aussi, j'ai utilisé quelques photographies. Mais j'ai, en outre, pris des photographies que d'autres avaient faites. Forcément !... Il n'est pas facile de photographier beaucoup de femmes nues qui soient intéressantes...

Y.P. Et tu employais toujours l'épiscope, alors ?

D.B. En général, oui. Cela simplifiait beaucoup les choses.

Y.P. Le fait de recourir, à diverses reprises, à la silhouette de femme liée et martyrisée vue dans une bande dessinée américaine me semble à relever... Quand tu fais ainsi, c'est-à-dire, quand tu travailles à partir du matériau d'autrui, ne te vient-il pas des scrupules ?

D.B. Mais ça, c'est un concept désormais entré dans la conscience de la peinture moderne ! S'approprier une image dessinée par un autre, c'est précisément la manière dont procède toute la peinture pop américaine, par exemple ! Là, il n'y a pas une image qu'ils aient inventée eux-mêmes ! Même pas une seule ! Ce ne sont que choses empruntées à la publicité, à une photographie, à une machine...

Y.P. Je reviens au concept de plaisir, qui est ici inclus, avec une ambiguïté érotique, dans l'acte du peintre... Et je le relierai à toute cette veine sadique qui revient dans tes peintures ; la « morale », dans tout cela, que devient-elle ?

D.B. Il n'y a aucun lien entre l'un et l'autre !

Y.P. Aucun lien ?

D.B. Non. Dans le sadisme, il n'y a aucune immoralité, du moins dans le sadisme que, personnellement, je peux exprimer. Naturellement, moi, je ne suis pas un hypocrite. Les autres le sont... Et sur ce point, j'ai les idées très claires. La majorité des hommes que je connais sont de sacrés hypocrites en matière de sexe. Et personne n'a le courage de dire la vérité. Et Miller, qui pourtant a fait beaucoup de choses, prête à rire, à un certain stade. Sur tout le monde civilisé il y a encore une épouvantable chape d'hypocrisie. Mais si les revues sadiques, par exemple, existent, cela veut dire qu'elles correspondent à une exigence très répandue... Ce n'est pas une chose qui me soit particulière.

Y.P. Puis-je répéter ce que tu me disais à propos de ces peintures de femmes, dont il y a tant d'exemplaires dans *Poème-Bulles* ?

D.B. Quoi ?

Y.P. Que parfois tu avais éprouvé plus de satisfaction sexuelle à peindre une femme qu'à la baiser ?...

D.B. Oui. Mais quand on réussit à la peindre, bien entendu !

Y.P. Il faudrait trop de temps pour illustrer ta peinture à l'aide d'exemples. Passons à présent d'un sujet à l'autre, sans transition : quels sont les rapports qu'il y a entre les trains et toi ?

D.B. Fais-tu allusion à *Poème-Bulles* ?

Y.P. Evidemment.

D.B. Le train, pour toute ma génération, a été un instrument d'intense romantisme. Le départ, les gares, les adieux, les bruits de rails, cette impression de petite maison, comme dans ce dessin que j'ai fait, si accueillante, minuscule, qui voyage à travers les pays les plus étranges, tout cela a toujours été extrêmement fascinant. Et la littérature en est remplie... Maintenant, une grande partie de ce charme s'est déjà transférée aux lignes aériennes, avec ces formalités, ce rituel qui ont permis aux avions d'acquérir une patine très romantique... Chose que l'automobile, au contraire, n'a pas réussi à faire...

Y.P. Est-ce que tu aimes monter dans un train ?

D.B. Non. C'est toujours un peu embêtant. Parce qu'on a toujours peur de ne pas trouver de place. Cependant je devrais dire qu'au fond, oui, c'est assez agréable. Le train est accueillant...

Y.P. Le train est-il pour toi le symbole d'une éventuelle communication ?

D.B. Non. Je pense que non.

Y.P. Et tous ces escaliers ?

D.B. A propos des escaliers, je dois dire que dans ce dernier livre, *Les Nuits difficiles*, il y a un récit intitulé *Le Rêve de l'escalier* : c'est un rêve que j'ai fait à plusieurs reprises, autrefois. Partiellement. C'était un rêve où il y avait des escaliers auxquels manque une rampe, puis une marche, etc. Tu commences par enlever la rampe, tu fais disparaître quelques marches, et immédiatement tu as une sensation très voisine de celle que l'on a en montagne, sur une paroi...

Y.P. C'est-à-dire ?

D.B. C'est-à-dire une sensation d'abîme, de précarité de la situation...

Y.P. Puisque tu parles d'abîme, pourrais-tu évoquer ce dessin de la page 16 de *Poème-Bulles* ? Il s'agit de celui où il y a une femme avec un seul œil, une espèce de visage de corsaire, avec, derrière, un crâne ainsi qu'un profil d'oiseau...

D.B. Eh bien, là, j'ai voulu représenter des personnages exceptionnels, singuliers et inquiétants...

IX

Art et magie

> « Un morceau de toile bleue n'est rien... Mais en vérité, s'il est adoré par dix millions de personnes, il devient une bombe. Une bombe au cobalt. »
>
> (Conversation d'Y.P. avec D. Buzzati.)

Yves Panafieu : Presque au début de nos entretiens, tu m'as fait des observations, nées du souvenir de Ferdinand Lion, qui contenaient les éléments d'une conception de l'art très intéressante, en ce sens qu'elle assimilait l'art à un phénomène magique. Ces observations, je voudrais que tu les reprennes, maintenant que nous avons parlé de tes goûts et de tes expériences artistiques, parallèles et en même temps complémentaires par rapport au travail d'écriture.

Dino Buzzati : Ferdinand Lion était un critique alsacien, de Strasbourg, qui est mort il y a trois ans, à l'âge de quatre-vingts ans. C'était un homme qui écrivait des choses très ardues, en allemand, et qui était très estimé dans certains cercles européens. Pour ma part, je dois reconnaître que c'était un des hommes les plus intelligents que j'aie jamais connus. Il m'a fait comprendre une grande chose : le pouvoir des forces spirituelles. A savoir que, lorsque des forces spirituelles se concentrent sur une chose, ou, surtout, sur une personne, elles sont réverbérées par elle, tout autour. Et à ce propos, il m'a raconté des choses très intéressantes sur Thomas Mann. C'était un ami intime de l'écrivain allemand. Il avait aussi très bien connu Gide. Cependant, il avait surtout fréquenté la maison de Thomas Mann, maison un peu patriarcale qui, après la guerre, lorsque Thomas Mann habitait en Suisse — je ne me rappelle plus si c'était à Berne ou à Genève —, accueillait tous les jours des groupes d'intellectuels disciples de l'auteur. Peut-être même venaient-ils d'autres pays pour voir l'écrivain... Or Ferdinand Lion, qui avait été son hôte au cours de quelques séjours, disait que là se produisait un étrange phénomène, qu'il avait souvent observé, et dont il avait ensuite déduit cette théorie personnelle qui m'a énormément servi, et qui sert spécialement lorsque l'on veut comprendre un grand nombre de phénomènes de l'art moderne. Elle est même, en ce domaine, fondamentale. Elle explique entre autres pourquoi, demain, un morceau de caillou qui en soi n'a absolument aucune signification, peut devenir une chose extrêmement belle.

Y.P. Peux-tu être plus précis ?

D.B. Ferdinand Lion me racontait que le matin, Thomas Mann, bien que vieux, travaillait pendant une paire d'heures, corrigeant d'anciennes œuvres, écrivant, ou faisant des lettres ; puis, après le déjeuner, il allait se reposer un peu et, vers quatre heures ou cinq heures, il retrouvait ses amis. C'était un homme fatigué, par l'âge, surtout, mais lorsqu'il allait s'asseoir au milieu de cette petite société, dont il était le centre, bien qu'il écoutât surtout les autres et ne déclarât presque rien — tout au plus intervenait-il de temps à autre par quelques mots brefs, sans que cela pût être vraiment qualifié de conversation —, de par sa seule présence il faisait rayonner autour de lui un flux d'énergies spirituelles grâce auxquelles tous se sentaient vivifiés, comme s'ils avaient été plus intelligents, plus subtils, plus géniaux. Même lui, qui était depuis longtemps familier de la maison et connaissait bien Thomas Mann... Lion, du reste, disait qu'il avait observé le même phénomène aussi dans d'autres cas, par exemple chez Gide. Finalement, il s'est rendu compte que sur Thomas Mann se concentraient les pensées, la vénération, l'admiration, l'attention non seulement de ceux qui étaient assis là, mais aussi d'une foule d'autres personnes dispersées dans toute l'Europe, qui, ou bien lisaient à ce moment-là un de ses livres, ou bien l'avaient lu et étaient en train de penser à lui d'une façon ou d'une autre. Thomas Mann, à ce moment-là, n'avait plus d'énergie à donner. Il ne pouvait plus rien donner. Mais il servait de miroir. Tout cela venait sur lui, et il le réfléchissait alentour ; l'effet était exceptionnel. Cette loi, qui peut paraître paradoxale, explique tout. Tu peux l'appliquer aux chefs d'orchestre. Elle explique pourquoi des gens qui ne comprennent rien à la musique se mettent à pleurer et se roulent par terre lorsqu'ils entendent Toscanini ou Karajan. Ce n'est pas qu'ils comprennent la beauté de cette musique. Ils ne sont pas en mesure de la comprendre, car ils ne sont pas entraînés à la comprendre. Mais ils sont convaincus que cet homme est un dieu, et alors, ils adorent. De ce dieu vient vers eux un flux spirituel bénéfique qui les rajeunit, les satisfait, les émeut. Moi, je trouve cette théorie extrêmement intéressante.

Y.P. La trouves-tu seulement intéressante, ou bien en es-tu vraiment convaincu ?

D.B. Je dis que je la trouve extrêmement intéressante parce que je parle avec toi. Mais j'en suis convaincu comme je suis convaincu que ce bras du fauteuil est en bois, et comme je suis convaincu que le pied de ton micro est en fer... Evidemment, quand il me l'a dite, cette histoire, je suis resté sceptique. Puis j'y ai réfléchi. J'ai regardé autour de moi, et j'ai vu qu'effectivement il en était ainsi. Cette théorie explique beaucoup de choses qui, autrement, paraissent absurdes. Elle explique pourquoi même des choses qui, artistiquement, n'ont aucune valeur, deviennent belles si elles sont adorées et vénérées par les foules. C'est parce qu'elles font rayonner des ondes spirituelles. Avec les systèmes de communication d'aujourd'hui, ce résultat peut être obtenu en l'espace de quelques heures, ainsi que nous l'enseigne la télévision.

Y.P. Oui, mais alors tu es en train de justifier n'importe quelle attitude rationaliste consistant à dire : « En somme, tout est dû au martèlement de l'information. » Et alors, ta belle théorie ne signifie pas grand-chose...

D.B. En un second temps, cependant, la magie intervient... Après que le public a été martelé et conditionné. Considérons le domaine de l'art, plutôt que celui de la littérature — car en littérature il s'agit toujours de choses discutables — ou de la poésie, dont il est difficile, aussi, d'être sûr. Et, parmi les divers domaines artistiques, considérons la peinture. Là, le meilleur exemple est pour moi Yves Klein, que j'ai eu l'occasion et le plaisir de connaître. C'était une personne extrêmement sympathique, un homme d'esprit, et surtout, ce n'était pas un de ces maniaques sectaires et fanatiques que l'on peut trouver parmi les peintres. Malheureusement, il est mort à trente-trois ans, d'une maladie de cœur, de manière étrange. Peintre français, bien que de nom alsacien, il vivait à Paris. Un jour, il s'est présenté à Milan avec neuf tableaux, assez petits, tous identiques ; c'étaient des toiles recouvertes d'une couche uniforme de peinture bleue. Vraiment, de la peinture monochrome. Les gens riaient. Car ceci eut lieu il y a quinze ou dix-huit ans !... Je ne me souviens pas exactement de la date. Certes, il y avait déjà eu les peintres dada, il y avait déjà eu Mondrian, mais en réalité, une chose semblable, personne ne l'avait faite. D'où la réaction du public. En ce qui me concerne, en cette occasion, je fis un article, sur un ton plaisant — il ne pouvait en être qu'ainsi — mais sans me conduire en malotru. Ces tableaux là, qui coûtaient alors trente mille lires, et dont les gens riaient, ont été achetés par certains. Et à présent chacun d'eux vaut entre sept et dix millions. Non seulement ils coûtent ce prix — ce qui aurait peu d'importance —, mais encore tu trouves à présent des personnes intelligentes et honnêtes comme mon frère — et pas exclusivement des snobs — qui ont acheté un de ces tableaux, le suspendent au mur et disent que c'est une chose extrêmement belle... Sont-ils beaux ? Ou sont-ils laids ? En un certain sens, ils ne sont rien du tout. Un morceau de toile bleue n'est rien... Mais en vérité, s'il est adoré par dix millions de personnes, il devient une bombe. Une bombe au cobalt. Or, tous ces gens qui vont dans les musées voir des tableaux — je ne parle pas des tableaux des impressionnistes, qui sont très facilement lisibles, mais de ceux des peintres modernes, tels que Mondrian, Kandinsky, Klee, qui sont parfois gracieux et parfois sont en eux-mêmes des nullités, il faut avoir le courage de le dire — se mettent à les adorer. Vraiment : à les adorer. Et sincèrement ! Pourquoi ? Parce que se créent ces phénomènes extraordinaires. Et ces fanatismes apparemment idiots — que du reste je ne méprise pas, car ce ne sont pas des fanatismes idiots — sont des phénomènes de magie moderne beaucoup plus grandioses que ce qui se produisait à l'époque des alchimistes. Oui : c'est vraiment de la magie moderne. Et je suis sûr, bien que je n'aie jamais parlé de cette question avec lui, que Marcel Brion, par exemple, est d'accord avec moi sur ce point. Je parle de magie, je te le répète, parce que des tableaux comme ceux d'Yves Klein sont ratés — je ne dis pas « crétins », car Klein n'a jamais été un crétin. Il en est de même pour la peinture de Mondrian, qui pour moi est complètement *ratée*. Et en dépit de cela les gens s'émeuvent vraiment, se convainquent qu'il s'agit d'un chef-d'œuvre, et la chose, ensuite, devient effectivement un chef-d'œuvre ! Cependant, pour faire ces opérations, il faut manifestement un minimum de matière première. Si dans le cas d'Yves Klein l'opération était possible, elle l'était en raison même de la folie du geste, dans lequel il y avait déjà un certain talent. Ce n'était pas une chose idiote. Quelqu'un qui est le premier à avoir eu cette intuition est peut-être un peu fou, mais ce n'est pas un crétin... Mais par la suite, il y en a eu des centaines, de crétins, qui ont cherché à l'imiter. Or, pour pouvoir susciter de tels phénomènes, il faut qu'il y ait quelque chose... Dans un tableau de Klee, il y a toujours le grand talent, même si à côté de certains chefs-d'œuvre il a fait des tableaux horribles... Chez Mondrian, c'est la même chose. Même si, en prétendant arriver au sublime avec trois petites lignes, il n'y est pas arrivé... Car selon moi, il n'y est pas arrivé...

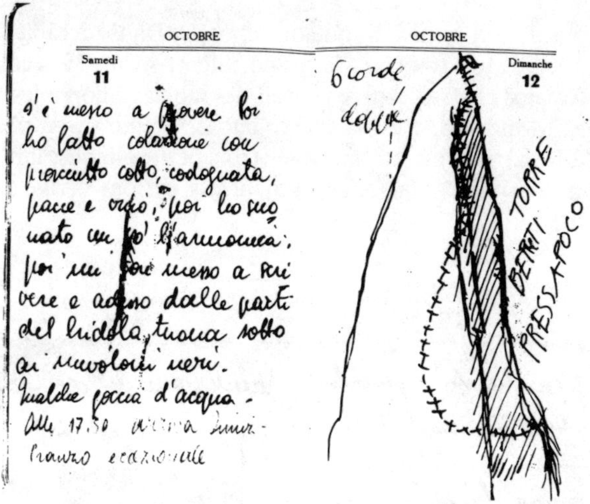

Ci-dessus et pages suivantes.
Pages des Carnets intimes (inédits) : 1930-1940-1941-1943.

Si conclude 1 periodo
ricostituzione CAAI

—

Funzioni Gruppi in relaz.
con organismi tecnici
C.A.I. - p

—

previsioni;

guide volanti

bivacchi fissi

—

telefoni - esperienze radio

Valutazione difficoltà

progresso verso estr. diff.

—

Rapporti con CAAI stranieri

Guide —

A.A.

- Andato per cavalcare a Villaggio Savoia una Ruggeri
ca di giornata
- Arrivato Saporiti

{ Francia e Inghilterra
{ dichiarano guerra

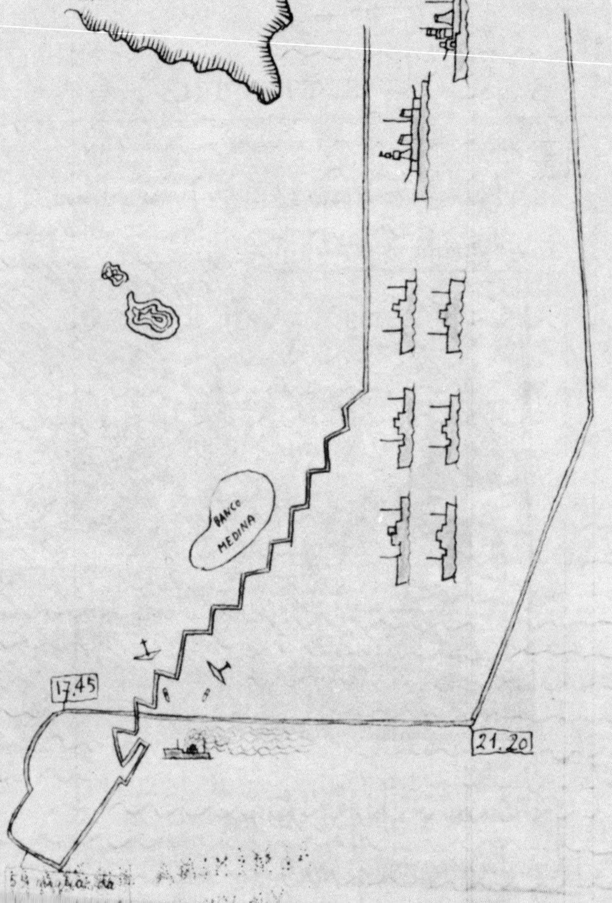

BANCO MEDINA
17.45
21.20

Milano

ALLARME E BOMBARD

dalle 22.45 alle 0.5

rifugio di via Morelli 4

Qualche giorno dopo(1) Matteo ricomparve alla casa.

«Niente di nuovo, vero?» egli domandò, in un tono che poteva essere più rispettoso, al colonnello, il quale [redacted] nel suo studio stava ripulendo una scatola di compassi

«Niente di nuovo - rispose Sebastiano Procolo - mi è successo un incidente e le cose sono andate diversamente da come dovevano andare. [redacted] Adesso però ho pensato a qualcosa di meglio»

«Stammi a sentire - proseguì dopo un lungo silenzio il colonnello - Un giorno andremo noi tre, tu, Benvenuto ed io, fino all'orlo della Valle Secca. Farò venire magari anche il Vinti, perché possa servire da testimonio. Là c'è un sentiero che scende, tagliato in una costa ripidissima. Quando Benvenuto passerà in quel punto, tu gli darai una spinta, almeno di questo sarai capace, spero. Precipiterà almeno per un centinaio di metri»

«Si vede che sei stato colonnello - fece il vento - questo è un piano magnifico. E quando pensi di andare?»

«Oh, presto, naturalmente, non conviene lasciare passare la buona stagione»

[redacted]

Page du manuscrit du Secret du Bosco Vecchio *(1935).*

Dessin pour La Fameuse Invasion des ours en Sicile *(1945)*.

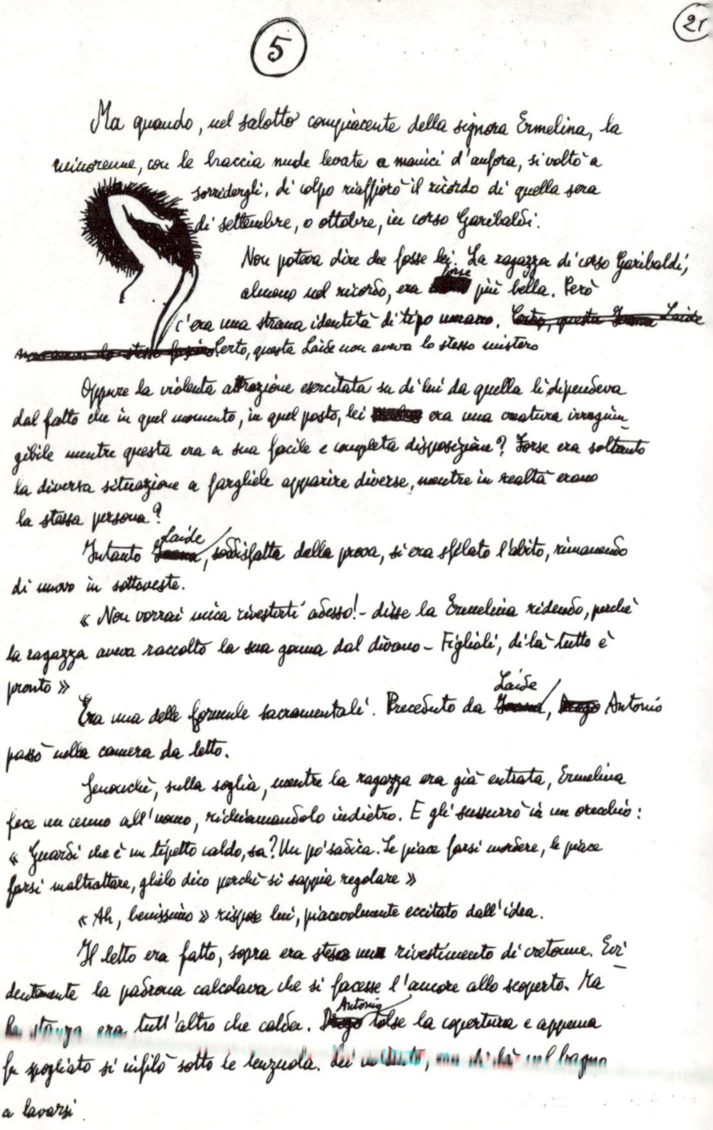

21

5

Ma quando, nel salotto compiacente della signora Ermelina, la minorenne, con le braccia nude levate a manici d'anfora, si voltò a sorridergli, di colpo riaffiorò il ricordo di quella sera di settembre, o ottobre, in corso Garibaldi.

Non poteva dire che fosse lei. La ragazza di corso Garibaldi, almeno nel ricordo, era forse più bella. Però c'era una strana identità di tipo umano. Certo, questa Laide non aveva lo stesso mistero

Oppure la violenta attrazione esercitata su di lui da quella lì dipendeva dal fatto che in quel momento, in quel posto, lei era una creatura irraggiungibile mentre questa era a sua facile e completa disposizione? Forse era soltanto la diversa situazione a fargliele apparire diverse, mentre in realtà erano la stessa persona?

Intanto Laide, soddisfatta della prova, si era sfilato l'abito, rimanendo di nuovo in sottoveste.

« Non vorrai mica rivestirti adesso! - disse la Ermelina ridendo, perché la ragazza aveva raccolto la sua gonna dal divano - Figlioli, di là tutto è pronto »

Era una delle formule sacramentali. Preceduto da Laide, Antonio passò nella camera da letto.

Senonché, sulla soglia, mentre la ragazza era già entrata, Ermelina fece un cenno all'uomo, richiamandolo indietro. E gli sussurrò in un orecchio: « Guardi che è un tipetto caldo, sa? Un po' sadica. Le piace farsi mordere, le piace farsi maltrattare, glielo dico perché si sappia regolare »

« Ah, benissimo » rispose lui, piacevolmente eccitato dall'idea.

Il letto era fatto, sopra era steso un rivestimento di cretonne. Evidentemente la padrona calcolava che si facesse l'amore allo scoperto. Ma la stanza era tutt'altro che calda. Antonio tolse la copertura e appena fu spogliato si infilò sotto le lenzuola. Lei intanto, era di là nel bagno a lavarsi.

*Deux pages du manuscrit d'*Un amour *(1963).*

40

9

Tre giorni dopo telefonò alla signora Ermelina

– Senta, ~~questo~~ domani pomeriggio potrei vedere la Laide?

Il fatto che lei aveva fatto finta di non vederlo gli era rimasto in gola, voleva avere ~~da~~ una spiegazione da lei

– La Laide? – fece la signora Ermelina – Sa, l'altro giorno, che lei dottore non ha potuto venire, ~~non sono riuscita a trovarla per telefono e~~ lei è ~~era pervenuta~~ arrivata puntuale, poverina.

– È venuta alle tre e mezza?

– Alle tre e mezza era qui.

Arbres

Inédits présentés et traduits
par Yves Panafieu

La poésie du raccourci, dès lors qu'elle s'accompagne du ton de l'élégie et d'un goût naturel pour les apologues, peut donner lieu à d'authentiques réussites : familier des récits et contes brefs, Buzzati donne dans ces quelques textes la mesure de son talent, en une écriture d'une extrême concision où tout est dit sans être vraiment formulé. Sa familiarité avec les allégories et les symboles ainsi qu'avec les transfigurations du genre fantastique est utilisée ici avec un sens rare de l'économie.

L'effondrement des illusions dont l'homme se nourrit sans cesse (« Le géant ») ; l'incertitude angoissée devant l'étrangeté de la mort drapée de mystère (« Le moine noir ») ; la rémanence de l'esprit dans la matière, génératrice de perplexité et de retenue où l'irrationnel s'affirme, prêt à toutes les quêtes (« A chacun le sien ») ; l'omniprésence du signe quand celui-ci — fût-il incarné dans le végétal — porte inscrit en lui quelque édit fatal proche de l'accomplissement (« Escorte personnelle ») ; la vanité des gloires et splendeurs par lesquelles on se condamne au désert de la solitude (« Malade ») ; le rêve impossible de la guérison, vaisseau mirifique où l'on n'accédera jamais, parce qu'il faut connaître le mot de passe (« Le yacht ») ; le souverain mépris du temps pour toutes les joies et tous les rêves de l'enfance, que dans sa course endiablée il continue à effacer irrémédiablement (« Souvenir ») ; et, pour finir, l'irruption du doute existentiel inoculé par la symbolique des mouvements contradictoires (« En train »), tout nous rappelle avec quelle avidité, avec quelle ferveur et quelle angoisse Buzzati resta à l'affût des révélations de la vie, dont il s'évertuait à lire les significations en toute chose, même dans la matière, que d'aucuns considèrent comme inerte.

Les arbres, qui au royaume du végétal sont sans doute les êtres suggérant le mieux l'idée d'une présence, d'une identité spécifique, d'une vie indépendante, sont ici chargés de véhiculer ces signes sous lesquels affleurent bon nombre des obsessions majeures de Buzzati. Cela n'a rien d'étonnant. Dès ses deux premières œuvres, bien avant d'aborder les platitudes infinies et arides du désert, Buzzati les avait chantés dans *Le Secret du Bosco Vecchio* et dans *Bàrnabo des montagnes*. Et s'il les avait célébrés, c'était parce qu'entre eux et lui courait le fil d'une vieille expérience, celle de l'enfance à San Pellegrino et des promenades dans les magnifiques forêts des Dolomites. Bien des détails livrés au fil de ces huit textes sont du reste l'aveu de cette longue familiarité : d'abord la précision de certains éléments descriptifs, témoignage d'une acuité particulière du regard ; ensuite, cette mélancolie porteuse d'effusions, reliquat d'on ne sait quelles errances dont on devine néanmoins l'envoûtement. C'est dès l'enfance que Dino avait inscrit sur les colonnes des temples forestiers, avec le sérieux et peut-être la solennité des contrats indéfectibles (ceux de l'émotion et de l'amitié), sa dette de reconnaissance et l'aveu de son émerveillement.

Arbres

Le géant

Il était déjà immense et vénérable, derrière la vieille maison de campagne, lorsque, petit enfant, je fis mon apparition. Parfois, des branches mortes dont la taille égalait celle d'un arbre tombaient avec grand fracas de ses frondaisons, inaccessibles tant elles se perdaient en altitude, là-haut, dans l'enchevêtrement, pareilles aux circonvolutions d'un nuage. Puis — il y a trente ans, ou peut-être même quarante — la foudre frappa la jonction de sa fourche, brûlant un tiers de son architecture, si bien que le tronc fut mutilé.

Je songeai : pauvre vieux, on t'a finalement réglé ton compte, il te reste peu de temps à vivre. Et en pensée déjà j'évoquais avec regret le pré désert : « Tout au plus subsistera-t-il une gigantesque souche semblable à un autel abandonné, sur laquelle joueront les enfants... »

Puis, de nombreuses années se sont écoulées ; pour ma part, désormais, j'avais les cheveux tout blancs, et lui il était intact, lui, le géant, à chaque printemps était plus verdoyant ; de l'horrible cicatrice sortit une nouvelle branche, les frondaisons colmatèrent le vide et l'on crut à une nouvelle vie. Pour combien d'années encore ? Pour combien de siècles ?

La grande ombre, lentement, glisse en tournant, sur le pré, sur le toit de la maison, et encore sur le pré, s'allongeant, lorsque enfin se couche le soleil, jusqu'au fenil, là-bas... Quant à moi, je ne suis qu'un pauvre diable...

Le moine noir

Est-il mort ? Fait-il semblant d'être mort ? Quand est-il mort ? Dans la forêt de sapins riches et heureux, il reste muet, sombre. Ce n'est plus qu'un gros tronc bossu dépourvu de branches, mais drapé d'un manteau de ronces hirsutes, de brindilles, de feuillages rêches brûlés par le soleil, les années et le gel. Un peu courbé, comme s'il tentait de fuir. Parmi toute cette verdure éclatante de santé, lui seul était noir, tison d'un sabbat maudit dont on a perdu le souvenir. Quand vient l'obscurité, est-ce que les chouettes viennent lui rendre visite ? Ou bien les hiboux ? Ou bien les bourreaux de l'Inquisition, avec leurs capuchons ? Ou encore le crapaud philosophe, qui a pitié de lui ? En fin d'après-midi les enfants s'enfuient. Même les chiens ont peur, qui brusquement s'arrêtent pour le regarder en grognant interminablement, tous poils hérissés.

A chacun le sien

La secte des Dendres[1] (Rhône supérieur, début du XVe siècle), dont il existe encore des disciples épars en Europe centrale, croyait que durant notre temps d'existence, à chacun d'entre nous correspondait un arbre situé quelque part dans le monde, mais le plus souvent aux environs immédiats de notre maison ; et que si l'on abattait l'arbre, ou si, de quelque manière que ce fût, il mourait,

1. *En italien,* Dendrici, *néologisme créé par Buzzati à partir du radical* dendr, *qui fait référence aux arbres.*

l'homme lui aussi cessait de vivre. Mais elle ne pensait pas que la réciproque fût vraie. Si bien qu'il existe peut-être des millions d'arbres ayant appartenu à des personnes désormais défuntes, possédant encore le souffle vital de celles-ci, du moins partiellement, et constituant donc une véritable survivance de ces gens-là ici-bas[2]. Voilà pourquoi certains sont convaincus que le fait de couper un arbre risque toujours d'être un homicide, et qu'il faut s'en abstenir dans tous les cas, car il ne peut en découler que honte et malheur.

Escorte personnelle

Je le rencontre parfois. Je ne sais pas à quelle race il appartient ; je ne m'y connais pas assez. Fait étrange, il possède des feuilles de type différent : en forme d'aiguillon, d'outre, bipennées, en forme de cœur, dentelées, rappelant une scie, un coutelas, ou le trèfle, et j'en passe. Son allure n'est point particulièrement noble. Au contraire, il semble humble. Mais il a toujours un air bien à lui. De temps à autre, je le rencontre. Dans la campagne. Dans les jardins publics, et même à l'étranger. Il est plutôt trapu, et il arbore à mi-hauteur, sur son tronc, un repli curieux : comme s'il voulait me demander réparation de quelque chose ; ou m'annoncer une nouvelle.

Depuis deux ans, nos rencontres sont devenues plus fréquentes. Désormais il ne s'écoule pas de semaine, pour ainsi dire, sans que, ici ou là, je sois amené à le trouver sur mon chemin. Mais peut-on savoir ce qu'il veut de moi ?

Malade

Au lieu-dit dénommé Praloran, au bord de la rivière, s'étend une zone de végétation très dense, que domine un frêne à la structure splendide. Même les chasseurs, qui

2. *En italien :* al di qua *; autre néologisme, construit par opposition symétrique avec* al di là, *que l'on traduit par « au-delà ». D'où la traduction retenue en l'occurrence : « ici-bas ».*

d'habitude n'ont d'yeux que pour le gibier, s'arrêtent souvent pour le contempler, tellement il est superbe. Son allure est d'autant plus prestigieuse que les arbres situés tout alentour sont d'extraction plutôt modeste. En somme, c'est un des grands de ce monde. Un roi. Et pourtant, les autres, tout autour de lui, bien que misérables par comparaison, sont toujours couverts d'oiseaux. Mais sur lui, pas un seul ; même pas le dernier des moineaux mendiants. Il est beau. Il est majestueux. Ses frondaisons forment de splendides baldaquins. Mais les oiseaux l'évitent, comme s'il était infesté de quelque peste mystérieuse.

Le yacht

De mon lit, dans la petite maison située au bord de la mer, moi qui suis malade de la poitrine, je le vois en permanence. Parmi les très nombreux grands mâts au mouillage dans le célèbre petit port, c'est lui le plus haut. Il se balance. Il se balance. De mon lit, je ne peux voir que sa partie supérieure. Au-dessous, il doit y avoir une coque fabuleuse, appartenant à quelque prince charmant, à quelque magnat du pétrole, à quelque magicien sorti des fables, ou au capitaine Nemo. Des salons avec des tapis de Samarcande et d'Utziron, des tentures de brocart, des cuirasses niellées d'or, des tableaux de Raphaël et du Titien, des odalisques parfumées et à demi nues. Je m'imagine son nocher avec une barbe blonde, d'une extrême réserve, puissant, et portant le nom de Simbad. Pour monter à bord, nécessité absolue de connaître le mot de passe, qui est compliqué. Même les invités, lorsqu'on y donne des fêtes, en ont besoin. La nuit, je remarque que d'en bas, de l'endroit que n'atteignent pas mes regards, monte un reflet argenté traversé par d'exquises colonnes de fumée. Et le très haut grand mât, dépouillé de ses voiles, se balance, se balance au rythme lent du ressac.

Les semaines passent, et les mois. Moi qui suis malade, je ne bouge pas de mon lit, mais lui, le grand seigneur, le sultan, Son Altesse très ambitieuse, reste toujours là, à la même place, dans le petit port pour milliardaires. Ne part-il donc jamais ? Quand se décidera-t-il à appareiller pour les océans lointains dont nous avons tous rêvé, enfants ? Comme je voudrais qu'il s'en aille ! S'il partait — qui sait pourquoi —, je pense que moi-même je guérirais. Mais il ne part jamais. Il ne partira jamais.

Souvenir

Il n'a même pas laissé une marque. A sa place, une petite route goudronnée qui fait un coude. Allons ! de branche en branche, jusqu'au sommet ! En dépit des cris de maman. Nous étions de très jeunes enfants... Sous la cime nous avions construit une espèce de hune où nous pouvions tenir à deux, en position assise, avec une certaine aisance. Plus bas, à quatre mètres du sol, nous avions même fabriqué une plate-forme couverte d'un énorme caisson de bois : la maison, le refuge, le fortin, notre palais, à nous, qui étions les maîtres du monde. Parfois se joignait aussi à notre troupe la belle petite Sofia, qui était un peu plus jeune, et que nous excitions par des compliments hypocrites afin qu'elle montât la première, car nous voulions pouvoir regarder sa culotte. Et elle, elle grimpait, semblable à une petite araignée docile. Une foule d'histoires merveilleuses. Des guerres. Ascensions de l'Everest. Duels. Sièges. Découvertes de l'Amérique. Capture d'aigles. Jalousies. Rendez-vous secrets. Un jour, Gianni glissa d'une branche et se cassa une côte. C'était un grand cèdre du Liban. Quant à moi, je grimpais là-haut même pour étudier. Il n'en est rien resté. Même pas une bosse sur le terrain. A sa place : de l'asphalte.

En train

Qui êtes-vous ? Des peupliers, des saules, des érables, des platanes, des acacias, des tilleuls ? Quel tourment vous emporte ? Qui êtes-vous ? Des bouleaux, des frênes, des eucalyptus, des robiniers, des chênes, des aulnes ? Pourquoi courez-vous si vite ?... zac ! zac ! Vous défilez à toute allure, là, près de la fenêtre, on n'a même pas le temps de vous regarder et de vous reconnaître. Où fuyez-vous, où vous précipitez-vous, semblables à des fous ? Là-bas, tout au fond, à la ligne d'horizon, vos frères, contrairement à vous, semblent progresser dans la même direction que le train, comme s'ils restaient à l'extrême limite d'une vaste plate-forme circulaire tournant lentement. Mais ce n'est pas exact. Eux aussi, très vite, sont pris dans le remous qui, dans une brutale accélération, les entraîne dans le sens opposé au nôtre. Qu'est-ce donc qui vous réclame là-bas, dans cette contrée d'où nous nous éloignons à cent trente kilomètres à l'heure ? Cela doit être un appel d'une extrême importance, autrement, vous ne courriez pas autant.

Annexes

Repères chronologiques
Bibliographie

Repères biographiques[1]

« La vie est trop courte pour s'offrir le luxe d'avoir tort, la vie est trop longue pour se permettre d'avoir raison[2]... »

16 octobre 1906. Naissance de Dino Buzzati à la villa San Pellegrino, la belle demeure familiale du XVIe siècle proche de Belluno, en Vénétie. Son père, Giulio Cesare Buzzati, enseigne le droit international à l'université de Pavie et à l'université Bocconi de Milan. Sa mère, Alba, née Mantovani, descend d'une noble lignée vénitienne (elle est la dernière descendante des doges Badoer Participazio). La famille compte déjà deux autres enfants : Augusto (né en 1903) et Angelina, surnommée Nina (née en 1904). Un frère cadet, Adriano, naîtra en 1913.

1906-1915. Les années se partagent entre San Pellegrino, à l'époque bénie des vacances d'été, et, aux mois d'hiver, Milan, dans une austère maison du XIXe siècle donnant sur le canal, au « Trombone di San Marco ».

1916. Dino Buzzati entre au collège Parini de Milan. Il se lie d'amitié avec Arturo Brambilla.

1. *Cette esquisse biographique a été réalisée à partir du* Dino Buzzati *d'Antonella Montenovesi (Veyrier, 1985) et de* Invito alla lettura di Buzzati *d'Antonia Veronese Arslan (Nursia, 1974).*
2. *Dino Buzzati,* Chronache terrestri, *Mondadori, Milan, 1972, p. 437.*

1920. Mort du père de Dino Buzzati. Cette année-là, Buzzati entreprend d'écrire son journal — qu'il tiendra, presque sans interruption, tout au long de son existence. Il commence également à pratiquer l'alpinisme — passion qui, elle aussi, ne le quittera plus.

1924. Il s'inscrit — sans grand enthousiasme — à la faculté de droit.

1926. Service militaire.

1928. Il entre comme journaliste au *Corriere della Sera*. (Il ne pouvait alors imaginer que plus de quarante années de sa vie seraient consacrées à ce journalisme quotidien qui fut « non un second métier, mais un aspect de son métier ».)

1933. Publication de son premier roman, *Bàrnabo des montagnes*. Il est envoyé par son journal au Moyen-Orient. Contact (si fécondant pour sa vie intérieure et son œuvre) avec le désert.

1935. Publication du *Secret du Bosco Vecchio*.

1939. Buzzati est correspondant à Addis-Abeba.

1940. Parution du *Désert des Tartares*.

1942. Sortie en librairie de son premier recueil de nouvelles : *Les Sept Messagers*. Débuts au théâtre par une pièce en un acte : *Piccola Passeggiata*, jouée au Teatro Nuovo de Milan.

1945. Il publie *La Fameuse Invasion des ours en Sicile* (un conte pour enfants qu'il a lui-même illustré) et, en collaboration avec son beau-frère, Giuseppe Ramazzotti (le mari de Nina), *Il Libro delle pipe* (*Le Livre des pipes*).

1946. *La Rivolta contro i poveri*, sa deuxième pièce en un acte, est montée à Milan par Giorgio Strehler.

1949. Sortie de *Paura alla Scala*, recueil de nouvelles. En juin, Buzzati suit le Giro en tant qu'envoyé du *Corriere*.

1950. Publication d'*En ce moment précis*, notes du « laboratoire intérieur ».

1951. Il commence à exposer comme peintre (mais encore dans des expositions collectives).

1953. *Un cas intéressant* est joué au Piccolo Teatro de Milan.

1954. Publication de son troisième recueil de nouvelles, *L'Ecroulement de la Baliverna.*

1955. En mars, Buzzati vient à Paris pour assister au théâtre La Bruyère, à la première d'*Un cas intéressant*, adaptation de *Un caso clinico* par Albert Camus. Immédiate sympathie entre les deux hommes.

1958. Le prix Strega couronne *Sessanta Racconti.*

1959. Il vit l'aventure passionnelle qui lui inspirera *Un amour*. Réalisation de décors pour *Jeu de cartes* de Stravinski, à la Scala.

1960. Année féconde : publication de *L'Image de pierre* et *Nous sommes au regret de...*

1961. Mort de la mère de Dino Buzzati.

1962. Buzzati s'installe Viale Vittorio Veneto. Représentation de sa pièce *La Colonne infâme*, parabole sur « la peste », inspirée par un ouvrage de Manzoni.

1963. La publication d'*Un amour* provoque de vifs débats en Italie. Reportage aux jeux Olympiques de Tokyo.

1964. Buzzati est envoyé à Jérusalem pour le *Corriere* afin de « couvrir » le voyage du pape Paul VI. Celui-ci, qui estime beaucoup l'écrivain, s'entretient longuement avec lui pendant le trajet.

1965. Voyages à Prague (il visite les maisons de Kafka) et à New York. Publication du recueil de poésies *Capitaine Pic*. *Un amour* est porté à l'écran.

1966. Parution du *K.* (*Il Colombre*) et introduction au volume de l'œuvre picturale de Jérôme Bosch. Le 8 décembre, Dino Buzzati épouse Almerina Antoniazzi.

1967. Exposition personnelle à la galerie Cavour de Milan, puis à Paris, à la galerie La Pochade. Buzzati devient critique d'art au *Corriere.*

1969. Sortie de *Poème-Bulles*, roman en bande dessinée (*Poema à fumetti*) qui recevra le prix Paese Sera.

1970. Exposition à Venise des ex-voto de sainte Rita (qui seront réunis en volume sous le titre : *Les Miracles de Val Morel).*

1971. Parution du recueil de nouvelles : *Les Nuits difficiles*.

1972. Dino Buzzati meurt le 28 janvier. Publication posthume de *Chronache terrestri*, puis de *Mes déserts*, entretiens qu'il a eus dans les derniers mois de sa vie, avec Yves Panafieu.

1977. Fondation par Yves Leroux, Yves Panafieu et Michel Suffran de l'Association des amis de Dino Buzzati. Publication du premier fascicule des *Cahiers D.B.* (aux éditions Robert Laffont).

Bibliographie

Œuvres de Dino Buzzati

Etablie dans l'ordre chronologique des publications originales, cette liste, à quelques exceptions près, ne répertorie que les traductions françaises des ouvrages.

Bàrnabo des montagnes (1933), suivi du *Secret du Bosco Vecchio* (1935), éd. Robert Laffont, 1959. Publié également en coll. 10/18.

Le Désert des Tartares (1940), Laffont, 1949. Et Livre de Poche.

Les Sept Messagers (1942), Laffont, 1969. Et coll. 10/18.

La Fameuse Invasion des ours en Sicile (1945), Stock, 1968. Et Folio Junior.

En ce moment précis (1950), Laffont, 1965. Et coll. 10/18.

Un cas intéressant (1953), publié dans les *Œuvres romanesques et théâtrales* d'Albert Camus, coll. La Pléiade, Gallimard.

L'Ecroulement de la Baliverna (1954), Laffont, 1960.

L'Image de pierre (1960), Laffont, 1961. Et coll. 10/18.

"La Colonne infâme" (1962), in *Cahier D.B. n°4, 1981.*

Un amour (1963), Laffont, 1964. Et Livre de Poche.

Le Capitaine Pic (1965), Obsidiane, 1985.

Le K. (1966), Laffont, 1967. Et Livre de Poche.

Poème-Bulles (1969), Laffont, 1970.

Les Nuits difficiles (1971), Laffont, 1972. Et Livre de Poche.

Le Rêve de l'escalier (1971), Laffont, 1973. Et Livre de Poche.

Nous sommes au regret de... (1974), Laffont, 1982.

Mystères à l'italienne (1978), Laffont, 1983.

Dino Buzzati sur le Giro (1981), Laffont, 1984.

Le régiment part à l'aube, Laffont, 1987.

Ouvrages consacrés
à Dino Buzzati

Fausto Gianfranceschi, *Dino Buzzati*, Borla, 1967.

Yves Panafieu, *Un autoritratto*, Mondadori, 1973.

Yves Panafieu, *Mes déserts*, Laffont, 1973.

Il pianeta Buzzati, Edizioni Apollinaire, 1974.

Antonia Veronese Arslan, *Invito alla lettura di Buzzati*, Mursia, 1974.

Marcello Carlino, *Come leggere "Il Deserto dei Tartari" di Dino Buzzati*, Mursia, 1976.

Ilaria Crotti, *Buzzati*, La Nuova Italia (Il Castoro), 1977.

"Le Désert des Tartares" de Dino Buzzati. La fuite du temps, ouvrage collectif publié aux éditions Ellipses, 1981.

Antonella Laganà Gion, *Dino Buzzati. Un autore da rileggere*, Corbo e Fiore Editori/Nuovi Sentieri Editore, 1983.

Antonella Montenovesi, *Dino Buzzati*, éditions Henri Veyrier, 1985.

Claudio Toscani, *Guida alla lettura di Buzzati*, Oscar Mondadori, 1987.

Luciano Chailly, *Buzzati in musica*, Edizioni Eda, 1987.

Publications de l'Association internationale des amis de Dino Buzzati

(42, rue Vignon, 75009 Paris)

Cahiers Dino Buzzati, vol. I, II, III, IV, V, VI (1977, 1978, 1979, 1981, 1982, 1985), édités chez Robert Laffont.

Le Cahier n° VII (colloque de Grenoble, 1986) est en préparation ; il paraîtra au début du printemps 1988. Il sera édité par l'association.

Autres documents et ouvrages prochainement disponibles

Marie-Hélène Caspar, *Le Fantastique dans l'œuvre de Dino Buzzati*, thèse de doctorat (soutenance en janvier 1988), Sorbonne.

Yves Panafieu, *Eve, Circé, Marie*, les personnages de femme dans l'œuvre et la vie de Buzzati (essai) ; *Janus*, reflets de la société, de l'histoire et des idéologies dans la fiction buzzatienne (essai) ; publication prévue au printemps 1988.

Composition, montage, photogravure : TexTel, 69005 Lyon. Achevé d'imprimer sur les presses de l'imprimerie Darantiere, 21800 Quetigny, en janvier 1988. Dépôt légal : 1er trimestre 1988.